世界反恐怖军事行动年鉴

2020

WORLD COUNTERTERRORIST MILITARY OPERATIONS YEARBOOK 2020

武警反恐怖研究中心・编著

时 事 出 版 社
北 京

编审委员会

主　任　占有明

副主任　朱文军　郝向武

委　员　李　伟　梅建明　郑守华

王宝付　吉广俊　郭文忠

王利刚　孙博祥　黄天罡

编写人员

主　编　王兴东

副主编　王晓东

编　写　吴忠超　刘　猛　邱　琳　李景钢

周红涛　庄　洁　赵轶佳　唐少泉

宿庆武　张远水　王海东　郑　超

序 ╱疫情下艰难前行的国际反恐

2020 年，在全球抗击新冠肺炎疫情的大背景下，国际反恐怖军事行动在艰难前行，疫情让恐怖组织有了可乘之机。疫情暴发前，“伊斯兰国”的袭击力度几乎微不足道，但因为疫情，使伊拉克政府打击“伊斯兰国”的行动被暂时搁置。“伊斯兰国”武装分子在疫情之际利用废弃的村庄向城市边缘转移，筹集资金、寻觅走私途径和藏身之处，把当地基础设施和官员作为袭击目标，制造恐慌。“伊斯兰国”的攻击从 4 月初开始明显增加，与 2019 年同期相比翻了几倍，这就说明 2020 年该组织发动的恐怖袭击频率远高于 2019 年。

2020 年，国际恐怖活动虽然是频率减弱、规模降低，重大恐怖活动明显减少，但多样化、本土化、碎片化恐怖活动仍不断发生，恐怖活动仍然是影响世界安全的最大隐患。在欧洲，随机性极强的“孤狼”式袭击仍然是恐怖主义势力的主要手段，这导致欧洲恐怖风险等级持续徘徊在高级别状态；在中东、西北非、南亚等地区，“基地”组织、“伊斯兰国”、“博科圣地”、索马里“青年党”等主要恐怖组织仍然活跃，特别是中东地区大国博弈升级，域外大国代理人战争持续，热点问题久拖不决，使多国政局动荡；在南亚，“伊斯兰国”分支不断在阿富汗、巴勒斯坦制造恐怖袭击事件，阿富汗塔利班为了增加与政府谈判筹码，持续在阿富汗境内制造血腥恐怖袭击事件；也门、索马里、叙利亚、利比亚等国家尚未实现国内和平；阿尔及利亚、苏丹、伊拉克、黎巴嫩出现新的热点问题，为恐怖组织死灰复燃提供了温床。

2020 年，虽然国际恐怖活动整体有所减少、规模有所降低，但恐怖袭击在有的时段、有的国家连续发生，给这些国家的政局和社会安全带来现实威胁。这一现象有其深刻的历史和现实原因。极端主义是恐怖主义的思想基础，是恐怖活动的根源，也是2020年国际恐怖活动的首要因素。打着“伊斯兰”旗号的伊斯兰极端主义意识形态，其核心是歪曲“古兰经”“先知圣训”等伊斯兰教教义，制造“宗教认同”“民族认同”，蛊惑追随者实施“教法”，鼓励“圣战者”通过毁灭异教徒赢得真主愉悦，使杀戮和劫掠行为正当化，也使其恐怖行径经过极端主义包装具有迷惑性和蛊惑性，“伊斯兰国”“博科圣地”等恐怖组织就是利用极端思想影响，蛊惑信徒走上所谓的“圣战”不归路。在西方单边主义、民粹主义盛行背景下，“白人至上”、种族主义、反移民、反难民的排外思潮上升，加之一些国家出台排斥、歧视移民政策，如美国的“禁穆令”极大鼓舞了极右势力，使右翼暴力与传统政治交织，特别是西方国家只遏制、打击打着“伊斯兰”旗号的极端主义，对宣扬“白人至上”的极端主义却视而不见，更加深了整个社会分裂，导致欧洲、中东、西亚北非和东南亚一些国家和地区民族、种族和宗教仇恨加剧，恐怖活动频发。

2020年，国际反恐在艰难前行，恐怖活动仍在持续，恐怖威胁依然严峻，需要国际社会通力协作、共同努力，全面彻底铲除威胁人类安全的这一“毒瘤”。

目 录

第一章／2020年世界*反恐怖军事行动

第一节　世界反恐怖军事行动综述

2020 年，在全球抗击新冠肺炎疫情和大国战略博弈中，国际恐怖活动虽然说频率减弱、规模降低，重大恐怖活动明显减少，但本土化、碎片化的恐怖活动仍不断发生，恐怖活动仍然是影响世界安全的重大隐患。

一、世界面临的恐怖形势

纵观 2020 年的国际恐怖活动，虽然国际恐怖活动整体有所减少、规模有所降低，但恐怖袭击在有的时段、有的国家连续发生，给这些国家的政局和社会安全带来现实威胁。

（一）地区恐怖组织活动猖獗，严重威胁当地国家和地区安全

在欧洲，随机性极强的“孤狼”式袭击仍然是恐怖主义势力的主要手段，这导致欧洲的恐怖风险等级持续徘徊在高级别状态；在中东、西北非、南亚等地区，“基地”组织、“伊斯兰国”、“博科圣地”、索马里“青年党”等主要恐怖组织仍然活跃，特别是在中东地区，大国博弈升级，域外大国代理人战争持续，热点问题久拖不决，多国政局动荡；在南亚，

---

* 世界包括七大洲，即亚洲、欧洲、非洲、大洋洲、北美洲、南美洲、南极洲，共有 230 多个国家和地区。

“伊斯兰国”分支不断在阿富汗、巴勒斯坦制造恐怖袭击事件，阿富汗塔利班（简称“阿塔”）为了增加与政府谈判的筹码，持续在阿境内制造血腥恐怖袭击事件；也门、索马里、叙利亚、利比亚等国家尚未实现国内和平；阿尔及利亚、苏丹、伊拉克、黎巴嫩出现新的热点问题，为恐怖组织死灰复燃提供了温床。截至 12 月初，世界范围内先后发生 2970 多起恐怖袭击事件，造成 1630 多人死亡、1870 多人受伤。①

（二）恐怖袭击仍然持续发生，对人身与财产安全构成极大危害

2020 年，恐怖袭击仍然持续发生，造成大量人员伤亡，其中有代表性和影响性的恐怖袭击事件有以下 9 起：一是尼日利亚多地发生恐怖袭击事件；二是乍得军事基地遭恐怖袭击事件；三是马尔代夫纵火袭击事件；四是尼日尔西部多座村庄遭受恐怖袭击事件；五是英国持刀砍杀事件；六是阿富汗接连发生针对教育机构的恐怖袭击事件；七是苏丹达尔富尔村庄遭袭事件；八是埃及军方哨所遭袭事件；九是阿富汗副总统车队遭袭事件。还有一些袭击造成的人员伤亡数量较多，如“博科圣地”武装分子在袭击乍得一个军事基地时，一次性导致 98 名乍得军人死亡、47 人受伤，在乍军围剿中又造成 52 名官兵死亡、196 人受伤；他们还在肯尼亚、尼日利亚、尼日尔等国制造多起伤亡重大的抢劫、枪击、纵火焚烧恐怖活动，造成大量人员伤亡。同时，2020 年世界范围内发生了 760 多起海上恐怖事件，1 ~6 月仅亚洲就报告了 51 起针对船舶的海盗和武装抢劫案件，在国际最繁忙的航道之上发生的袭击事件越来越多，在石油资源丰富的西非地区，针对船员绑架及船舶暴力袭击事件剧增。

（三）恐怖袭击手段多样化，恐怖活动呈现碎片化

2020 年，从各大洲到多个区域，从国家到地区，恐怖袭击事件总体上呈多样化、碎片化状态。从 1 月 1 日开始，恐怖组织和恐怖分子就运用不同方式、不同手段在世界各国制造不同规模的恐怖活动。1 月 1 日，索马里“青年党”在该国谢贝利州袭击村庄。同日，俄罗斯驻叙利亚赫梅明姆军事基地遭 122 毫米火箭弹袭击。1 月 5 日，索马里“青年党”又袭击了肯尼亚拉穆郡一个军事基地。2 月份，枪击、爆炸、劫持事件

① 张力：《2020 年国际恐怖活动回顾与分析》，载《中国特警》，2019 年第 12 期，第 1 页。

在世界各国连续发生，有时一天内在不同国家就发生多起碎片化恐怖袭击事件。如 2 月 8、9 两日，碎片化袭击事件在泰国、阿富汗、埃及和尼日利亚连续发生，特别是 2 月 9 日，尼日利亚博尔诺州奥诺村遭受“博科圣地”武装恐怖分子疯狂袭击，造成 30 人死亡、10 多人受伤。一年来，“伊斯兰国”、索马里“青年党”“博科圣地”、塔利班武装人员不断制造武装化、多样化恐怖袭击事件，南亚、中东、西非地区成为碎片化恐怖袭击的重灾区。同时，遍布世界各国的本土恐怖分子也在各国制造多样化恐怖袭击事件，通过杀戮发泄不满、制造影响，给各国人民带来了深重灾难和不安。如 40 年未发生严重恐怖袭击事件的奥地利首都维也纳，11 月 2 日晚市中心 6 个不同地点遭受枪手袭击，造成 4 人当场死亡、17 人受伤。

（四）恐怖活动目的明确，袭击目标针对性更强

2020 年，无论是国家恐怖活动，还是恐怖组织、恐怖分子、极右翼分子制造的恐怖袭击事件，其目标更加具体。一是针对军警的恐怖袭击目标更具体。“伊斯兰国”、塔利班、“博科圣地”、索马里“青年党”经常发动针对各国军警的武装袭击，基本是每月 2 起以上，造成 270 余名官兵伤亡。二是斋月期间的恐怖袭击目标更具体。2020 年斋月期间，即便在新冠肺炎疫情蔓延期间，恐怖组织和恐怖分子还不断在亚洲、非洲国家制造目标更加具体的恐怖活动。5 月 10 日，“博科圣地”武装分子袭击尼日尔蒂拉贝里省安祖鲁镇 3 个村庄，其目的就是抢劫这三个较富裕村庄的财物。5 月 12 日，“伊斯兰国”袭击了阿富汗喀布尔一家妇产医院，造成包括多名新生儿和孕产妇在内的 16 人死亡、16 人受伤。斋月初的一周内，巴勒斯坦发生针对军警和宗教场所的恐怖袭击 44 起，造成 62 人伤亡，俾路支省每天都发生 2 ~ 3 起恐怖袭击事件。据统计，2020 年目标更加具体的恐怖袭击事件达 170 多起，导致 970 多人伤亡。

（五）恐怖主义思想根深蒂固，受此影响而涉恐变恐人员仍在增加

极端主义是恐怖主义的思想基础，也是恐怖活动的根源，这是一些人不断涉恐变恐的主要诱因，也是 2020 年国际恐怖活动的首要因素。其中有两种表现形式特别明显：一种是打着“伊斯兰”旗号的伊斯兰极端主义意

识形态，其核心是歪曲“古兰经”“先知圣训”等伊斯兰教教义，制造“宗教认同”“民族认同”，蛊惑追随者实施“教法”，鼓励“圣战者”通过毁灭异教徒“赢得真主愉悦”，使杀戮和劫掠行为正当化，也使其恐怖行径经过极端主义包装具有迷惑性和蛊惑性，“伊斯兰国”“博科圣地”等恐怖组织就是利用极端思想的影响，蛊惑信徒走上所谓的“圣战”不归路。另一种是打着“白人至上”旗号的极右翼意识形态。在西方单边主义、民粹主义盛行的背景下，“白人至上”、种族主义、反移民、反难民的排外思潮上升，加之一些国家出台了排斥、歧视移民的政策，如美国的“禁穆令”，极大鼓舞了极右势力，使右翼暴力与传统政治交织，特别是西方国家只遏制、打击打着“伊斯兰”旗号的极端主义，对宣扬“白人至上”的极端主义却视而不见，更加深了整个社会的分裂，导致欧洲、中东、西非、北非和东南亚一些国家和地区的民族、种族和宗教仇恨加剧，恐怖活动频发。

（六）恐怖组织相互勾联，组织化的恐怖团伙活动猖獗

2020 年，有影响的国际恐怖活动大多是恐怖组织或恐怖团伙制造的。无论是针对大洲、区域还是国家的恐怖袭击事件，袭击者多是以恐怖组织、武装团伙的形式出现。特别是“伊斯兰国”潜藏的回流分子与当地恐怖组织合流，组团制造恐怖活动，导致伊拉克、叙利亚、利比亚、阿富汗等国家恐怖袭击事件不断，人民苦难深重。3 月 25 日，阿富汗赫尔曼德正在举行宗教仪式的锡克族教徒遭到恐怖团伙开枪扫射，造成 33 人当场死亡、60 多人受伤。在组织化、团伙化袭击中，其主要目标是军警和偏僻村庄。在西非北非及撒哈拉大弧形范围内，“博科圣地”、索马里“青年党”和当地极端组织时常以武装形式在偏僻村庄制造惨无人道的恐怖活动，使民众常常生活在惊恐不安之中。“博科圣地”在尼日利亚博尔诺州奥诺村一次袭击中就造成 30 人死亡、10 多人受伤。联合国人道主义事务协调办公室的记录显示，从 7 月 19 ~ 26 日，苏丹达尔富尔地区连续发生 7 起恐怖事件，造成 150 多人死伤。

二、世界各国的反恐怖军事对策

2020 年，随着新冠肺炎疫情传播蔓延和美国反恐怖战略调整，国际反

恐怖注意力转移、合力减弱，但是各国以军事手段打击恐怖势力仍是反恐的主渠道，军事反恐行动一刻也没有停止。

（一）持续加大反恐力度，积极开展反恐军事行动

为了减轻恐怖主义威胁，2020 年各国尤其是恐怖情况严重的国家，仍在持续加大反恐力度，不断采取各种军事行动，以有效打击和遏制恐怖势力，消除恐怖主义的蔓延。西非各国纷纷制定和完善疫情下的反恐怖军事打击策略，持续做好自身专项反恐战斗工作。尤其是西非国家尼日尼亚，仅 2020 年上半年，就成功粉碎“博科圣地”极端组织的多起恐怖袭击活动，击毙击伤极端武装分子 570 多名，捣毁大量武装车辆和武器，成为西非各国打击反恐实力的典范。针对恐怖主义活动增多态势，巴基斯坦国家反恐局于 2020 年 10 月发布恐袭预警，提醒人们在举行政治和宗教集会活动时加强安全防范。与此同时，巴基斯坦安全部队和警方也积极开展反恐活动，并在俾路支省与阿富汗接壤的部落地区打击恐怖分子。巴基斯坦西北部北瓦济里斯坦地区与阿富汗接壤，经常被恐怖分子作为藏身之处。巴基斯坦采取军事行动清除了藏匿在这一地区的绝大多数恐怖组织，但当地仍有残余恐怖分子不时向巴基斯坦安全部队发动袭击。3 月以来，巴基斯坦安全部队在北瓦济里斯坦地区开展反恐行动，取得战果如下：3 月 18 日，巴基斯坦安全部队在该地区打死 7 名恐怖分子，4 月 20 日打死 5 名恐怖分子，4 月 25 日打死 9 名恐怖分子，10 月 4 日打死 2 名恐怖分子、逮捕 1 人。

（二）广泛建立反恐军事同盟，不断加强联合反恐军事体系

西非萨赫勒地区是“基地”组织和“伊斯兰国”活动最频繁的地区，为有效打击恐怖活动，2020 年法国向萨赫勒地区又增派了 600 名士兵，主要协助联合军队打击极端势力，前期法国部署在那里的士兵已达 5100 人。11 月，在马里执行反恐任务的法国部队击毙了极端组织“支持伊斯兰教和穆斯林”的高级指挥官阿格·穆萨，被称为“反恐斗争中的一次重大胜利”。中国有 413 名赴马里维和部队人员，协助马里政府完成了警戒执勤、超营外围巡逻、工程保障、施工抢修、伤员救治、医疗保障等任务，得到了马里稳定团总部、马里稳定团东战区的肯定。由布基纳法索、乍得、马里、毛里塔尼亚和尼日尔组成的“萨赫勒五国集

团”组建的联合部队已经联合运行了 4 年，在非洲联盟的授权下多次完成打击恐怖主义和毒品走私等重大任务。但是，由于地区安全形势过于复杂，传统安全威胁与非传统安全威胁紧密交织，萨赫勒五国集团打击恐怖主义的成效并没有完全发挥出来，需要建立更加完善的联合反恐体系。2020 年年初，法国应马里和尼日尔要求，包括法国在内的欧洲 11 国将与该两国共同成立“巴尔坎反恐军事行动框架内欧洲特种部队联盟”（简称“塔库巴”联军），以共同打击萨赫勒地区的恐怖主义势力。5 月中旬，尼日尔与尼日利亚联军以及多国联军在尼日尔东南部迪法省的两次行动中击毙至少 75 名“博科圣地”武装分子，摧毁了恐怖分子的据点并缴获大量武器和车辆。

（三）积极推进和平谈判进程，借此减少武装冲突或军事对抗

2 月，美国和阿富汗塔利班签署了旨在结束阿富汗战争的和平协议，双方开始交换战俘和释放所关押人员。阿富汗政府和塔利班方面表示，他们已经达成了推进和平谈判的初步协议，将就未来全面停火谈判制定规则和程序。5 月 24 日，阿富汗政府宣布将释放 2000 名塔利班在押人员，作为对塔利班宣布开斋节期间停火的回应。5 月 28 日，阿富汗塔利班宣布，当天分两批释放了 80 名阿富汗政府在押人员，作为对阿富汗政府此前释放该组织在押人员的回应。塔利班还宣布将在 7 月 31 日至 8 月 2 日在阿富汗全国实施为期 3 天的停火计划。阿富汗总统加尼随后对塔利班的这一声明表示欢迎，并指示阿富汗安全部队遵守停火协议，只有在受到攻击时才可以还击。8 月 3 日，阿富汗塔利班组织分管政治事务的领导人阿卜杜勒·加尼·巴拉达尔与美国国务卿蓬佩奥举行视频会谈，就启动阿富汗内部谈判等事宜进行了磋商。9 月 12 日，阿富汗政府、阿富汗塔利班以及该国其他派别的代表在卡塔尔首都多哈开始进行和平谈判。阿富汗政府代表团由前情报局长穆罕默德·马苏姆·斯塔尼克扎伊、阿民族和解高级委员会主席阿卜杜拉·阿卜杜拉、代理外交部长穆罕默德·哈尼夫·阿特马尔等组成。塔利班代表团由宗教学者谢赫·阿卜杜勒·哈基姆、分管政治事务的领导人阿卜杜勒·加尼·巴拉达尔等共 21 名成员组成。卡塔尔副首相兼外交大臣穆罕默德·本·阿卜杜勒拉赫曼·阿勒萨尼、美国国务卿蓬佩奥出席谈判启动仪式。卡塔尔副首相兼外交大臣阿勒萨尼在讲话时强调，停火和开启对话是解决阿富汗冲突的唯一途径，此次谈判对结束阿富汗战争、实现和平非常重要。卡塔尔外交部发表声明说，这次由阿富汗各派别参加的直接谈判，是阿富汗在持久和平道路上迈出的积极和重要的一步。

（四）加大国家反恐执法力度，提高互联网的涉恐监管程度

自 2006 年以来，俄罗斯成立了由多部门组成的国家反恐委员会，构成覆盖全国的反恐网络。截至 2020 年年底，俄方人员在执法过程中共打死 49 名恐怖分子，其中包括 8 名头目，逮捕了 36 名头目、162 名恐怖分子以及 591 名从犯。共缴获约 600 件枪械和 134 个自制爆炸装置，并摧毁 50 个非法的武器生产改造车间；破获了 55 个参与国际恐怖组织活动的秘密团伙，阻止了 149 名参与极端主义与恐怖主义活动的外国公民入境。互联网仍是恐怖组织活动的主要途径之一，据俄罗斯调查显示，12—17 岁的青少年是恐怖组织激进思想的重点宣传对象。对此，俄联邦安全局在全球调查了近 150 个网络社区，涉及用户约 5 万人。据俄联邦安全局公共事务联络中心的消息称，他们成功阻止了 260 多起宣传激进思想的活动，并对 7000 多名受到激进思想影响的青少年采取了预防措施，效果显著。犯罪嫌疑人通过匿名电话、邮件发送的虚假炸弹威胁，给俄罗斯安全部门造成严重困扰。他们通常使用国外的邮件服务器、网络匿名电话，大肆发送虚假炸弹警报。俄新社称，2020 年 1 月 22 日，莫斯科地区所有的火车站、30 多个地铁站以及一些著名景点都收到了虚假威胁信息。为防止虚假威胁信息蔓延，俄罗斯总检察院和联邦通信、信息技术和大众传媒监督局在俄境内采取了技术屏蔽措施。俄联邦委员会国防与安全委员会委员克林采维奇提议，应加大对此类行为的处罚力度，将最高刑罚由目前的 5 年监禁提高至 8 年。

第二节 世界主要恐怖袭击事件

2020 年，世界各地的恐怖事件多发生在中东、南亚、西非等国家和地区，现将比较有代表性的恐怖事件进行一下梳理。

一、德国哈瑙市发生枪击案致死 9 人①

2 月 19 日，在德国西部城市哈瑙发生一起枪击事件，枪击案造成 9 人死亡，这起事件被认为是德国新纳粹右翼极端主义抬头的倾向。

（一）事件背景

近年来，极右翼袭击已经成为德国当局特别关注的问题。2016 年 10 月“赎罪日”在德国东部城市哈莱发生的反犹太枪击事件，凸显出新纳粹暴力的威胁不断上升。2019 年 6 月，倡导自由难民政策的保守派政治家沃尔特·卢布克在家中被枪杀。就在 2021 年 2 月 14 日，德国警方还逮捕了一个德国极右翼组织的 12 名成员，据信他们正在策划大规模袭击。

（二）事件经过

据报道，2 月 19 日晚 10 点左右，持枪歹徒乘坐一辆银色奔驰车在哈瑙市内流窜作案。第一声枪响发生在市中心的一家水烟吧（水烟吧是典型的来自中东和阿拉伯人的文化娱乐方式），目击者称他们听到了八九声枪响，开枪打死 5 人。也有目击者称，一名枪手按响了其中一家水烟吧的门铃，老板过来开门的时候被当场打死，然后枪手疯狂地向水烟吧内开枪。随后凶手又驱车前往西部的凯塞尔施塔特区，同样在另一家水烟吧内打死 3 人。哈瑙市位于法兰克福以东约 20 千米处，常住人口约 10 万。

事件发生后，德国特警部队迅速行动，成功追踪到了枪手乘坐的车辆，双方还发生了交火。特警封锁并搜查了哈瑙凯塞尔施塔特地区靠近一起枪击现场的公寓。特种部队在这个公寓里发现了 2 名枪击嫌疑人已经死亡，逮捕了 1 名男子。另外，警方还公布了第 9 名受害者，但没有透露他遇害的地点。

（三）事件影响

据德国和欧洲最大的报纸《图片报》报道，袭击者动手之前，在网络

---

① 参见《德国哈瑙市枪击案致死 9 人》，新华社、新华网，2020 年 2 月 20 日，http：//www. xinhuanet. com/。

上曾经发表公开信和视频，显示其具有右翼极端主义倾向。他在公开信中明确表示，现在德国的外来移民过多，如果不下手，这些人将会生育出越来越多的后代，届时德国将永远无法摆脱这些外来移民。德国官方没有证实这一说法，但是网络上很多生活在当地的阿拉伯人和土耳其人对此很不满，认为德国不敢承认内部有右翼极端主义，只会和稀泥。

二、索马里政府军基地遭袭致 8 死 14 伤

8 月 8 日，索马里首都摩加迪沙一处政府军基地遭袭，造成至少 8 人死亡、14 人受伤。

（一）事件背景

索马里的军事基地一直以来是恐怖组织的袭击目标。2020 年 4 月 3 日，索马里国民军的两个相约 100 千米的基地分别遭遇爆炸袭击；6 月 23 日，在索马里首都摩加迪沙的土耳其军事基地发生一起自杀式炸弹袭击，造成包括凶手在内的 3 人死亡。

（二）事件经过

索马里阿明急救中心主任阿卜迪卡迪尔・阿卜迪拉赫曼告诉新华社记者，8 月 8 日上午，一辆载有炸药的车闯入摩加迪沙瓦迪利区一处政府军基地并引爆了炸弹，目前袭击已造成至少 8 人死亡、14 人受伤。索马里警方发言人萨梅・萨迪克・阿丹向新华社记者证实，这一政府军基地遭到恐怖分子的自杀式袭击。

（三）事件影响

极端组织索马里“青年党”宣称制造了此次袭击。索马里“青年党”是与“基地”组织有关联的极端组织，近年来在索马里及其邻国多次发动恐怖袭击。索马里军事基地连续遭到袭击，是索马里“青年党”的报复性行动，一定程度上影响了索马里国民军打击恐怖主义的军事行动。

三、法国尼斯教堂发生恐怖袭击事件

2020 年，在法国尼斯教堂发生一起恐怖袭击事件。在这样如此圣洁的场所发动残忍的恐怖袭击，当场造成人员伤亡，证明这些恐怖分子没有受到过宗教、人文和道德价值观的有益教化。对此，各国表示坚决支持法国打击恐怖主义的决心。

（一）事件背景

法国总统马克龙称伊斯兰教是全世界面临危机的宗教，虽然伊斯兰教义容易被极端分子所利用，但基督教义也容易被极端分子所篡改。法国的言行遭到多个伊斯兰国家的抗议并出现抵制“法国货”的情况，而法国一名历史教师因在课堂展示讽刺穆斯林先知的漫画，更加引起穆斯林的满腔怒火，他们接连在法国制造了多起恐怖袭击。

（二）事件经过

2020 年 10 月 29 日上午 9 时左右，1 名 21 岁的突尼斯移民在法国东南部城市尼斯的一座教堂持刀伤人并高喊极端宗教口号，导致至少 3 人死亡，数人受伤。其中 2 名遇袭者当场身亡，1 名 44 岁的妇女受伤后在附近一家酒吧避难，最终也因伤势过重身亡；1 名 60 岁的女人遭遇了“极深的割喉，如同斩首”；另 1 名 55 岁的男人也遭受了致命的割喉伤。

（三）事件影响

事件发生后，法国总统马克龙认定这是一起“恐怖袭击”。法国政府将反恐警戒级别提升至最高水平，将保护学校、宗教场所的士兵增加至 7000 人。世界各国首脑纷纷发表意见，坚决反对这种违反宗教教义的极端主义行为，强调如何避免产生仇恨、暴力和极端主义行为的重要性。

四、维也纳发生枪击事件至少 7 人死亡①

11 月 2 日晚间，奥地利首都维也纳发生枪击事件，枪手被警方击毙前在市中心 6 个不同地点开火，造成 7 人死亡，17 人受伤。奥地利总理库尔茨谴责这起事件是“卑劣的恐怖袭击”。

（一）事件背景

奥地利青年法伊楚莱有犯罪前科，他的名字在情报部门的监视名单上。他因试图前往叙利亚加入“伊斯兰国”于 2019 年 4 月被判 22 个月监禁，但因其青少年身份获得减刑，同年 12 月被释放。出狱后法伊楚莱按照规定需定期向当局报到。

（二）事件经过

当地时间 2 日晚 8 时许，维也纳市中心瑞典广场附近发生枪击事件，警方立即赶到现场并与枪手交火。随后警方大规模封锁街区，要求居民待在家中，在全城范围内展开追捕行动。

据维也纳警方发布的消息，当天实施袭击的枪手有多人，携有长武器，作案现场分布在瑞典广场附近 6 个地点。枪击事件已造成 1 人死亡，1 名枪手被击毙，伤者已被送往医院救治。据当地媒体报道，多名枪手参与了袭击，其中 1 人在逃跑过程中被警方抓获。

（三）事件影响

袭击事件发生后，极端组织“伊斯兰国”立即宣称对此次行动负责。奥地利警方称，将对这一令人发指的恐怖袭击案采取坚决行动。奥地利总理库尔茨当晚发表声明说：“我们决不允许自己被恐怖主义吓倒，我们将采取一切可利用的手段，坚决打击这些袭击。”他随后对媒体表示，这起事件是恐怖袭击，作案者准备充分，武器精良。

联合国秘书长古特雷斯、欧盟委员会主席冯德莱恩等欧盟领导人及法

---

① 参见《维也纳发生枪击事件至少 7 人死亡》，新华社、新华网，2020 年 11 月 2 日，http：//www. xinhuanet. com/。

国总统马克龙、英国首相约翰逊、意大利总理孔特、捷克总理巴比什、希腊总理米佐塔基斯等欧洲多国领导人纷纷谴责此次枪击事件，并表示与奥地利人民站在一起。此外，俄罗斯外交部发言人扎哈罗娃对事件受害者表示慰问。

第三节　世界主要反恐怖军事行动

2020 年，世界各国通过军事手段严厉打击恐怖主义，取得了积极有效的成果，现将比较有代表性的军事打击行动做如下梳理。

一、西非多国部队打死 50 名“博科圣地”武装分子①

3 月 10 日，由尼日利亚、喀麦隆、尼日尔、乍得等国组建的多国部队在过去几天的联合行动中共打死 50 名极端组织“博科圣地”武装分子。

（一）行动背景

“博科圣地”成立于 2004 年，其武装分子频繁出没于尼日利亚东北部，并对接壤的尼日尔南部地区造成安全威胁。2016 年 7 月，尼日利亚、喀麦隆、尼日尔、乍得等国组建的多国部队开始对“博科圣地”进行打击，在一定程度上限制了其活动能力和范围。

（二）行动概况

从 3 月 8 日开始，多国部队在乍得湖盆地区域与“博科圣地”发生多次交火，共打死 50 名武装分子，缴获和摧毁了大量武器装备。此外，多国部队在过去 10 天还对“博科圣地”位于尼日尔的多个据点实施了打击，摧毁了许多目标。多国部队将继续加强对“博科圣地”的打击，逐步清除该组织在乍得湖盆地区域的据点。

---

① 参见《多国部队打死 50 名“博科圣地”武装分子》，新华网，2019 年 03 月 11 日，http：//www. xinhuanet. com/。

（三）行动评析

多国部队将继续加强对“博科圣地”的打击，逐步清除该组织在乍得湖盆地区域的据点，压缩了“博科圣地”的活动空间，这对地区反恐起到积极的作用。

二、委内瑞拉挫败海上恐怖袭击

委内瑞拉政府近日向外界公布，该国安全部队于5月初相继挫败两起“雇佣兵海上入侵行动”，共击毙至少8名“恐怖分子”，另有10余人遭逮捕，其中包括2名美籍雇佣兵。[①]

（一）行动背景

2019年下半年以来，委内瑞拉政府采取一系列经济改革、政治和解与打击犯罪的措施，国内形势总体逐渐趋稳。受美国支持的反对派领导人瓜伊多也遭温和反对派人士排挤，日益被边缘化。在新冠肺炎疫情蔓延之际，美国政府仍在不断对委内瑞拉施压，包括以涉嫌“毒品恐怖主义”为由起诉马杜罗等委内瑞拉方高官，以“禁毒”为名对委内瑞拉实施海上封锁和军事威胁，抛出用取消制裁换取委内瑞拉政府更迭的方案等。自2019年以来，特朗普政府在经济、外交和军事上不断对委内瑞拉极限施压，企图逼迫马杜罗政府下台。即便在新冠肺炎疫情肆虐全球之时，美国政府依然不断对委内瑞拉采取打压行动。

（二）行动概况

5月3日凌晨，10多名雇佣兵乘坐快艇在委内瑞拉北部海岸登陆，企图制造混乱、发动政变。但这一消息早已被委内瑞拉政府侦获，雇佣兵刚从快艇上下来，便被委内瑞拉安全部队发现，随即爆发激烈战斗。结果雇佣兵几乎全军覆没，8人被当场击毙，2人被逮捕，大量武器被缴获。1名被俘人员承认自己是“美国毒品管制局特工”。4日下午，委内瑞拉政府宣

---

① 参见《雇佣兵入侵事件加剧委美紧张关系》，新华社新媒体，2020年5月6日，http：//baijiahao. baidu. com/。

布当天又挫败一起雇佣兵海上入侵行动，当地渔民抓获 8 名乘船登陆的恐怖分子，其中包括 2 名美国公民和曾参与 2019 年委内瑞拉未遂军事政变的一名原委内瑞拉军官。马杜罗 4 日晚发表全国电视讲话，展示了当天被捕的 2 名美国公民持有的美国护照，并称这两人为美国安全团队工作。雇佣兵入侵的主要目的是刺杀他本人、破坏委内瑞拉的和平与稳定。委内瑞拉政府认为美国应对连续发生的雇佣兵入侵事件负责，且有证据表明瓜伊多曾与美国雇佣兵公司签署合同，企图用武力推翻委内瑞拉政府。

（三）行动评析

鉴于近期美国持续对委内瑞拉展开极限施压举措，入侵事件不但将使本已趋稳向好的委内瑞拉国内政局再起波澜，更将进一步激化美委矛盾，整个加勒比地区的安全局势也将受到一定程度冲击。委内瑞拉卡拉沃沃大学社会科学院教授德尔加罗指出，美国不断对委内瑞拉极限施压，不惜一切代价要推翻马杜罗政府，因此美国难与近日发生的雇佣兵入侵行动撇清关系。德尔加罗认为，美国近来对委采取一系列举动，一方面是企图在美国国内疫情严重、特朗普政府抗疫不力的情况下转移美国公众的注意力；另一方面，2020 年是美国大选年，特朗普政府试图对委内瑞拉展现强硬姿态，以争取部分美国选民的支持。

三、尼日尔与法国军队联合行动打死 18 名恐怖分子[①]

6 月 20 日，尼日尔与法国军队在尼西部蒂拉贝里省展开联合行动，打死 18 名恐怖分子。

（一）行动背景

法国 2014 年 8 月启动“新月形沙丘”行动（又称“巴尔汉行动”）。在这一行动框架下，法国向非洲萨赫勒地区派遣约 4000 名军人，与该地区内的多国军队协同作战，共同打击恐怖主义。

---

① 参见《尼日尔与法国军队联合行动打死 18 名恐怖分子》，新华社，2019 年 6 月 21 日，http：//www.xinhuanet.com/。

（二）行动概况

尼日尔军队与法国“新月形沙丘”行动部队 6 月 8—18 日在蒂拉贝里省通戈通戈地区展开代号为“乌头”的联合行动，打死 18 名恐怖分子，逮捕 5 名恐怖分子，并缴获大量武器。两国军队在行动中无人员伤亡。

（三）行动评析

尼日尔与法国军队此次开展联合反恐军事行动，一方面打死了部分恐怖分子，一定程度地削弱了恐怖主义势力；另一方面，这是国际社会双边合作联合反恐、采取军事行动共同打击恐怖主义的典型代表，具有一定的示范引领作用。

四、俄罗斯部署“枪炮卡车”对付恐怖分子

在打击恐怖组织、消灭恐怖分子的军事行动中，俄罗斯向来是手腕强硬、手段独特，2020 年俄罗斯又部署“枪炮卡车”来对付恐怖分子。

（一）行动背景

近年来，俄罗斯注重强化保卫南部边界的集群力量。在中东，恐怖分子在以吉普皮卡车为主的越野车里装配了大口径机枪、无后坐力炮甚至非制导火箭弹的发射装置，这种升级后的汽车对疏于防范的军队构成了严重威胁，驻叙利亚的俄军将这种汽车叫做“机枪车”和“圣战小车”。

（二）行动概况

俄罗斯军事历史学家阿列克谢 · 赫洛波托夫指出：“最好是用更好更强大的机枪车对付机枪车，机动战是武装分子有代表性的作战方式，既快速移动又神出鬼没地开展射击，对付他们需要机动性毫不逊色、且防护性最好更佳的工具。”

俄罗斯国防部消息人士透露，已作出关于为俄军装备装甲卡车的重大决定。在火力上，装甲卡车甚至优于轻型装甲车，车身可安装数架机枪、自动火箭筒、高射炮或反坦克导弹。首批卡车已到达吉尔吉斯斯坦坎特空军基地和塔吉克斯坦第 201 军事基地，计划在 2022 年年底前彻底完成最新

式汽车集群的部署。

（三）行动评析

“枪炮卡车”将强化俄罗斯在中亚的军事基地，使用乌拉尔和卡马运输车底盘的特殊汽车获得对子弹和碎片的额外防护，军人可在车上放置大量武器——机枪、火箭筒甚至反坦克导弹。装甲卡车的防护虽不如装甲运输车和步兵战车，但在反恐领域具有一系列优势，如装甲卡车在平坦的地形上移动速度比后者快得多，在中亚的草原和沙漠上，带轮车一年多数时候都可行进。此外，这种车比装甲运输车和步兵战车的生产和驾驶成本低得多，续航能力几乎高一倍。据信“枪炮卡车”在一定程度上能够增强俄罗斯的军事反恐行动能力，从而为更加有力地打击恐怖分子创造条件。

第二章／2020年美国*反恐怖军事行动

第一节　美国反恐怖军事行动综述

2020 年注定是一个不平凡之年，新冠肺炎疫情肆虐全球，美国疫情恶梦缠身，成为了重灾区，加之特朗普上台后，美国奉行单边主义思想，“退群”、毁约有增无减，国家战略重点聚焦大国战略竞争，缩减反恐资源投入，连续抛弃反恐盟友，冲击国际反恐合作大局，致使国际反恐斗争形势更加复杂，其国内案件频发，国外袭击不断，反恐前景不容乐观。

一、美国面临的恐怖形势

特朗普政府对美国的反恐战略进行了重大调整，新的反恐战略突出了预防性和全面性，并在战略倾向、重点领域和具体政策方面都有新的变化和深化，受其影响反恐战略正在从全球治理选项逐渐转变为国内治理选项，大国反恐合作的效力进一步降低，国际反恐的合法性和政治性遭到削弱，特别是特朗普在反恐中对军事手段的选择性使用以及各种工具性的反恐举措，引发以暴制暴的暴力滥用，同时减少反恐援助，以高压姿态分摊反恐责任和借反恐之名打压特定国家等，使美国的反恐形势不容乐观。

---

* 美国全称为美利坚合众国（United States of America），美国本土从大西洋到太平洋，几乎横跨整个北美洲大陆，面积仅次于俄罗斯、加拿大、中国，排名第四。它的领土还包括北极边缘的阿拉斯加以及远在太平洋赤道地区的夏威夷。本土东西长 4500 千米，南北宽 2700 千米，海岸线长 22680 千米。

（一）美国实施“美国优先”策略，针对美国的袭击不断

特朗普政府的反恐战略与之前相比，在总体战略收缩的大方向上并无根本性变化，在战略重要性排序上让位于大国竞争，在反恐战争和反恐军事行动手段上进一步收缩，将更多的反恐资源集中于本土，强化从边境到地方甚至个人的反恐体系，重点关注国内关键基础设施等新的关键领域，减少反恐援助，以高压姿态分摊反恐责任，为此不惜在多个反恐议题上与盟国背道而驰，再加上多年来在伊朗问题上存在某种程度的“反伊”倾向，这些都使长期的反恐合作和反恐成效大打折扣。恐怖主义的生成有着复杂的环境和背景，美国的反恐政策不是致力于改变当地滋养其产生的环境和经济社会条件，加大援助和投入，相反却是减少援助和转嫁反恐成本。美国领导人在第 75 届联合国大会的一般性辩论中，作了一段集傲慢、偏见与谎言于一身的视频发言，一边宣扬单边主义论调，一边吹嘘美国履行“和平缔造者的使命”，并就伊朗核问题、反恐与北约军费分摊等问题自说自话，处处彰显“美国优先”的自私与霸道，引起国际社会的普遍反感。

（二）中东内外各方势力斗争升级，美国中东反恐压力持续

2020 年以来，中东地区的恐怖活动有增无减，美国欲从中东撤军，其反恐压力持续。一是新冠肺炎疫情让“伊斯兰国”武装分子有了可乘之机。疫情暴发前，“伊斯兰国”的袭击力度几乎微不足道，但在疫情暴发之后，伊拉克政府集中力量投入抗疫斗争，外加伊拉克政府更迭及对油价下跌、库尔德地区预算等问题的争执，让打击“伊斯兰国”的行动被暂时搁置。二是美国和伊朗对抗加剧。新年伊始，美军袭杀了伊朗军队高级指挥官苏莱曼尼，伊朗誓言“严厉报复”并中止履行“伊核协议”，中东紧张形势骤然升级。1 月 7 日，在伊朗德黑兰，议员在议会高喊口号。伊朗议会当天投票通过一项紧急动议，决定将美军、美国国防部列为“恐怖组织”，将美国国防部所有人员、下属机构以及策划、实施杀害伊朗伊斯兰革命卫队下属“圣城旅”指挥官苏莱曼尼的美军指挥官列入黑名单。三是大国博弈。围绕叙利亚战后安排各方博弈激烈，叙利亚内战渐近尾声，西北部伊德利卜省战事牵动各方神经，俄罗斯、土耳其、伊朗三方多次协调立场，寻求巩固扩大自身安全利益，美欧反应明显乏力，凸显“俄进美

退”之势，同时，土耳其越境打击叙利亚库尔德武装，令美土关系渐行渐远，俄土关系进一步走近。四是域内传统矛盾复杂难解。以色列挟美自重，与伊朗强硬对抗，近期伊朗更以反美为由将以色列作为“复仇目标”。沙特与伊朗教派矛盾深厚，也门“代理人战争”仍未平息，巴以争端难解，双方矛盾根深蒂固，暴力冲突时有发生。

（三）美国种族主义盛行，进一步催生恐怖、极端暴力事件

美国不论是民主党还是共和党，自由派还是保守派，都秉承“美国是移民国家”和“移民塑造”的基本价值观，严格地说，美国政治中的种族问题不是简单的种族关系或政策问题，而是关系美国人资格的问题。霍布斯鲍姆写作种族问题名著《民族与民族主义》时，就据此作出结论：“美国是唯一一个欢迎任何人无条件成为其民族成员的国家”，美国的民族开放度远远超过阶级开放度。但到了特朗普治下，美国采取对外抵制多边机制，限制多国公民入境，对内则排斥少数族裔和其他社会少数群体，减少对非法移民群体的救济等政策。特朗普对极端种族主义者态度暧昧，种族主义组织“三 K 党”前头目大卫・杜克公开支持特朗普，特朗普四处攻击，反映出美国社会“东方主义”思维的沉渣泛起，对海外投射出一系列焦虑，认定“非我族类”是国家威胁，通过标签化“外族群”、“外国人”为“敌人”来建立一个想象的国家身份，正如特朗普攻击“中央公园五人组”的背后逻辑，他们是黑人，他们伤害白人，我们要团结反抗。对于“白人至上”主义者杀害反抗议者希瑟・海耶，在单日发推特超过百条是常事的特朗普却迟迟不予以谴责等，致使 2020 年遭受大多“出乎预料”的事件，疫情、经济衰退与种族抗议叠加，加剧了美国已有危机，暴力事件频频发生。据统计，2020 年全年美国境内枪支暴力受害人数超过上年，因枪支暴力导致 16761 人死亡，34802 人受伤，平均每天枪支暴力致死约 52 人。1 月 17 日深夜，美国犹他州格兰茨维尔发生枪击事件，造成 4 人死亡，1 人严重受伤。9 月 13 日凌晨，美国新泽州罗格斯大学校园附近发生枪击事件，造成 2 人死亡，6 人受伤。9 月 19 日，纽约州罗切斯特市发生了一起聚会枪击事件，造成 2 人死亡，16 人中枪，有人猜测此次聚会枪击事件与 18 日晚罗切斯特市举行例行支持“黑人的命也是命”的抗议警方暴力非法执法的示威活动有关。

二、美国反恐怖军事对策

特朗普上任以来，美国的安全战略重心转移，反恐地位让位于大国竞争，其全球反恐部署逐渐收缩，分别从阿富汗、中东等地区撤出反恐兵力，影响力下降，该地区恐怖势力有抬头迹象。由于美国的反恐战略调整，世界反恐合作前景黯淡，各国合作意愿摇摆，世界反恐形势严峻。纵观美国反恐军事对策，主要有如下几个方面：

（一）美国政府的反恐战略突出恐怖主义威胁的“全面性”①

美国的战略要求对于恐怖主义的威胁认知要具有全面性。提出对恐怖主义的打击并不仅是单一的恐怖组织，而是针对所有有能力和意图伤害美国及其利益与公民的恐怖威胁。在此基础上，特朗普政府的反恐战略对美国正在面对以及潜在的恐怖主义威胁进行了全面辨识，并将其分成四个类别：第一类是“激进伊斯兰恐怖主义”，这类恐怖主义组织有着明显的“伊斯兰极端主义”意识形态，根据威胁程度，该类恐怖主义威胁还可细化为两个层次：具有全球活动能力的“伊斯兰国”和“基地”组织，及对美国持有敌视态度的地区性伊斯兰恐怖组织。第二类是支持恐怖主义的国家，美国认定伊朗为支持恐怖主义的“头号国家”，指责伊朗“不仅支持包括黎巴嫩真主党、哈马斯以及叙利亚、伊拉克等国内部多个恐怖组织”，并赞助针对外国政府与私人部门的网络攻击。随着美国与伊朗关系进一步恶化，反恐越来越成为美国打压伊朗的重要手段。第三类是国际上具有暴力倾向的极端民族主义、分裂主义、新纳粹主义等极端组织，这些极端组织常常出现在西方国家内部，试图通过暴力方式破坏当地社会稳定，以实现其各种利益诉求。第四类是美国国内原生的恐怖组织或个人，不受激进伊斯兰主义意识形态影响和“伊斯兰国”等国际恐怖组织的招募，如极端民兵组织以及一些受到极端思想影响的激进分子等。特朗普政府的这一反恐战略的具体措施具有全面性，试图构建一条从前沿打击到本土防御，从金融控制到后勤切断，从禁止人员流动到抵御思想侵蚀的全面打击和预防链条。一是保持海外行动能力，通过国际合作继续打击海外恐怖组织。二

---

① 参见刘贞晔、陈秋丰：《美国反恐战略的转向》，《现代国际关系》，2020 年第 2 期。

是防止恐怖组织获取资金、后勤资源和相应技术。通过加大审查力度、制裁等手段阻止恐怖组织获取资金支持。三是重视在人口流动方面抵御恐怖主义，不断缩紧移民、难民接收等政策，以阻止恐怖分子进入美国。

（二）美国反恐战略收缩，对世界反恐影响大

特朗普政府的反恐战略略有调整[①]，在维护本国本土安全上进一步深化战略举措，进一步下沉反恐的着力点和动员层级，在援助投入与反恐国家合作、阻断极端思想传播和消除威胁来源、加强基础设施和网络安全的投入及能力提升、选择性地使用军事手段和清除特定恐怖人员等方面，总体呈现“轻资产（投入）、轻战略（定位）、重（政策）工具、重见效”的特征。美国的这种战略收缩，表现为在阿富汗及中东地区撤军或调整部署，由原来的全面控制转为部分控制，在重点关照的同时全面介入中东局势，即用少量的部队保证已经在此处获得的石油等利益，同时对中东大局势采取政治或经济上的介入，减少损失和军费开支，这意味着失去美军部署地区将会更加混乱，当地势力有逐步抬头的趋势。同时美国的反恐地位让位于大国竞争，使全球反恐斗争形势更加复杂化，使各国在联合国框架内的反恐立场蒙上了阴影，大国的反恐立场出现摇摆，有的推卸责任，有的实施双重标准，甚至出现“同情”或“偏袒”的现象，进一步催生了全球反恐新的问题。同时特朗普政府将更多的反恐资源集中于美国本土，重点关注国内关键基础设施等新的领域，这种反恐领域中的治理转向，势必会影响更多国家的反恐治理“国内化”，全球反恐领域单边主义和各自为政的现象更加普遍。特朗普政府还不断减少反恐援助，以高压姿态分摊反恐责任，为此不惜在多个反恐议题上与盟国背道而驰，从而进一步引发反恐合作难题。

（三）美军新的“反恐战术”或许带来反恐新挑战

特朗普政府在反恐战争中更加坚定地推行一种两党政界人士都支持的核心战术，即使用无人机打击恐怖分子。无人机作战相对有人作战而言，使用成本低，维护成本也很低。无人机战争是以远程操控进行的战争，利用计算机算法制造杀戮，虽说这种战争方式不会造成军人死亡，但使用无

---

① 参见刘贞晔、陈秋丰：《美国反恐战略的转向》，《现代国际关系》，2020 年第 2 期。

人机打击会波及平民。自特朗普上任以来，美国在索马里发动了155次空中和无人机打击，这个数量是奥巴马最后一个任期中发动的同类打击数量的4倍，在大多数情况下，无人机打击的频率越高，平民死亡人数就越多，只是媒体不公布有关遭袭击的人数而已，对无人机的依赖就像“反恐战争”本身一样，是一种缺乏战略的战术，只会制造更多的恐怖分子和好战分子。特朗普政府沉迷于无人机战争，让诉诸暴力的门槛大大降低。美国对无人机战争没有一个细致周到的规划，肆意使用无人机进行“反恐战争”，甚至波及平民，只会加剧世界局势的动荡。同时，无人机技术的广泛存在和使用，意味着诉诸暴力的门槛降低，恐怖组织甚至连资金匮乏的好战分子都能拥有自己的无人机，美国反恐作战面临新的挑战。

第二节 美国主要恐怖袭击事件

美国政府新的反恐怖政策收效不大，虽然没有出现大规模恐怖袭击，但国内外恐怖袭击及暴力事件并未得到有效遏制，而且有恶化的趋势。

一、伊拉克塔季军事基地遭火箭弹袭击

2020年3月11日晚，位于伊拉克首都巴格达以北的塔季军事基地遭火箭弹袭击，该基地驻扎着负责训练伊拉克部队的美军官兵，此次袭击造成2名美国人和1名英国人死亡、至少12人受伤。

（一）事件背景

2020年初，伊朗伊斯兰革命卫队高级指挥官卡西姆·苏莱曼尼在伊拉克巴格达国际机场外遭美军突袭身亡。此后，伊拉克国民议会举行特别会议，通过了结束外国军队驻扎的决议，对外国军队驻扎境内表示不满。美军塔季基地遭到袭击后，认定是伊朗造成的，对伊朗发起指控和谴责，声称伊朗支持民兵向基地发动火箭袭击。伊朗方面立即否认，声称美国是无根据的指责，正在制造地区紧张局势，伊朗完全没有理由这样发动袭击。

（二）事件经过

3 月 11 日晚，约 10 枚“喀秋莎”火箭弹击中位于巴格达以北约 20 千米处的塔季军事基地，这次袭击是一次非常严重的安全挑战和敌对行动。伊拉克安全部队随后在巴格达以北区域一车辆上发现了火箭弹发射装置，装置上尚有 3 枚未发射的火箭弹。

（三）事件影响

事件发生后，美国国务卿蓬佩奥与英国外交大臣通电话，双方讨论了塔季军事基地遭袭击事件，并强调要“追究袭击者的责任”。随后伊拉克正式向国际联盟通报政府和议会作出的有关结束外国军队驻扎的决议，使中东局势进一步发生变化。美军在中东的行动屡屡受阻，不断遭到各种武装力量的袭击，其对中东的控制力日渐衰弱，加上俄罗斯、土耳其等地区大国也开始介入中东，中东局势不容乐观。

二、美国伊利诺伊州洛克福德市突发枪击案

12 月 26 日，美国伊利诺伊州洛克福德市的一家保龄球馆内突发枪击案，造成 3 人当场死亡，3 人受伤，嫌疑人被当场抓获。

（一）事件背景

嫌疑人杜克·伟伯，是一名美军特种兵，他 2008 年加入美军，现为美国陆军空降第 7 特种部队第 3 营特种作战和情报中士，现年 37 岁，部队位于佛罗里达州埃格林空军基地，事发当天他请假外出。

（二）事件经过

据洛克福德警察局局长丹尼尔·奥谢说，12 月 26 日晚 6 点 55 分左右，911 中心接到报警电话，警员接警后，大约 1 分钟抵达事发保龄球馆并听到枪声，警员冲进保龄球馆开始搜索枪手，几分钟后嫌疑人向警员投降，警员没有开枪，嫌疑人在投降之前，已经销毁了自己的 ID，并藏匿了武器。事发时，保龄球馆没有营业，但是楼上的酒吧维持开放。

警方披露，嫌疑人与任何受害人之间都不相识，也没有任何关系，这

完全是随机行动。案件中有 3 名男子中枪身亡，年龄分别为 73 岁、65 岁、69 岁，同时还有 3 人中枪受伤，为 1 名 14 岁男孩和 1 名 16 岁女孩。

（三）事件影响

在事件发生的前一天，12 月 25 日圣诞节当天，美国田纳西州纳什维尔市中心刚发生一起休旅车大爆炸事件，这无疑给节日抹上恐怖气氛。事件发生后，洛克福德市市长汤姆・麦克纳马拉表示，在最困难的 2020 年结束之际，又发生如此的案件，在我们展望新年的同时，我们也要清楚地明白，这种暴力需要停止。

美国传染病专家福奇称，未来几周美国新冠肺炎疫情还会更严重，在这种大环境下，却时常发生让人震惊的袭击案件，令人痛惜。现如今美国的经济发展不是很乐观，很多企业面临困境，民众失业率增加，基本生活没有保障。在这种疫情、经济、暴力袭击三重阴影下，暴露了美国的很多社会问题，美国大选加速了社会分裂，各种问题加剧，2020 年社会上各种暴力事件不断。

三、其他恐怖袭击事件

1 月 1 日凌晨，密苏里州圣路易斯在 3 个小时内连续发生 4 起枪击事件，共有 8 人在袭击中中枪，其中 4 人死亡。

1 月 4 日，伊拉克首都巴格达市中心"绿区"等地和巴格达以北一个驻有美军的基地晚间遭到炮弹袭击，不过未造成人员伤亡。

1 月 5 日，索马里"青年党"恐怖分子袭击了美国和肯尼亚军事人员使用的，位于肯尼亚沿海地区拉穆的一个军事基地。据美国军方说，1 名美军士兵和 2 名国防部承包商当天在袭击中丧生，另有 2 名国防部工作人员在袭击中受伤，伤者目前情况稳定并已被转移。

1 月 12 日，美国科罗拉多州奥罗拉一间公寓发生枪击案，5 人中枪。

1 月 14 日，美国休斯敦发生枪击事件，致一人死亡。当天下午 4 时许，贝莱尔高中附近发生枪击，警方和消防人员迅速赶往现场。目击者向当地媒体说，一名胸部中枪的少年被送上救护车，贝莱尔高中所属的休斯敦独立学区负责人向媒体证实，这名少年已经死亡。另有 2 名国防部工作人员在袭击中受伤，伤者目前情况稳定并已被转移。

1 月 17 日，美国犹他州枪击案致 4 死 1 伤。当天晚上，美国犹他州小镇格兰茨维尔发生一起枪击案，造成一处住所内 4 人死亡，另有 1 人受伤。事件发生于当地时间晚 7 时，警方确认只有 1 名嫌疑人，并已将其逮捕归案。

1 月 19 日，美国夏威夷檀香山一住宅区发生枪击案，造成 2 名警察在枪击中身亡。嫌犯在开枪后还放火烧毁了多所房屋，嫌犯与 2 名居民在大火后不知所踪。

1 月 19 日，美国德克萨斯州圣安东尼奥一家音乐俱乐部发生枪击事件，造成 2 人死亡，5 人受伤。

1 月 22 日下午 5 时许，美国华盛顿州西雅图市中心发生枪击事件，导致 1 人死亡、7 人受伤。

1 月 26 日，美国驻伊拉克大使馆当晚遭火箭弹袭击，未造成人员伤亡。

1 月 29 日，美国军方证实美军一架 E－11A 飞机当天在阿富汗坠毁，2 名美军飞行员身亡。阿富汗塔利班称自己击落了该飞机，驻阿富汗美军则表示没有迹象表明飞机是被敌方火力击落。

1 月 29 日，美国五角大楼发言人托马斯·坎贝尔（Thomas Campbell）在一份声明中称，在伊朗导弹袭击美军驻伊拉克基地后，被诊断出有创伤性脑损伤的美军人数升至 50 人。

2 月 1 日，美国佛罗里达州里维拉比奇市的一个教堂举行葬礼后发生枪击事件，造成 2 人死亡，2 人受伤。

2 月 3 日，美国得克萨斯州农工大学康莫斯分校的宿舍楼内发生枪击案，导致 2 人死亡，1 人受伤。

2 月 8 日，在阿富汗东部楠格哈尔省希尔扎德地区某基地内，一名穿阿富汗安全部队制服的男子手持机关枪向美国和阿富汗联合部队士兵开火，2 名美军士兵遭射杀，另有包括 3 名阿富汗突击队员在内的 6 人受伤。

2 月 10 日，美国阿肯色州福雷斯特城的一家沃尔玛超市发生枪击事件后，2 名警察受伤，嫌犯被打死。

2 月 13 日，首都华盛顿市中心第 8 街和 700 街区附近一人向另外一人开数枪射击，导致 1 死亡，1 人受伤。

2 月 16 日，美国康涅狄格州哈特福德市一家夜总会发生枪击事件，造成 1 人死亡，4 人受伤。

2 月 23 日，美国休斯顿一个跳蚤市场发生枪击事件，造成 7 人受伤。

2 月 26 日，美国威斯康辛州密尔沃基市的莫尔森库尔斯啤酒公司内发生枪击事件，造成 5 人死亡，枪手随后自杀身亡。

3 月 6 日，突尼斯首都突尼斯市美国大使馆附近发生一起自杀式爆炸袭击，突尼斯国家电视台援引安全人士的消息报道说，当天上午，2 名袭击者驾驶摩托车在美国驻突尼斯大使馆附近一个检查站边实施自杀式爆炸袭击，袭击者当场死亡。

3 月 9 日，在美国主导的打击“伊斯兰国”国际联盟的空中支援下，伊拉克反恐部队根据情报，在萨拉赫丁省北部山区发起清剿行动，打死 25 名武装分子，摧毁 9 条藏匿地道和一个训练营地。2 名美国军人跟随伊拉克安全部队在伊拉克北部清剿极端组织“伊斯兰国”时被打死。

3 月 12 日晚间，伊拉克首都巴格达以北的塔季军事基地遭火箭弹袭击，造成 3 人死亡，其中造成 2 名美国人和 1 名英国人死亡、至少 12 人受伤。

3 月 14 日上午，伊拉克首都巴格达以北的塔季军事基地遭火箭弹袭击，造成 3 名美军士兵受伤，其中 2 人伤势严重。

4 月 6 日，驻叙利亚美军与库尔德武装主导的“叙利亚民主军”在代尔祖尔省与哈塞克省交界的瓦西娅镇附近联合巡逻时，遭到不明身份的武装分子伏击，造成 1 名美军军官和 2 名“叙利亚民主军”成员身亡。

4 月 20 日，一辆运送美军和叙利亚地方武装士兵的军用“悍马”车在哈萨克省西南部转向鲁威西德村时，遭到一群不明身份者的袭击，导致车辆被毁，车内多名军人受伤。

4 月 27 日，美国威斯康星州密尔沃基市北部一个住宅内发生枪击事件，导致 5 人死亡。5 名受害者为同一个家庭的成员，年龄在 14～41 岁之间。1 名婴儿幸免于难。警方在枪击现场找到一支枪，并逮捕了一名 43 岁的嫌疑人。据当地媒体报道，嫌疑人与受害者认识，有犯罪前科。

5 月 16 日，美国路易斯安那州博加卢萨市的一场追悼会上发生枪击事件，造成 13 人受伤，其中 1 人伤势严重。

5 月 19 日当晚，美军一架 F－35A 型战斗机尝试在基地降落时坠毁，飞行员弹射逃生后被送往医院治疗，情况稳定。事件没有造成平民受伤，基地没有财产受损。

5 月 20 日，美国纽约市曼哈顿北部发生一起枪击事件，其中 2 人中弹身亡，1 人受伤。

5 月 21 日，美国南部得克萨斯州科珀斯克里斯蒂海军基地发生枪击事件，1 名安全人员受伤。海军安全人员随即赶到现场，枪手被制服，一名安全人员受伤。

5 月 28 日，美国肯塔基州路易维尔市抗议活动现场发生枪击事件，造成至少 7 人中枪，其中 1 人伤势严重。

6 月 4 日，美国亚拉巴马州摩根县瓦尔郝尔莫索泉地区发生枪击事件，造成 7 人死亡。

6 月 13 日，伊拉克首都巴格达以北一军事基地遭 2 枚火箭弹袭击，未造成人员伤亡。该军事基地驻扎着负责训练伊拉克部队的美军官兵。

6 月 15 日，驻英美军基地一架战斗机在英国北部海域坠毁，1 名美国空军飞行员失踪。该基地的一架美军 F－15C 战斗机当天上午在执行训练任务时坠毁，坠机地点据信位于约克郡海岸线以东 74 海里（约合 137 公里）的海域。

6 月 21 日，美国德克萨斯州首府奥斯汀市发生枪击事件，造成 5 人受伤。

6 月 22 日凌晨，美国北卡罗来纳州夏洛特市，数百人在北部一处街区聚会，庆祝“六月节”，现场出现数名枪手，向人群开了数十枪，有 9 人中枪，其中 2 人身亡，7 人被送往医院接受治疗，其中 5 人伤势严重。此外，有 5 人在离开现场时被车辆撞伤，伤势轻微。

6 月 27 日，美国加利福尼亚州雷德布拉夫市的一家沃尔玛配送中心发生枪击事件，造成至少 2 人死亡，4 人受伤。

7 月 5 日凌晨，美国南卡罗来纳州格林维尔市一家夜总会发生枪击事件，造成 2 人死亡、8 人受伤。

7 月 10 日，美军一架 A－29 型“超级巨嘴鸟”轻型攻击机在阿富汗试飞期间坠毁，一名飞行员弹射逃生。

7 月 12 日，停泊在加利福尼亚州圣迭戈海军基地的一艘美军两栖攻击舰发生火灾，造成包括 17 名海军士兵在内的 21 人受伤。

7 月 19 日，美国首都华盛顿发生枪击事件，造成 1 人死亡，至少 8 人受伤。

7 月 21 日，美国芝加哥一家殡仪馆附近发生大规模枪击事件，造成至少 11 人受伤。

7 月 27 日，伊拉克首都巴格达附近一驻有美军的军事基地当天遭 3 枚火箭弹袭击，目前尚无人员伤亡报告。

8 月 6 日，美国在叙利亚东北部哈塞克省的军事基地遭到火箭弹袭击。

8 月 9 日，美国首都华盛顿特区发生枪击事件，造成 1 人死亡，9 人受伤，

8 月 10 日中午，美空军一架直升机在弗吉尼亚州北部马纳萨斯附近进行例行训练时遭枪击，一名机组人员受轻伤。这架 UH－1N“休伊”直升机隶属于马里兰州安德鲁斯联合基地第一直升机中队，当时机上有 2 名飞行员。直升机遭来自地面的枪击时高度约为 305 米，随后在附近机场安全迫降，机身上发现一颗子弹。

8 月 13 日，以美国为首的国际联军的车队在伊拉克南部巴塔镇地区通过时，一具爆炸装置被引爆。

8 月 16 日，美国中西部俄亥俄州主要城市辛辛那提市，4 个不同地点接连发生枪击事件，18 人中枪，其中 4 人死亡。

8 月 21 日，美国纽约市的哈林区、布朗克斯区、布鲁克林区等地发生多起枪击事件，造成 7 人受伤，1 名女性因伤势过重而死亡。

9 月 6 日，美国伊利诺伊州芝加哥市发生多起枪击事件，至少 35 人遭到枪击，其中 4 人死亡，多人受伤。

9 月 12 日，一名被派往阿里·萨利姆空军基地的美方高级空军人员杰森·潘文凯在执行巡逻任务时死于车辆撞击，驾驶肇事车辆的司机声称这是“意外事故”。四天后，在同一个空军基地内，一名 23 岁的美国空军预备役军人也被车辆撞击身亡，这是在科威特发生的第二起美国军人死于车辆撞击事件，二者相隔不到一周。

9 月 29 日，伊拉克国首都巴格达国际机场附近一处民宅遭两枚火箭弹袭击，造成 5 人死亡、2 人受伤。

10 月 10 日，在美国科罗拉州丹佛市中心举行的抗议活动中，极左与极右抗议人群发生激烈冲突，并造成 1 人死亡。一名极右组织成员试图用胡椒喷雾袭击另一方人员，随后遭到对方持枪反击，在枪击发生后，该受伤男子被紧急送入附近医院，随后宣布不治身亡。

11 月 3 日，美国内华达州克拉克郡亨德森市发生一起枪击事件，警方接到报案后前往现场处理时与嫌疑人出现交火，4 人死亡，其中一名死者疑似为本案的枪手。

11 月 13 日，一架直升机在西奈半岛南部沙姆沙伊赫附近执行例行任务时发生坠机事故，8 人死亡。机上 9 人中有 6 名美国军人、1 名法国军人和 1 名捷克军人在事故中丧生，1 名美国军人幸免于难，随后被送往医院接受救治。

11 月 13 日，美国东北部康涅狄格州一家退伍军人医院发生爆炸，造成 2 人死亡。

11 月 14 日，美国康涅狄格州，一名妇女闯入住宅向 2 名未成年人开枪射击，造成 1 人死亡，1 人重伤。

11 月 27 日，美国加利福尼亚州克拉门托市的一家购物中心发生枪击事件，造成 2 人死亡。

12 月 4 日，美国纽约市发生一起枪击事件，造成 3 名法警和 1 名持枪嫌疑人受伤。

12 月 9 日，美国华盛顿特区波多马克花园附近的东南 13 街 1000 号街区发生枪击事件，致使 2 名男子受伤，其中 1 名不治身亡。

12 月 11 日，美军驻阿富汗帕尔万省巴格拉姆地区空军基地附近发生汽车炸弹爆炸事件。随后一伙不明身份的武装分子与军方发生激烈交火。据北约驻阿富汗部队发言人表示，此次袭击的目标是空军基地附近的一所在建医院。袭击发生后，塔利班宣称对该爆炸事件负责。

12 月 13 日，美国纽约曼哈顿一座教堂附近发生枪击案，枪手朝空中和警方开枪后，警方予以还击，至少有一发子弹射中枪手头部。枪手已经死亡，没有警察和民众受伤。

12 月 23 日，美国巴尔的摩市中心的一座办公楼发生爆炸，造成至少 21 人受伤。

12 月 25 日，美国田纳西州纳什维尔市中心一辆停靠在路边的房车发生爆炸。警方称爆炸前车内传出一段录音称，一枚炸弹将在 15 分钟内爆炸，警方随即协助周边民众撤离并封锁了该区域，不久房车发生爆炸。

12 月 25 日，美国费城警察击毙一名 43 岁枪手，该枪手当日凌晨当街枪击了 2 名青少年，致使其中 1 人死亡。

12 月 26 日，美国伊利诺伊州罗克福德市一家保龄球馆发生枪击事件，造成 3 人死亡，另 3 人受伤。

第三节　美国主要反恐怖军事行动

一、美军袭击“真主旅”行动

美军对逊尼派武装组织“真主旅”在伊拉克境内的 5 处军火库实施精确打击，作为对逊尼派武装 3 月 11 日袭击伊拉克塔季军事基地并造成美军伤亡的报复，也破坏了“真主旅”今后发动袭击的能力。

（一）行动背景

3 月 11 日，约 18 枚“喀秋莎”火箭弹击中了塔季军事基地，造成多人伤亡。此次事件美军认为是“真主旅”所为。“真主旅”属于“人民动员组织”，该组织于 2014 年成立，由包括“真主旅”在内的多个逊尼派民兵武装力量组成，2018 年 3 月被编入伊拉克安全部队，直接听命于伊拉克国防部，在打击“伊斯兰国”的战斗中发挥了重要作用。美国认为“真主旅”与伊朗伊斯兰革命卫队下属的“圣城旅”关系密切。

（二）行动概况

“真主旅”组织多次攻击伊拉克境内的国际联盟部队基地，造成多人伤亡。2019 年 12 月 29 日，美国对“真主旅”多处设施实施了空袭，以报复该组织多次攻击伊拉克境内的国际联盟部队基地。美军与“真主旅”之间的袭击、报复使美国与伊朗濒临战争边缘。2020 年 1 月 3 日，美国在巴格达实施空袭打死伊朗伊斯兰革命卫队下属“圣城旅”指挥官卡西姆·苏莱曼尼。作为报复，伊朗同月 8 日对伊拉克境内驻有美军的军事基地发射 16 枚短程弹道导弹，袭击造成超过百名美军士兵出现创伤性脑损伤。

美军对“真主旅”实施多处打击，其遭摧毁的据点藏有大量武器，美国国防部称这些武器是用于袭击联军的标签。在空袭行动开始半小时前，美国国防部长埃斯珀向巴格达当局透露了行动的消息，伊拉克总理迈赫迪称，他劝阻美军取消这次空袭行动，但埃斯珀拒绝了。显而易见，美国只是进行了一次象征性的通知，对于伊拉克当局的意见并不在意，毕竟伊拉克不可能为了几十条人命就和美军开战，而且是在行动开始的半个小时前，这表明埃斯珀并不信任伊拉克当局，担心它会向“真主旅”报信，因此可以发现，虽然美伊双方互不信任，但巨大的武力差距使两者间保持“井水不犯河水”状态。

（三）行动评析

这次事件造成多人伤亡。蓬佩奥指责伊朗在背后操控，警告称美国将果断回应任何由伊朗或其代理人发起的伤害美国或其盟友的行动。这次突袭是美军首次对“真主旅”的攻击行为进行大规模军事报复。美方将伊朗视为近期攻击美国在中东利益的幕后黑手，双方之间的对抗正在持续升级。

事件发生后，伊拉克政府谴责美军国的空袭行动，称美方所为侵犯了伊拉克的主权，更严重威胁到伊拉克和本地区的安全。伊朗外交部发言人同日表示，美国发动袭击表达了对恐怖主义的坚定支持，以及对各国独立和主权的忽视，自从美国单方面退出伊核协议、重启对伊朗制裁后，美伊关系不断恶化，未来的变化不可预测。

二、其他反恐怖军事行动

1 月 1 日，美军对逊尼派武装组织“真主旅”位于伊拉克和叙利亚境内的多处设施实施空袭，以报复该组织对伊拉克境内驻有国际联盟部队的军事基地的多次攻击。美国防部长埃斯珀宣布，美国将立即向中东地区增兵约 750 人，以应对该地区针对美方逐渐提升的威胁，美方也已做好未来几日继续增兵的准备。

1 月 3 日，美军向中东地区增派约 3000 人，他们将在中东地区部署约 60 天。

1 月 3 日，美军无人战机对伊拉克巴格达国际机场发动空袭，导致包括伊朗特种部队总指挥卡西姆 · 苏莱曼尼在内的多人死亡。美国国防部说，是总统特朗普下令实施此次针对苏莱曼尼的袭击任务。

1 月 9 日，美国国会众议院表决通过战争权力决议，以限制美国总统特朗普未来对伊朗的军事行动。

1 月 17 日，美国五角大楼宣布针对外国军事学员的一系列最新管控规定，包括禁止他们携带私人枪支进入美国本土的军事基地。

1 月 17 日，美国政府宣布，将把美国务院对部分商用枪械出口的监管权移交给商务部，目的是促进美国枪支及弹药在海外的销售。把部分枪械销售的管辖权从国务院转移到商业部门，意味着将降低美国制造商获得出口许可证的门槛。举例而言，根据美国《武器出口控制法》，国务院必须向国会报告价值 100 万美元以上的商业武器销售，以供审查。但美国商务部不涉及此类规定。

1 月 17 日，美国动力系统公司（Dynetics）宣布，前期进行了在“小精灵”（Gremlins）计划框架内所研制的 X－61A 飞行器的首次试飞。该公司展示了 X－61A 无人机的首飞。“小精灵”计划在于使用大量廉价无人机，它们成群飞行，可以误导敌人的防空系统，并赋予突击飞机或巡航导弹的突破能力。

1 月 28 日，美国国防部研究与工程副部长办公室负责高超声速的助理主任迈克·怀特表示，美国防部 2020 年计划进行至少四次高超音速武器原型测试。

1 月 31 日，美国与波兰方面签署合同，将斥资 46 亿美元购买 32 架 F－35 战机。

2 月 1 日，美国白宫宣布，总统特朗普已取消奥巴马政府时期制定的关于禁止美军在朝鲜半岛以外地区使用反步兵地雷的政策。美国国防部认为这一政策可能会使美军在与敌发生冲突时处于“严重不利”局面。国防部将公布新的地雷政策，允许作战指挥官在特殊情况下使用非永久性地雷，这些地雷的特殊设计能减少对平民和友军的意外伤害。

2 月 1 日，美国海军列装的新一代战术核武器悄无声息地已经在海军中正式服役。这种代号 W76－2 的低当量核弹头已部署到了“俄亥俄”级战略核潜艇上，未来可用于威慑或战术核打击。现役 W76－1 核弹头爆炸威力达 10 万吨 TNT 当量，属于战略级核弹头；而 W76－2 核弹头不仅重量比较轻，而且爆炸当量仅相当于 5000 吨 TNT，只有美国二战时投放在日本的核弹威力的 1/3。

2 月 3 日，美国宣布正式组建太空军，与现有陆军、海军、空军、海军陆战队、海岸警卫队并列，成为“第六大军种”，“保卫”其在太空的“正当”利益。

2 月 6 日，美国总统特朗普称，美国在也门进行的一次反恐行动中杀死了“基地”组织阿拉伯半岛分支头目卡西姆·拉伊米。

2 月 10 日，美国海军着眼所谓大国战略竞争，多措并举推进战略威慑能力建设，引发外界广泛关注。有分析人士指出，美国海军的相关举动在提升自身综合作战能力的同时，将对地区安全稳定和全球军事态势产生负面影响。

2 月 12 日，美国国防部表示，美国将在数周内向非洲部署陆军第一安全部队援助旅的部分单位，称该部队能在大国竞争中发挥有效作用。

2 月 16 日，美国政府叙利亚问题和打击极端组织“伊斯兰国”特别代表詹姆斯·杰弗里说，美军与伊拉克部队打击“伊斯兰国”的联合行动一度暂缓后部分重启，但全面恢复行动不能无限期搁置。现驻伊拉克美军部队和伊拉克安全部队的联合行动将恢复正常。

2 月 19 日，美军提出的“一小时打遍全球”概念让世界为之紧张。近 20 年后，这些秘密开展的武器项目进展如何？美国海军协会官方网站 17 日称，根据美国军方向国会提交的最新报告，这些项目有些胎死腹中，也有很多改头换面，变成最新的高超音速武器。

2 月 21 日，美国国务卿蓬佩奥表示，若美方与阿富汗塔利班此前达成的“减少暴力活动”协议得以顺利执行，双方预计将于月底签署和平协议。

2 月 22 日，美军在国防部长马克·埃斯珀在场的情况下展开了一次“微型演习”，美军在此次演习中对俄罗斯发动了模拟核打击。此次演习是在内布拉斯加州美国战略司令部举行的，埃斯珀观看了这次模拟的俄罗斯与北约在欧洲的对决。

2 月 26 日，美国已恢复在沙特阿拉伯首都利雅得附近一处基地的军事部署。这是近 17 年来美国再次大规模增加在沙特的军事部署，反映其中东战略针对伊朗威胁的侧重。

2 月 29 日，美国和阿富汗塔利班在卡塔尔首都多哈签署了旨在结束阿富汗战争的和平协议。美国将开始逐步减少其在阿富汗的驻军，驻扎在阿富汗的外国军队有望在 14 个月内全部撤出。塔利班则承诺不再让阿富汗成为恐怖分子的庇护所。协议还规定，阿富汗各方在近期开始内部谈判，各方代表将讨论永久停火的时间和方式。

3 月 4 日，美国政府与阿富汗塔利班在卡塔尔多哈签署和平协议三天后，驻阿富汗美军当天空袭了塔利班武装在阿南部赫尔曼德省的目标，以报复后者在协议签署后频繁袭击阿富汗安全部队。

3月4日，“金色眼镜蛇”联合军演人道主义救援减灾实兵演练在泰国北柳府国家减灾训练中心举行，来自中国、美国和泰国等7国的200余人参加了此次演练。

3月5日，美国驻乌兹别克斯坦大使馆表示，部分美方人员在美国佛罗里达州的麦克迪尔空军基地远程参加了此次联合军演。开展军演将使两国武装部队在面对挑战时提高作战效率，并扩大相互合作。

3月8日，美国政府向非洲萨赫勒地区派遣一名特使，旨在协助应对当地不断升级的暴力活动。萨赫勒地区位于非洲撒哈拉沙漠和中部苏丹草原之间，横跨塞内加尔、毛里塔尼亚、马里、布基纳法索、尼日尔等国，饱受贫困、武装冲突和自然灾害困扰。近几年，“基地”组织和极端组织“伊斯兰国”频频在萨赫勒地区发动袭击。

3月10日，根据美方同阿富汗政府发表的联合声明及美国与阿富汗塔利班签署的和平协议，驻阿富汗美军已开始有条件撤出，计划在135天内将人数减至8600人。

3月11日，美国务院已批准再向波兰出售价值1亿美元的“标枪”反坦克导弹系统。声明中称，“美国务院决定批准向波兰出售180枚‘标枪’反坦克导弹和79部发射装置以及相关设备，预计总价值为1亿美元”。美方称这笔交易将帮助波兰提高其长期防御力，以保护该国的主权和领土完整。

3月11日，美国政府与阿富汗塔利班签署和平协议仅4天，驻阿美军再次对塔利班在阿富汗南部赫尔曼德省的目标实施空袭，以报复塔利班在和平协议签署后对阿富汗安全部队发动的密集袭击。与此同时，塔利班武装主动“认领”了针对阿富汗安全部队发起的一连串高密度袭击。相关数据显示，仅3月3日当天，塔利班就对赫尔曼德省的多座阿富汗安全部队检查站发动43次袭击。此外，该组织武装人员还在3日晚袭击阿富汗北部昆都士省3个军方检查站，导致10名阿富汗军人和4名警察身亡。同日，该组织武装人员对阿富汗中部乌鲁兹甘省的警察发动袭击，共造成6名警察身亡，另有7人受伤。

3月12日，美军当天对“真主旅”在伊拉克境内多处设施实施打击，美国认为“真主旅”与伊朗伊斯兰革命卫队下属的“圣城旅”关系密切，2019年年底以来，美军与“真主旅”之间的袭击、报复使美国与伊朗濒临战争边缘，这次对“真主旅”多处设施实施空袭，以报复该组织多次攻击伊拉克境内国际联盟部队基地。

3 月 13 日，美国中央司令部司令肯尼思·麦肯齐说，美国正在中东地区加强军事戒备以应对地区紧张局势。国防部长埃斯珀已同意在未来一段时间内在中东地区继续部署“杜鲁门”号和“艾森豪威尔”号两个航母战斗群。

3 月 14 日，美国防部官员表示，美国在高超音速武器研发领域处于落后地位，并为此成立“战情室”，以负责研发并尽早实现新型高超音速武器的大规模量产。据美军方判断，高超音速武器将在很大程度上改变现代战争的既有形态，并最终对全球战略平衡与稳定产生至关重要的影响。对此，美军不断加大研发投入力度，以期在短时间内缩小与俄罗斯在该领域的能力差距。

3 月 15 日，美国海军在位于北极的阿拉斯加地区组织代号为“ICEX－2020”的多国联合极地军事演习，加拿大、挪威、英国和日本参与了演习。在演习中，美军出动洛杉矶级“托莱多”号和海狼级“康涅狄格”号攻击核潜艇，进行潜艇破冰上浮训练。近日，美国海军公布了一段演习中“托莱多”号核潜艇在北极破冰上浮的视频，并宣称这样做是为评定美海军在北极地区的作战准备能力。

3 月 16 日，美国务卿迈克·蓬佩奥敦促伊拉克看守政府总理阿迪勒·阿卜杜勒—迈赫迪确保驻伊美军及其盟友驻军的安全，否则美军将采取更多“自卫”行动。

3 月 18 日，美国太空探索技术公司用一枚“猎鹰 9”火箭将“星链”计划第六批 60 颗卫星送入太空，继续搭建全球卫星互联网，但火箭第一级未能按计划回收。

3 月 19 日，五角大楼向国会提交了一项立法议案，进一步阐明太空军的作用，并补充有关新军种组织架构方面的细节。事实上，这份议案是对国防部本月 6 日向国会提交议案的补充，内容涉及太空军与海岸警卫队、预备役部队相关力量的整合和太空军分管副职领导配备等问题。自宣布成立太空军以来，美太空军从“纸面部队”走向立法程序，从“保护美国太空利益”到“在指定的时间、地点和方式有效回应太空威胁”，其职能使命在悄悄扩展。

3 月 20 日，美国海军和陆军在夏威夷考爱岛的太平洋导弹试射场成功试射一枚通用型高超音速滑翔体，这枚滑翔体在经过高超音速飞行后命中指定落点。未来海军和陆军都将配备这类装备，并将分别研发适用于海基和陆基发射的发射装置和武器系统。

3 月 23 日，美空军启用新体能测试方法。美空军后勤司令部司令阿诺德·邦奇指出："空军人员的体能状况关系到空军执行任务的能力，所以我们要进行体能测试，我们的目的不是让纸面上的成绩更理想，而是让所属人员更重视体能训练。"

3 月 25 日，美国国防部发表声明说，国防部长埃斯珀当天命令美国所有海外驻军在未来 60 天内停止人员流动，以防止新冠肺炎疫情在军中蔓延。

3 月 26 日，新组建的美国太空军于美国东部夏令时间当天 16 时 18 分执行了首次正式任务，火箭搭载一颗军用通信卫星从佛罗里达州升入几乎万里无云的天空。"虽然这是最后一次进行 AEHF 卫星发射，但它确实使卫星群具备了充分的强度和能力，并真正标志着 AEHF 系统全寿命周期的开始。"

3 月 27 日，美太空军宣布，其"太空栅栏"雷达系统正式运行，已具备初始作战能力。该系统是一款 S 波段的相控阵雷达，能跟踪太空中 10 厘米大小的目标（包括地球同步轨道、中轨道和近地轨道上的军民用卫星、燃料耗尽的末级火箭和空间碎片等），并能识别目标、描述目标特征。2019 年 3 月参加测试时，该系统曾探测到印度反卫星试验产生的轨道碎片。

4 月 2 日，美海军陆战队最高领导人说，该军种将为争夺激烈的海上空间作战设计三支新部队，其中第一支将驻扎在亚太地区。2020 年将研究组建一个新的美海军陆战队"濒海作战团"。这支新的远征部队将驻扎在日本。美媒介绍称，到 2030 年，美海军陆战队将淘汰主战坦克营，缩减步兵部队数量，并削减倾转旋翼机、直升机和固定翼战机中队。在今后 10 年里，现役海军陆战队员人数也将减少约 1.6 万人。其目标是：把资金重新投入到有助于美海军陆战队在海上与对手较量的领域。

4 月 2 日，美军印太司令部司令向国会提交了一份超过 200 亿美元的"愿望清单"，要求美军进一步加强亚太地区的先进作战装备建设，优化作战力量部署，增强战略威慑能力。分析人士指出，这份"愿望清单"在美国内得到多方支持，未来或将在亚太地区引发军备竞赛。

4 月 4 日，美国海军第 18 艘新一代“弗吉尼亚”级攻击型核潜艇已入役，“特拉华”号潜艇属“弗吉尼亚”级，是美国最新一代配有巡航导弹的快速攻击型潜艇。“特拉华”号装有核动力系统，可在不补给燃料的情况下服役 30 年时间。该潜艇长 115 米，最大下潜深度约为 249 米，下潜状态下的航速为 25 节（约 45 千米/小时）。该潜艇未来还可能装备中程弹道导弹，可执行攻击、监控、情报搜集以及侦察任务，还可将特种部队投送至目标区域。

4 月 6 日，美国《国防》月刊网站报道，美海军研发出水雷新战术。水雷向来是海战中的隐患，与地雷一样，它们给敌人提供了一种有可能造成灾难性破坏的低成本手段。为了应对这种局面，美国海军正在研发若干新的反制平台。

4 月 6 日，美国在伊朗危机期间向迪戈加西亚岛急调 B－52 轰炸机。美国空军向印度洋迪戈加西亚岛部署的 6 架 B－52H“同温层堡垒”轰炸机，千里迢迢飞赴 2500 英里（1 英里约合 1.6 公里）以外的阿富汗投下炸弹。

4 月 7 日，美国国防部高级研究计划局发布“海上列车”项目跨部门公告，寻求支撑无人水面舰艇编队执行远距离运输和远征作战任务的技术方案，提出将至少 4 艘无人水面舰艇通过编队形式组成“海上列车”，提高美海军和海军陆战队的无人水面舰艇远征作战能力。当前，无人舰艇可携带多种传感器、设备和武器，在目标海域执行反潜、反舰、反水雷等任务，但受排水量、艇型等影响，其独立航行能力仍难达到要求。按照美国海军设想，“海上列车”编队中的无人舰艇满载排水量将达到 2000 吨，长 50—90 米，不仅可以更好地完成任务，还能凭借体积与排水量优势，携带更多反舰导弹和对陆攻击导弹，降低对大型军舰的依赖。另外，“海上列车”编队通过特殊的船型设计和编队方式，能够最大程度减小航行阻力。在全程无人工干预的情况下，“海上列车”编队能够航行约 6500 海里（1.2 万千米），而后独立执行任务，可续航 1000 海里（1852 千米），最后再组成编队返航。

4 月 8 日，美国海军“尼米兹”级核动力航空母舰与日本海上自卫队的“高波”级驱逐舰编队航行。美日安保防务合作呈现明显“加速度”趋势，并从以陆海空为代表的传统作战域向以太空、网络和电磁空间为代表的新型作战域延伸，两国防务关系定位也从“美战日援”向“并肩战斗”

转变。在新安保法为加速美日军事一体化大开“方便之门”的同时，双方在实际合作进程中的分歧与矛盾也逐渐显现。

4 月 8 日，美国会研究服务处发布题为《美海军结构及造舰计划：背景及国会应关注的问题》的报告，该报告以实现并维持“355 舰队”为目标，对美国 2021 财年、未来 5 年乃至 30 年的海军造舰计划进行分析。报告内容涵盖美海军造舰计划的装备、数量和未来的舰队架构，体现了美海军致力于实现“355 舰队”目标的野心，其背后的战略意图不容忽视。

4 月 8 日，美太平洋舰队 4 艘航母纷纷“中招”出现新冠肺炎疫情，其中以“罗斯福”号航母上的疫情尤为严重。经证实，停靠在关岛的美国海军“罗斯福”号上已有超过 400 名船员确诊感染新冠肺炎，包括此前因为向海军高层发出求援信，却被以信件处理不当为由而遭到解职的前任舰长克罗泽。

4 月 9 日，陆军正在研制能用榴弹发射器发射的无人机。在位于马里兰州的阿伯丁试验场，美国陆军研究实验所的科学家们正在研制一种微型无人机。它的大小与美国陆军的 40 毫米榴弹相同，可以使用陆军的标准 M203 榴弹发射器发射。科学家们将它命名为新型“榴弹发射无人机系统”（GLUAS）。

4 月 10 日，美国官员说，伊拉克境内的军事基地安装了新的防空系统，保护驻扎在那里的美军和联军。最近数月伊朗扶持的反政府武装频繁袭击驻伊拉克军队。

4 月 13 日，美军近期出现新冠肺炎感染者，外界开始对美军能否保持“健康”表示怀疑。如果在上述情形下爆发战争，现行国防动员体系恐难以应对。为此，美国正酝酿对国防动员体系进行调整和改革，扩大国防动员范围将是重要举措。

4 月 13 日，美军在关岛地区进行一次罕见的军力展示：5 架 B－52H 战略轰炸机、6 架 KC－135 大型加油机，RQ－4“全球鹰”无人机和MQ－4C“人鱼海神”无人机，以及领队 MH－60S 直升机在关岛跑道排成纵队，举行“大象漫步”演习。此次演习展示了驻关岛美空军第 36 航空联队的战备能力，证明“美军有能力在印太地区维护区域稳定”。

4 月 18 日，美国海军将第 19 艘“弗吉尼亚”级核动力攻击潜艇“佛蒙特”号编入现役。这种潜艇能够以超过每小时 25 海里的速度在水下活动，下潜深度超过 800 英尺。其武器包括“战斧”巡航导弹和“马克”－

48 型先进性能鱼雷。

4 月 20 日，美国防部长办公室的一份内部评估报告要求美海军进行力量结构调整。报告称，为应对所谓“大国威胁”，美海军需削减 2 艘航母、冻结大型水面战舰扩充计划，增加数十艘无人或轻型作战舰艇。分析称，如果该计划得以实施，美海军数十年来的部署和整体规划均将作出重大调整。

4 月 22 日，美国总统特朗普命令美国海军击毁所有“骚扰”美方舰只的伊朗快艇。美国海军近日说，十余艘伊朗舰艇在海湾水域“危险接近”美方舰只，并称美方采取适当行动“避免碰撞”。伊朗伊斯兰革命卫队在一份声明中说，美海军数周来在地区水域多次出现“非职业行为”，美军的非法存在是造成地区不稳定的根源。

4 月 22 日，美空军一架 B－1B 战略轰炸机从本土南达科他州埃尔斯沃斯空军基地起飞，经过近 30 小时飞行抵达日本三泽空军基地，并与驻日美军 6 架 F－16 战斗机和日本航空自卫队 7 架 F－2 战斗机、8 架 F－15 战斗机一起在三泽基地附近开展联合演练。

4 月 25 日，美国新一代驱逐舰首舰“朱姆沃尔特”号在完成激活战斗系统的海试后正式交付美国海军太平洋舰队。

4 月 30 日，在位于新墨西哥州的白沙导弹靶场，美国陆军用高机动性炮兵火箭系统（HIMARS）发射装置，对洛克希德－马丁公司的“精确打击导弹”（PrSM）进行了第三次测试。

5 月 1 日，美国空军向关岛部署 4 架 B－1B 轰炸机和 200 名军人执行威慑任务，他们的任务是支援太平洋空军司令部对盟国和伙伴国的训练，并通过执行战略威慑任务强化印度洋—太平洋地区“基于规则的国际秩序”。

5 月 1 日，英国军队日前与美国联手，在冰冷的水域开展行动，以确保两国做好应对未来全球威胁的准备。参与演习的主要英国舰艇是“肯特”号护卫舰。“肯特”号指挥官马特·赛克斯中校说：“我很高兴‘肯特’号有机会与我们的美国盟友合作。”

5 月 4 日，美国等北约国家加大战备训练和战略威慑行动。美英两国军舰自冷战结束以来首次进入俄罗斯北极海岸附近的巴伦支海，引发俄罗斯高度警觉。分析指出，美英此举将对地区安全形势造成一定负面影响。

5 月 7 日，美国推动“全域战”应对“大国竞争”。美国政府问责局日前发布报告，分析了美国空军正在研发的“先进作战管理系统”存在的问题，并提出了相关建议。美国空军承担着“全域战”指挥与控制项目的试点任务，“先进作战管理系统”旨在将陆、海、空、天、网等领域的传感器与各军种作战人员连接，以提供“全领域”威胁的实时作战情况，实施全域指挥控制。

5 月 7 日，美国政府阿富汗和解事务特别代表扎尔梅·哈利勒扎德说，他于昨晚在卡塔尔首都多哈与阿富汗塔利班组织分管政治事务的领导人阿卜杜勒·加尼·巴拉达尔进行了会面。双方会面的目的是争取在一些问题上取得进展，包括阿富汗政府和塔利班尽快释放在押人员、制止暴力行为、实现停火、加快阿富汗内部谈判进程等。

5 月 14 日，美国海军宣布，海军飞行员在硫磺岛附近海域进行舰载机的航母上舰训练。

5 月 21 日，美国国务院说，美国将于明日向《开放天空条约》所有签约国递交退约决定通知。美国认为继续作为《开放天空条约》成员国已不符合美方利益，将在 6 个月后正式退出该条约，除非俄罗斯方面能重新履行这一条约。

5 月 24 日，美国空军决定保留 A－10“疣猪”攻击机，推迟该机型的退役时间。绰号“疣猪”的 A－10 攻击机从未得到过美国空军领导人的高度重视。新计划将减少 44 架 A－10，使其数量减至 237 架。这些飞机将装备 7 个飞行中队，其中 3 个中队为现役，另外 4 个中队将由美国空军国民警卫队和预备役人员执飞。在需要执行紧急任务的情况下，预备役部队将会在 30 天内到位。

5 月 26 日，美国负责核事务的助理国防部长帮办德鲁·沃尔特称，一旦美国总统特朗普下达相关命令，美国准备将“在几个月内”进行核试验。

5 月 31 日，美国陆军第一骑兵师第三装甲旅的“灰狼”坦克旅正式接收了首批 M1A2 SPEV3 型主战坦克（又被称为 M1A2C），这是 M1A2 系列坦克的最新版本。

6 月 2 日，美军激光武器系统试射。称近日，“波特兰”号船坞运输舰在夏威夷珍珠港外进行固态高能激光武器首次试射，成功击落一架无人靶机，随后美海军宣称试射成功。其实这并非美军第一次进行激光武器试验，此前美空军和陆军的多种激光武器均在试验成功后下马，表明其仍存在诸多问题，距离实战部署有较长距离。

6 月 3 日，美空军正在进行新型机载武器“托盘式防区外弹药撒布器”（又称“炸弹货盘”）的测试，配备该武器的运输机可成为弹药投放平台，执行大规模轰炸任务。“炸弹货盘”是将弹药集中装配在智能托盘上然后装进军用运输机货舱，通过军用运输机进行大规模投掷。按照设想，托盘在脱离机载平台后应能向所搭载的弹药导入跟踪和瞄准数据，实现远程精确打击。

6 月 4 日，美国、意大利等 31 个国家和地区当天召开视频会议，磋商反恐等事宜。美国国务卿迈克·蓬佩奥在会上说，尽管各国因新冠肺炎疫情面临较大的预算压力，“但是我们呼吁你们各国认捐，2020 年的筹款目标是 7 亿多美元”。我们打击‘伊斯兰国’的行动仍在继续，在可预见的未来也不会停。我们不能停手”，蓬佩奥说，“我们必须继续致力于铲除‘伊斯兰国’势力，继续为稳定伊拉克和叙利亚（从‘伊斯兰国’手中）收复的区域而提供援助。”

6 月 5 日，美国总统唐纳德·特朗普下令美军从德国撤出 9500 名驻军人员，其中部分转移部署到波兰等盟国。

6 月 5 日，美国国防部“联合人工智能中心”负责人杰克·沙纳汉中将说，空军研究实验室团队试图推出一套自主飞行系统，“在空战中升空，对战由人操作的系统”。

6 月 7 日，美国、英国、法国、德国、爱沙尼亚、芬兰、意大利、拉脱维亚、立陶宛、波兰、葡萄牙、西班牙和土耳其等 19 个国家的近 30 艘战舰、20 多架战机和 3000 多名士兵，在波罗的海举行“波罗的海行动—2020”多国海上联合演习。

6 月 8 日，美国空军宣布，首先获准挂载最新 B61－12 核炸弹的机型竟然并非是数量有限的战略轰炸机，而是装备数量大、海外部署广的 F－15E“攻击鹰”战斗机。五角大楼宣称，未来还将推动 F－16C/D、F－35 等多型战斗机获准携带这种最新核武器。

6 月 17 日，美国延长针对朝鲜的国家紧急状态。特朗普当天通过白宫发表声明宣布这一决定，并就该决定致信国会。特朗普在信中称，朝鲜半岛存有武器级裂变材料并存在扩散风险，此外朝方破坏半岛稳定、威胁美军及美国盟友等政策举动对美国国家安全、外交、经济构成非同寻常的威胁。

6 月 17 日，美国防部对外公开《太空国防战略》简版报告，将“建立全面太空军事优势、整合联合作战体系、塑造战略环境、加强盟友与伙伴合作”确定为未来太空作战力量建设的四大优先事项，提出“保持战略优势、整合作战能力、确保太空稳定”三大目标，成为美国未来 10 年太空战略的阶段性方针。

6 月 17 日，五角大楼公布新太空防御战略，美国希望阻止中国和俄罗斯控制太空，并将向盟友寻求帮助。

6 月 18 日，美国中央司令部司令肯尼思·麦肯齐说，驻阿富汗美军人数已降至约 8600 人，完成了美国与阿富汗塔利班和平协议中第一阶段撤军目标。

6 月 19 日，美国海军改变先前恢复“西奥多·罗斯福”号航空母舰前舰长布雷特·克罗泽职务的建议，宣布坚持解除其职务，也不会任用他担任其他指挥职位。

6 月 24 日，美国国务院宣布，把捉拿极端组织“伊斯兰国”最高头目阿米尔·穆罕默德·阿卜杜勒·拉赫曼·毛利的悬赏金额翻一番，从 500 万美元涨至 1000 万美元。

6 月 25 日，美国研究对付高超音速武器新战术。美国导弹防御局局长、海军中将乔恩·希尔在五角大楼的一份报告中说：“我们必须致力于打造一个传感器体系，因为它们（高超音速武器）具有机动性和全球性，必须能够在全球范围内跟踪它们。它确实将我们推向了一个太空体系，而这正是我们未来要发展的方向。”

6 月 25 日，五角大楼计划在太平洋地区部署尚未问世的 B－21 隐形轰炸机，以确保技术优势、维持威慑并在必要时牵制潜在对手。

6 月 26 日，美国当天在位于阿拉巴马州的奥斯塔美国分公司造船厂接收了新一艘濒海战斗舰“奥克兰”号，这是美海军装备的第 22 艘濒海战斗舰。“奥克兰”号的交付也标志着美国海军在役舰艇数量达到了 300 艘，提前完成了 2021 年年初的目标。濒海战斗舰是一种快速、灵活、多功能的近海作战平台，兼具远洋作战能力，可以应对潜艇、水雷、小艇围攻等威胁，可执行支援登陆作战、维护海上安全、争夺制海权、战术威慑等任务。

6 月 26 日，美国空军的隐形战斗机紧急起飞，在阿拉斯加附近拦截了多架俄罗斯军机，这是本月发生的第六次类似的空中拦截事件。

6 月 29 日，美国太空军公布了其组织架构——由太空作战司令部、太空系统司令部和太空训练战备司令部三个司令部构成。美国太空军副指挥官戴维·汤普森中将对此表示，这项决定是在太空部队成立后大约半年做出的。“我们对此采取了一种全新的方式”，他补充说，这样做的目标是创建一种“专注于任务有效性和灵活性”的太空部队组织架构。

6 月 29 日，美国及其盟国的猎潜艇在冰岛海岸外举行一次大型演习。美国、加拿大、法国、德国、挪威以及英国 6 个盟国正在测试水下作战技能以及船员躲避侦察的能力。

6 月 30 日，美国主导的打击极端组织“伊斯兰国”国际联盟当天空袭了“伊斯兰国”武装在伊拉克北部的一个藏身地点，打死 11 名武装分子。

6 月 30 日，美国总统特朗普已批准将 9500 名驻德美军重新部署的相关计划。

6 月 30 日，美国国务卿迈克·蓬佩奥在联合国安全理事会会议上寻求延长对伊朗武器禁运，声称这不是美国一方立场，而是以色列等中东国家的“共同呼声”。

6 月 30 日，美国第三颗 GPSⅢ型卫星搭载太空探索技术公司（SpaceX）“猎鹰 9”号火箭从卡纳维拉尔角发射升空并进入轨道。

6 月 30 日，美陆军最近与洛克希德 - 马丁公司签订了价值 7500 万美元的“多功能电子战—大型空中系统”（MFEW - AL）计划第二阶段合同。该计划将通过在无人机上使用吊舱系统来增强陆军的电子战能力。美陆军“情报、电子战和传感器计划执行”办公室电子战网络项目主管凯文·芬奇上校说，这非常重要，因为这种能力将使所有“旅级战斗队”和师级指挥官能够“深入战场查看”并打击敌军目标。

7 月 4 日，美国“种马王”重型直升机完成海上测试。此次海上测试标志着该飞机首次在现实世界的海上环境中接受考验。这种飞机尾舱门设置的 GAU - 21 速射机枪也将很快接受测试，灭火系统将接受鉴定，而与 KC - 130 配合完成的空中加油测试将继续进行。预计“种马王”将在 2023—2024 年间部署到舰队。

7 月 8 日，美国五角大楼的人工智能（AI）中心正把重点转向使联合作战行动成为可能，目前正在开发将被纳入国防部打造“联合全域指挥与控制”（JADC2）系统的能力的人工智能工具。JAIC 正在开发的作为联合作战行动任务计划一部分的人工智能能力将利用成熟的人工智能技术，为美国作战人员创造一种决定性优势。

7 月 9 日，美国向塞浦路斯军队提供军事培训及培训资金，以加强美塞关系及维护东地中海安全稳定。

7 月 20 日，为期 7 天的“海上微风 –2020”多国联合军演由乌克兰和美国主导，于 20 日在黑海海域开始举行。来自乌克兰、美国、土耳其等北约成员国及其伙伴国的约 2000 名军人、20 多艘军舰和 19 架飞机参加。

7 月 25 日，美国主导的打击极端组织“伊斯兰国”国际联盟举行仪式，向伊拉克安全部队移交位于首都巴格达以南的巴斯马亚军事基地。

8 月 1 日，美空军研发“天空博格”无人战机将确保未来空战优势。“天空博格”无人战机将把人工智能与有人驾驶战机结合起来，为空战带来“智能力量”，以保持美空军在未来空战中的竞争优势。这些无人战机可以用于执行巡逻等相对单调乏味的任务。这将让有人战机的飞行员腾出精力执行其他更为复杂的战术动作，提升他们的态势感知能力，并发挥“力量倍增器”的作用。像“天空博格”这样的无人战机还可以保护 F –22 或 F –35 隐身有人战斗机等高价值机型，执行通常由这些有人战机承担的更高风险任务——更重要的是，它们能保护飞行员的宝贵生命。

8 月 2 日，美国和以色列空军在以色列南部举行代号为“持久闪电 2”的联合军事演习。此次军演加强了双方在 F –35 战机领域的合作，增强了以色列空军的作战能力。

8 月 6 日，美国陆军官员说，该国陆军和海军陆战队正在为下一代机械化战争研制无人车辆，部队已经在测试它们执行战斗和侦察任务的有效性。

8 月 8 日，美国政府决定从挪威撤出自己的驻军。近 700 名左右的美军士兵将离开这个北欧国家，仅有 20 人会继续驻扎，为将来在挪威举行的北约军事演习提供保障，他们还留下了部分武器装备。

8 月 10 日，美陆军国民警卫队负责人丹尼尔·霍肯森对外宣布，美陆军国民警卫队计划重组作战编队，将现有旅级部队重新划归师司令部所属，使陆军作战师数量增至 18 个，以增强战斗力，应对与俄罗斯等国的潜在冲突。

8 月 23 日，美国主导的打击极端组织“伊斯兰国”国际联盟向伊拉克安全部队移交位于伊拉克首都巴格达以北的塔季军事基地。

8 月 24 日，美国方面向以色列承诺，美方今后在向阿拉伯联合酋长国出售武器的同时，将继续确保不影响以方在中东地区的军事质量优势。

9 月 7 日，美国、英国、法国、波兰和格鲁吉亚多国举行“高贵伙伴”联合演习。来自多国的 2700 多名军事人员将参加此次联合军演。演习将演练实弹射击、合成机械化机动等课目，旨在检验和提高参演部队的协同作战能力。

9 月 12 日，美国国务卿蓬佩奥和塞浦路斯外长赫里斯托都里迪斯签署一项协议，两国将在塞浦路斯建一个边界安全训练中心，美国将为训练中心提供设备、教官和其他支持。

9 月 18 日，美国中央司令部表示，美军已向叙利亚东北部部署了新的步兵战车和雷达系统，以确保美国主导的打击极端组织“伊斯兰国”国际联盟的安全。

9 月 30 日，美国国防部长埃斯珀与突尼斯总统赛义德，讨论了反恐合作及利比亚危机等问题。

10 月 1 日，美国政府阿富汗和解事务特别代表扎勒梅·哈利勒扎德在卡塔尔首都多哈开展“穿梭外交”，以期推动阿富汗政府与塔利班的和平谈判。

10 月 9 日，美国陆军举行了一场实战意味浓厚的人工智能技术演练，凸显其通过人工智能推进战斗力提升的强烈意愿。在美军持续推进人工智能建设的背景下，其他国家也将迎头赶上，国际安全格局或将因人工智能军备竞赛面临更多不确定性。

10 月 12 日，美国和以色列空军在以色列南部举行代号为“持久闪电3”的联合军事演习。这是以美空军 2020 年举行的第三次军演，是两国空军年度训练方案的一部分。两国空军的 F－35 战机参加了军演，美军还出动了 KC－10 加油机和 KC－135“同温层”加油机。

11 月 6 日，美国《联邦纪事》网站刊发国务卿蓬佩奥的决定，撤销对“东突厥斯坦伊斯兰运动”（“东伊运”）的恐怖组织定性，引发舆论哗然。众所周知，“东伊运”是长期在中国境内外从事反华分裂、极端暴力活动的恐怖组织，是给中国人民造成巨大人员伤亡和财产损失的罪魁祸首，是列入联合国安理会 1267 委员会制裁名单的全球公敌。打击恐怖主义是联合国会员国的共同责任。作为恐怖主义的受害者，以及曾共同将“东伊运”在联合国列为恐怖组织的国家，美国出尔反尔，公开为“东伊运”“洗白张目”，充分暴露了美方在反恐问题上采取“双重标准”的虚伪本质和对恐怖组织“合则用、不合则弃”的丑恶嘴脸。

12 月 2 日，美军将在 2021 年 1 月中旬前将驻阿富汗部队人数削减至 2500 人，但仍将保留至少 2 座大型军事基地。

12 月 8 日，美国政府宣布对伊朗一名官员和一所大学实施制裁，理由是他们与伊朗伊斯兰革命卫队下属“圣城旅”有关联。美国财政部当天在一份声明中宣布制裁伊朗驻也门胡塞武装代表哈桑·伊尔卢和伊朗穆斯塔法国际大学。声明称，伊尔卢作为一名“圣城旅”官员近年来支持该组织向胡塞武装提供武器和训练，穆斯塔法国际大学则被“圣城旅”用作情报收集和人员招募平台。

12 月 14 日，美国国务卿蓬佩奥在国务院声明中确认，苏丹已从美方“支持恐怖主义国家”（“支恐国家”）名单中被正式移除，称此举代表了两国双边关系的根本变化。

12 月 20 日，美国总统特朗普本月初下达的指令，驻索马里的约 700 名美军将在 2021 年 1 月 20 日前撤出，部分转移到包括肯尼亚在内的其他东非国家，部分彻底离开非洲大陆。一部分美军人员和资产将被转移到曼达湾一个肯尼亚国防军和美军共用的军事基地，另外一些则转移到吉布提的美军基地。

12 月 25 日，美国南部田纳西州首府纳什维尔市中心发生爆炸事件，造成 3 人受伤。

12 月 26 日，美国伊利诺伊州罗克福德市的一个保龄球馆突发严重枪击事件，一名男子在现场毫无征兆的朝他人开枪，导致 3 人死亡，3 人受伤。

2020 年美国遭受恐怖袭击次数及伤亡人数

时间		1 月	2 月	3 月	4 月	5 月	6 月	7 月	8 月	9 月	10 月	11 月	12 月	合计
美国	袭击次数	12	8	4	1	4	5	4	3	2	1	4	7	55
	伤亡人数	35	34	5	6	25	28	51	40	42	1	14	36	317
全年，美国共遭受恐怖袭击 55 次，伤亡 317 人。														

第三章／2020年俄罗斯*反恐怖军事行动

第一节　俄罗斯反恐怖军事行动综述

2020 年俄罗斯极端主义性质犯罪数量大幅下降，但反恐形势依然不容乐观，潜在威胁依然存在。俄罗斯政府在反恐方面一直毫不手软，不断加强情报工作和战备水平，通过专项反恐行动，加大巡视检查力度，积极打击遏制恐怖活动，并与多国多次举行联合反恐演习，谋求反恐合作。

一、俄罗斯面临的恐怖形势

“伊斯兰国”崛起、溃败、扩散以及阿富汗安全形势持续恶化，致使国际恐怖势力再度整合，俄罗斯面临着复杂而严峻的恐怖主义威胁。

（一）有激进倾向的中亚地区劳工对俄罗斯安全的威胁在上升

“后伊斯兰国”时代极端主义在欧亚大陆正在发生着整合与变异。早在 2018 年 3 月，联合国的数据显示，中亚有 5000 名左右居民受到宗教激进分子的影响。而在俄罗斯有大量的中亚劳工，俄罗斯学者谢林科认为，

---

* 俄罗斯位于欧亚大陆的北部，领土包括欧洲的东半部和亚洲的西部，是世界上国土最辽阔的国家，国土占苏联面积的 76.3%，大体呈长方形。疆界长达 6 万千米，其中 2/3 为海疆，1/3 为陆界。海岸线长达 4.3 万千米，濒临 3 大洋的 12 个海；陆界长达 1.7 万千米，与 14 个国家接壤，即挪威、芬兰、爱沙尼亚、拉脱维亚、立陶宛、哈萨克斯坦、格鲁吉亚、阿塞拜疆、白俄罗斯、乌克兰、中国、蒙古国、朝鲜；中苏边界线长达 7300 千米。隔海还与日本相望，北部领土中 36% 在北极圈内。

中亚地区有激进倾向的劳工对俄罗斯安全的威胁在上升，其严重性已经可以与高加索武装分子相比。究其原因：一是俄罗斯在中东的军事行动激起中亚地区激进青年的报复。二是中亚地区劳工在俄罗斯数量约有 300 万人，成分十分复杂。劳工被边缘化，生活困难，这可能导致他们对社会的不满情绪增长。三是俄罗斯对中亚恐怖分子还没有专门的反恐行动和打击措施。

（二）国际恐怖组织整合后，南亚—中亚—高加索—俄罗斯恐怖主义流通通道成形，导致俄罗斯恐怖事件增多

2017 年之前，由中亚恐怖分子发动的袭击在俄还很少发生，但 2017 年 4 月彼得堡地铁恐袭之后，中亚地区“圣战者”渐渐增多。长期以来，俄罗斯恐怖事件多由高加索地区的恐怖分子制造。目前，在俄罗斯由中亚恐怖分子构成的组织还不多，成员也有限，但这些组织正在通过学习“伊斯兰国”的招募方式来充实人数。这些恐怖事件多是“独狼”式恐袭，也就是“家门口圣战”。“伊斯兰国”号召在俄美欧的支持者不要去战斗地区，而是要留在家门口搞恐怖活动，因为本土追随者在本地制造的恐袭引起的政治效应和社会反响更强烈。

（三）网络空间的军事化和碎片化的风险日益上升

传统的安全边界防御理念在网络空间新技术的挑战下正在发生新变化，网络空间的军事化和碎片化风险同时存在。恐怖势力在意识形态领域对俄罗斯的渗透和攻击强烈，恐怖主义、极端主义在网络空间的传播已经成为最主要、最有效的扩散方式。网络匿名电话、邮件发送的虚假炸弹威胁仍然是困扰俄罗斯的恐怖活动。

二、俄罗斯反恐怖军事对策

为应对恐怖主义的威胁，俄罗斯不断加强对反恐机制建设的重视程度，同时加大对恐怖主义活动的打击力度，现今已形成了较为完善的反恐体系，较好地控制了俄罗斯境内恐怖活动的增长态势。

（一）国家反恐委员会积极推动反恐执法行动

自 2006 年以来，俄罗斯成立了由多部门组成的国家反恐委员会，构成覆盖全国的反恐网络。截至 2020 年年底，俄方人员在执法过程中共打死 49 名恐怖分子，其中包括 8 名头目，逮捕了 36 名头目、162 名恐怖分子以及 591 名从犯；共缴获约 600 件枪械和 134 个自制爆炸装置，并摧毁了 50 个非法的武器生产改造车间；破获 55 个参与国际恐怖组织活动的秘密团伙，阻止 149 名参与极端主义与恐怖主义活动的外国公民入境。

（二）加强互联网监管和涉恐处罚力度

调查显示，互联网是恐怖组织在俄罗斯招募成员的主要途径之一，12—17 岁的青少年是恐怖组织激进思想的重点宣传对象。2018 年以来，俄联邦安全局在全球网络中调查了近 150 个网络社区，涉及用户约 5 万人。据联邦安全局公共事务联络中心的消息称，他们成功阻止了 260 多起激进思想宣传活动，并对 7000 多名受到激进思想影响的青少年采取了预防措施，效果显著。

犯罪嫌疑人通过匿名电话、邮件发送的虚假炸弹威胁给俄安全部门造成严重困扰。犯罪嫌疑人通常使用国外的邮件服务器、网络匿名电话，大肆发送虚假炸弹警报。俄新社称，2020 年 1 月 22 日，莫斯科地区所有的火车站、30 多个地铁站以及一些著名景点都收到了虚假威胁信息。为防止虚假威胁信息蔓延，俄罗斯总检察院和联邦通信、信息技术和大众传媒监督局在俄罗斯境内对虚假威胁信息采取了技术屏蔽措施。俄联邦委员会国防与安全委员会委员克林采维奇提议，还应加大对此类行为的处罚力度，将最高刑罚由目前的 5 年监禁提高至 8 年。

（三）加强信息协作，提高反恐行动有效性

信息协作有助于提高全球反恐行动的有效性，国家内部各级机构落实好各项管控措施，保障社会各领域的安全，才能更好地应对恐怖主义威胁。执法部门协调行动，自 2020 年初以来，北高加索地区共阻止了 15 起恐怖主义犯罪活动，消灭 35 名武装分子，拘留 53 名武装分子，摧毁 23 个国际恐怖组织分支，发现并销毁 130 多个武器藏匿处。

第二节　俄罗斯主要恐怖袭击事件

2020 年，国际恐怖势力受到多国联合力量的打击，人员数量和恐袭能力大大降低，随着俄罗斯反恐力量日益增强，发生的恐怖袭击事件大幅减少。

一、20 天三起枪击案，莫斯科危险增大

从 5 月 24 日—6 月 15 日，不到一个月的时间里，俄罗斯首都莫斯科连续发生了至少三起枪击事件。再过几天多国外国元首将来这里参加红场阅兵，紧接着还将举行修改宪法的全民公投。

（一）事件背景

俄罗斯经济在 2014 年遭受西方制裁之后本就低迷，新冠肺炎疫情和随之引起的经济恶化更是给俄罗斯经济带来沉重打击，而且吸纳就业多的小企业更是难以抵御灾难的冲击，零售业、旅游、餐饮等倒闭的企业必然不少。经济不景气，失业就会增多，接着必然引起社会问题。

（二）事件经过

5 月 24 日，莫斯科南部一个居民区的人们看到狭窄的街道上，两辆车的司机和乘客发生口角，之后有人从车里拿出手枪、突击步枪对射起来。两伙人一直跑到小区附近的停车场，枪战逐步升级，足足交火了 20 分钟。案发后 5 名枪手被捕，一人在混战中受伤。

6 月 7 日深夜，在莫斯科市中心，一男一女在路边正准备搭乘出租车离去。突然“啪啪”两声枪响，打出租车的两人受伤。子弹来自路旁的一栋居民楼，凶手躲在屋内，在窗边向楼下射击。很快俄罗斯安全部队到达现场。对方对峙了一小时后，枪手拒绝缴械，还在抵抗。部队只好强行冲入，并射中枪手。在屋内人们发现了酒，还有精神类药物。最终枪手在医院身亡。

6 月 15 日下午，在莫斯科市西南区域的列宁大街 2 名交警正在路边执勤。当警察把一辆出租车拦住上前盘查时，一名高加索地区面貌的年轻男子从路边走来，当他看到前方有警察时，突然拔出斯洛伐克产的 T12 手枪，连开数枪，至少打出了 7 颗子弹。1 名交警被击中面部，1 名交警腿部受伤，一位路人也无辜遭殃。尽管伤势严重，警察仍立刻举枪还击，并迅速将枪手制服。据调查枪手是来自俄罗斯南部高加索地区 27 岁的印古什，其作案动机尚不清楚，在行凶时枪手是醉酒状态。

（三）事件影响

在俄罗斯是允许合法持有枪支的，对枪支的购买和储存有着非常严格的规定。在满足一定条件的情况下，需要办理一系列手续，经过培训才能获得持枪证书。但从多次发生的情况看，枪支这个问题只是缺少诱因而没有暴露出来，枪支持有显然已经成为俄罗斯的一大治安隐患。

二、其他恐怖袭击事件

1 月 19 日傍晚，赫梅米姆空军基地的俄罗斯防空部队发现了 3 个小型空中目标（无人机）从东北方向接近俄军事设施，在位于空军基地的安全距离被俄军的制式防空导弹击落。此次袭击未造成人员伤亡和物资受损。

5 月 23 日，一名 35 岁左右、身着外卖公司工作服、身背外卖箱、手持遥控按钮的男子，闯入莫斯科市中心一家阿尔法银行的营业部，随后该男子封锁了大门入口，声称其随身携带有炸弹，并劫持了 6 名人质，警方随即赶到现场与劫持者进行谈判，最后该名男子被警方抓获，无人员伤亡。

6 月 16 日，土耳其和俄罗斯军队在叙利亚北部伊德利卜进行第 17 次联合巡逻时遭遇炸弹袭击，爆炸未造成人员伤亡。

7 月 14 日，土耳其和俄罗斯军队在叙利亚北部伊德利卜进行第 21 次联合巡逻时遭遇汽车炸弹袭击，袭击未造成人员伤亡。

7 月 14 日，俄罗斯、土耳其分队在伊德利卜降级区南部对 M－4 公路展开第 20 次联合巡逻期间，行进车队遭到自制爆炸装置的袭击。爆炸导致俄军事警察 1 辆装甲运输车和土耳其 1 辆装甲汽车受损，俄军 3 人轻伤，土耳其巡逻队也有人员受伤。

9 月 23 日，一架运输弹药的直升机在利比亚中部坠毁，4 名俄罗斯瓦格纳集团的雇佣兵丧生。

11 月 9 日，俄罗斯一架米－24 直升机在亚美尼亚和阿塞拜疆边界亚方一侧坠毁，造成 2 名机组人员死亡、1 人受伤。

11 月 9 日，俄罗斯沃罗涅日州一个军用机场发生袭击事件，造成 3 名军人死亡、1 名军人受伤。

11 月 9 日，俄罗斯西部军区 1 名士兵涉嫌在南部城市沃罗涅日附近一处空军基地内行凶，致死 3 人、击伤 1 人，该士兵已被拘押。

11 月 23 日，俄军维和部队 1 名军官在纳戈尔诺－卡拉巴赫（纳卡）地区被地雷炸伤，爆炸还造成 1 名阿塞拜疆军人死亡，4 名卡拉巴赫紧急情况部人员受伤。

12 月 11 日，俄罗斯北高加索地区发生自杀式爆炸，6 名执法人员正试图拘留 1 名男子，该男子随后引爆自己，6 名执法人员在袭击中受伤。

12 月 15 日，位于莫斯科市中心的大剧院在接到“炸弹”威胁的消息后，疏散了 500 人，经过执法人员排查，未发现爆炸威胁。

12 月 28 日，2 名恐怖分子当天在格罗兹尼市中心持刀袭击正在执勤的警察，企图抢夺后者的武器。袭击造成 1 名警察死亡、1 名警察受伤。警方随后开枪回击，2 名袭击者被当场打死。

第三节　俄罗斯主要反恐怖军事行动

针对当前恐怖主义复杂多变，恐怖组织活动隐蔽性强、破坏性大的特点，俄罗斯强化对恐怖组织的打击力度，健全高效的反恐行动指挥与行动体系。

一、俄罗斯国防部年度最大规模军演“高加索－2020”检验反恐能力

（一）行动背景

“高加索”系列军事演习一直备受关注。根本原因在于在俄罗斯南部的战略方向上，存在黑海、地中海、里海、中亚、中东等诸多全球和地区

地理热点。在这些地区宗教和民族冲突长期存在，武装冲突从未中断，资源和能源争夺激烈，并与大国之间的博弈深深交织在一起。

（二）行动概况

俄罗斯“高加索－2020”战略军事演习于 9 月 21—26 日在俄南部军区举行，这是俄罗斯国防部最大规模的年度军事演习。俄罗斯军队以大规模军事演习为主要方式，以保持高水平的战备状态，评估作战技能，具有立足实战、突出对抗的特点。

在此次军演的 5 个靶场之一阿斯特拉罕卡布斯金雅尔靶场，演习内容设想为一个装备精良的恐怖组织侵犯了俄南部边界，并向内陆推进了 30 千米。俄首先派出防空部队发射导弹，摧毁敌方所有防空系统。黑海舰队和里海舰队出动了 50 艘军舰和支援舰，以阻止恐怖分子从海上入侵，确保沿海地区安全。海军航空兵向敌方进行空中打击，阻止了敌方大规模空袭行动。空中编队将作战武器和弹药以及作战人员空投至地面战场。特战队员在没有降落伞的情况下，通过绳索降至地面，之后立即投入作战，向敌方开展火力攻击。

重型装甲部队在战斗机的火力支持下，向敌方装甲车队发射榴弹炮、自行火炮以及多管火箭系统。在最后阶段派出重型喷火部队，摧毁敌方的野战防御，消灭躲在楼房、装甲车和地堡里的恐怖分子，这款喷火系统独一无二，全世界没有类似装备。这款战车在俄军中已经有少量部署，在这次军演中，如果战车表现出作战的优越性，能够适应现代化作战需求，俄军将在部队中大规模部署该款战车。

（三）行动评析

鉴于俄罗斯南部战略方向的地理特点，“高加索”系列军事演习一直以反恐、防暴、平叛为重点。军事演习的重要任务是应对西方国家对俄罗斯发动的“混战”威胁。近年来，俄罗斯非常重视“混合战争”。其国家安全战略和军事学说都提出“混合战争”是对俄罗斯国家安全最严重的威胁。西方国家目前在叙利亚、乌克兰、白俄罗斯进行的颠覆活动，被视为西方对俄罗斯“混合战争”的预演。

“高加索－2020”军事演习的理念，是西方国家在俄罗斯南部战略方向的高加索地区及周边国家发动“混合战争”，策划“颜色革命”，通过综合运用军事和非军事手段扶植反对派势力，制造社会骚乱，挑起流血冲突，并借机实施军事干预。对此，俄罗斯果断在高加索地区发动平叛行动，并应周边国家合法政府的要求，向国外派兵打击“三股势力”，以防止冲突向俄罗斯蔓延。

二、俄罗斯部署“枪炮卡车”对付恐怖分子

（一）行动背景

近年来，俄罗斯大幅强化保卫南部边界的集群。在中东，恐怖分子在以吉普皮卡车为主的越野车里装配大口径机枪、无后坐力炮甚至非制导火箭弹的发射装置，这种升级后的汽车对疏于防范的军队构成严重威胁，驻叙利亚的俄军将这种汽车叫做“机枪车”和“圣战小车”。

（二）行动概况

俄罗斯军事历史学家阿列克谢·赫洛波托夫指出：“最好是用更好更强大的机枪车对付机枪车，机动战是武装分子有代表性的作战，即快速移动，神出鬼没地射击。对付它们需要机动性毫不逊色且防护性最好更佳的工具。”

据俄罗斯国防部消息人士透露，已作出关于为俄军装备装甲卡车的重大决定。在火力上，装甲卡车甚至优于轻型装甲车，车身可安装数架机枪、自动火箭筒、高射炮或反坦克导弹。首批卡车已到达吉尔吉斯斯坦坎特空军基地和塔吉克斯坦第 201 军事基地，计划在 2022 年年底前彻底完成最新式汽车集群的部署。

（三）行动评析

“枪炮卡车”将强化俄罗斯在中亚的军事基地。使用乌拉尔和卡马运输车底盘的特殊汽车对子弹和碎片有额外的防护作用。军人可在车上放置大量武器——机枪、火箭筒甚至反坦克导弹。2022 年年底前，在塔吉克斯坦和吉尔吉斯斯坦将部署几支装备这种新卡车的部队。

装甲卡车的防护强度虽不如装甲运输车和步兵战车，但在反恐领域具有一系列优势。装甲卡车在平坦的地形上移动速度比后者快得多。在中亚的草原和沙漠上，带轮车一年中多数时间都可行进。此外，这种车比装甲

运输车和步兵战车的生产和驾驶成本低得多，续航能力几乎高一倍。

三、其他反恐怖军事行动

3 月 3 日，俄罗斯国家反恐委员会办公厅第一副主任库利亚金表示，俄执法人员 2019 年挫败了 34 起处于谋划筹备阶段的恐袭图谋，共有 32 名恐怖分子在反恐行动中被打死，41 名头目、241 名武装人员和 606 名恐怖分子帮凶被逮捕。摧毁了 83 个非法武器制造和改装场所，共有 5 万个网页的恐怖主义和极端主义内容在俄罗斯被禁止传播。

3 月 23 日，俄联邦安全局接到有恐怖分子企图在卡巴尔达－巴尔卡尔共和国制造恐怖袭击的情报，立即派执法人员对恐怖分子住处进行搜查，打死 3 名恐怖分子，搜出 2 枚自制炸弹、大量制造炸弹的工具和材料、自动枪械及弹药等。

4 月 3 日，在俄南部斯塔夫罗波尔边疆区一处居民点，俄联邦安全局特工捣毁极端组织“伊斯兰国”的一处窝点，逮捕 1 名恐怖分子，并击毙了 1 名恐怖分子，在这处窝点内查获了自制炸药、武器及部分极端主义宣传册。在汉特－曼西自治区一处居民点，俄联邦安全局特工摧毁一处恐怖分子藏身地，抓获 3 名恐怖分子，他们计划在当地一家商场内制造恐怖袭击。

7 月 17 日，俄罗斯联邦安全局在远东地区哈巴罗夫斯克市成功挫败一起由国际恐怖组织头目策划的恐怖袭击，并抓捕 1 名嫌疑人，缴获了手机、冷兵器以及该恐怖组织的旗帜等，在嫌疑人手机中发现了他向该恐怖组织头目宣誓的画面和恐怖袭击计划等信息。

7 月 23 日，俄罗斯联邦安全局协同内务部与国民近卫军在莫斯科市、新西伯利亚市和克拉斯诺亚尔斯克边疆区展开联合行动，共抓获 22 名恐怖组织“乌兹别克斯坦伊斯兰运动”成员，搜出了大量涉恐宣传材料和伪造证件。

7 月 29 日，俄罗斯联邦安全局特工在圣彼得堡捣毁一个恐怖分子窝点，共抓获 5 名来自中亚某国的恐怖分子，在其藏身窝点查获一批通信工具、银行卡、恐怖主义宣传材料等。

8 月 18—24 日，俄叙空军在炮兵和特战人员支援下在叙利亚中部“白色沙漠”地区展开大规模反恐行动，共打死 327 名武装人员，摧毁 134 个掩体、17 个观察点、7 个物资仓库和 5 个地下武器库。

9 月 4 日，俄罗斯联邦安全局挫败了对俄学校、强力部门以及密集人群发动袭击的图谋，抓捕了 13 名涉案人员，发现了制造燃爆装置的说明、袭击路线图、自制炸弹及部件以及私藏的猎枪、手枪等武器。

10 月 20 日，俄罗斯总统普京和法国总统马克龙通电话，讨论加强反恐合作和深化两国协作等问题，两国总统同意加强俄法在打击恐怖主义和反对极端思想传播方面的合作。

12 月 8 日，俄罗斯国家反恐委员会发表声明，俄执法人员 2020 年共挫败 41 起恐怖袭击，在执法过程中共打死 49 名恐怖分子，其中包括 8 名头目；还逮捕了 36 名头目、162 名恐怖分子以及 591 名从犯，共缴获约 600 件枪械和 134 个自制爆炸装置等，并摧毁 50 个非法的武器生产改造车间。

12 月 25 日，俄罗斯侦查委员会在坦波夫制止了一起由一名 17 岁少年谋划的恐怖袭击，调查人员在这名少年住所内，查获了爆炸物和用于制作炸弹的部件。

2020 年俄罗斯遭受恐怖袭击次数及伤亡人数

时间		1 月	2 月	3 月	4 月	5 月	6 月	7 月	8 月	9 月	10 月	11 月	12 月	合计
俄罗斯	袭击次数	1	0	0	0	1	1	1	0	1	0	4	3	12
	伤亡人数	0	0	0	0	0	0	0	0	4	0	12	11	27
总计		2020 年俄罗斯共遭受恐怖袭击 12 次，伤亡 27 人。												

第四章／2020年中东地区*反恐怖军事行动

第一节　中东地区反恐怖军事行动综述

2020 年，中东地区依然乱象不断。也门因本国战乱遭外界封锁；黎巴嫩食品涨价爆发大规模骚乱，和平进程遥遥无期；利比亚与土耳其战事再起、矛盾不断，引起各自派别严重的军事对立，甚至危及地中海沿岸各国；伊拉克局势依然由于美国的干预显得混乱不堪，夹在美国与伊朗之间越来越难以维持，伊朗民众要求美军全面撤离的呼声越来越高；极端组织会乘机死灰复燃，恐怖势力继续扩张外溢。综上所述，中东陷入了更大的混乱，世界原油价格及供应链将继续受到中东乱局的影响产生较大波动。

一、中东地区面临的恐怖形势

当前中东地区的恐怖主义在疫情掩护下有悄然复苏趋势，叙利亚、利比亚、也门等国的固有冲突久拖不决，为恐怖主义的发展尤其是为“圣

---

* “中东”一般泛指西亚和北非地区共 24 个国家。西亚国家包括：沙特、伊朗、科威特、伊拉克、阿联酋、阿曼、卡塔尔、巴林、土耳其、以色列、巴勒斯坦、叙利亚、黎巴嫩、约旦、也门和塞浦路斯，不包括阿富汗。北非包括：苏丹、埃及、利比亚、突尼斯、阿尔及利亚、摩洛哥、马德拉群岛、亚速尔群岛。

战”分子跨国流动提供了条件。[①] 而且，新冠肺炎疫情造成的经济与社会危机尤其是民生危机，从长期来看更有利于恐怖组织的人员招募。受此影响，中东地区恐怖势力的复苏重建乃至恐怖袭击反弹的势头不容小觑。2020 年，中东地区没有出现大的动荡，但形势发展仍充满未知数。阿拉伯国家亲美与反美力量之间的矛盾、中东各国上层权贵唯美是从与民众仇美情绪之间的矛盾、原教旨主义与西方文明价值观矛盾的调合平衡，关乎着中东局势的未来走向。地区形势依然紧张严峻，与往年相比，有以下几个明显的特点。

（一）受新冠肺炎疫情冲击，造成地区国家经济、社会不稳定

由于受疫苗研发、基础设施、防疫政策、隔离措施、防范意识等多因素的影响，中东地区各国的疫情发展情况不尽相同，但总体冲击很大。与人群密度高度相关的航空、旅游、百货等行业大受冲击；麦加朝觐受到影响。国际社会对能源需求减少引发油价暴跌，致使沙特、阿联酋、科威特等国的石油财政收入减少，社会保障资金受到威胁；受疫情影响和美国制裁双重压迫，伊朗经济形势进一步下滑，石油出口量剧减，本国货币崩盘，甚至还出现了基础药物短缺的情况。

（二）地区冲突依然持续不断

冲突主要集中在叙利亚、利比亚、也门等地。由于被制裁，伊朗减少了在叙利亚和也门战争中的参与力度，阿联酋年初完成了从也门撤军，但转而在叙利亚对抗土耳其和穆斯林兄弟会，并积极支持利比亚国民军同土耳其支持的民族和解政府开战。土耳其成为中东地区干涉主义的新兴力量，在外交上开始奉行“零朋友外交”，在对外事务上倾向于采取武力实现自己的目标。如出兵介入利比亚内战，支持国民团结政府；在亚美尼亚和阿塞拜疆之间的纳卡冲突中支持阿塞拜疆。在域外干涉方面，俄罗斯继续保持主动态势，而美国有意实行战略收缩，年底宣布撤离部分驻伊拉克美军。美国的干涉手段采用了无人机“定点清除”方式，频繁“斩首”，屡试不爽。其主要目标是针对伊朗伊斯兰卫队高官和核武器专家。如刺杀

---

① 参见刘中民：《国际反恐形势因疫情更趋复杂》，环球网，2020.01.07，https：//www.huanqiu.com/。

苏莱曼尼、法赫里扎德和伊朗在叙指挥官沙赫丹。美国开启暗杀的“潘多拉魔盒”，起到了非常坏的示范效应。

（三）地区力量角逐激烈

为转移国内因疫情引发的矛盾和填补美国从地区战略收缩出现的“真空”，地区国家为争夺地区事务主导权，扩大影响，增加话语权，出现阵营化、多元化、碎片化和“菜单式”合作。沙特和伊朗分别代表的伊斯兰逊尼派和什叶派穆斯林矛盾加剧，争斗升级，互不相让。土耳其插手叙利亚和利比亚内政，并向利比亚派遣部队。埃及支持利比亚国民军。阿联酋国小，但不甘寂寞，搞起地区大外交，染指也门和利比亚事务，与以色列关系正常化，拉紧同美国的关系，以提高自身地位。卡塔尔敢于对沙特说“不”，并与土耳其和利比亚民族团结政府结成联盟，以应对地区不测。以色列异常活跃，高调宣扬同部分阿拉伯国家的外交关系；经常空袭伊朗在叙利亚的军事设施，对黎巴嫩真主党不时进行军事打击。

（四）地区热点冲突起伏，难以化解

巴勒斯坦问题棘手难办。2020 年中东地区最大地缘政治赢家非以色列莫属。特朗普出于助选的目的，威逼利诱一些阿拉伯国家，使以色列一口气与阿联酋、巴林、苏丹和摩洛哥实现了关系正常化，并竭力争取更多国家“入伙”，以图通过“和平换和平”取代“土地换和平”的模式。当前阿拉伯国家集体应对以色列的局面遭到严重破坏。以色列不急于与巴方恢复和谈，故巴勒斯坦问题进一步被边缘化。但巴以问题始终是中东的根源性问题。叙利亚危机又起波澜。叙利亚政府已控制局势，收复了大部分国土，并在伊德利卜战场上取得重大胜利，打通了连接大马士革与阿勒颇之间的 M5 战略公路。因涉及土耳其利益，致使双方直接军事冲突一度升级。土耳其和伊朗两个中东地区大国已不再满足于埋头自身发展，而是要更多地参与地区格局、秩序和规则的塑造，争夺更多的话语权。甚至各自建立“反恐阵营”，寻找代理人。在打击“伊斯兰国”之外，代理人之间的相互厮杀不断，新的矛盾冲突再起。

（五）“伊斯兰国”沉渣泛起

“伊斯兰国”崛起的原因是治理不力和教派纷争，而这种局面在伊拉

克和叙利亚并未得到改善，特别是库尔德人问题日益突出。其残余势力趁新冠肺炎疫情蠢蠢欲动、跃跃欲试，主要在伊拉克西部和北部的逊尼派省份、叙利亚东部以及叙伊 600 千米边界沿线人迹罕至的沙漠地带活动。眼下“伊斯兰国”着重打击支持政府的部落武装、当地官员、警察哨所、政府军；破坏地方经济重建和对流离失所人员的安置工作，并在无人区建立新据点。据不完全统计，2020 年“伊斯兰国”已制造超过 430 起袭击事件。近来，该组织又在法国的尼斯和奥地利的维也纳制造了恐袭事件。

在国际上，“伊斯兰国”利用网络大肆招募人员，号召各地组织重新行动起来，展开多种恐袭活动，以收复失地，恢复活力，控制更多地区。极端组织恐怖袭击反弹的势头值得关注。在伊拉克，从 2020 年 3 月开始，参与打击“伊斯兰国”的国际联盟军队陆续撤出，伊拉克政府将主要精力投入到抗击新冠肺炎疫情中，这些都为极端组织的重建和反弹提供了可乘之机。据统计，2020 年 1—8 月，“伊斯兰国”在伊拉克共制造 292 起袭击事件。伊拉克西部与叙利亚接壤地区、北部和中部山区成为“伊斯兰国”活动的重要区域。当前，“伊斯兰国”的技术及战术更为精进，危险系数也更大，且通过各种方式在筹措资金，重建组织。相关报告显示，目前在伊拉克和叙利亚的“伊斯兰国”成员仍多达 1.8 万人，其中有 5000—6000 名武装分子，其余都是潜伏组织和同情者。该组织在全球其他区域的分支机构继续招募追随者的能力有增无减，而且通过社交网络得到全新的支持。“伊斯兰国”上述活动已引起国际社会的广泛关注，普遍要求各国要团结合作，继续反恐，以防其卷土重来。

二、中东地区反恐怖军事对策

中东地区目前仍面临着世界上最为严重的恐怖主义威胁，在此情况下，为治理中东地区的恐怖主义，相关国家完善了反恐合作机制、通过了反恐法规，相关国家也参与了全球性反恐合作，主要做法集中在以下几点。

（一）伊拉克加强打击极端组织力度

伊拉克政府虽然宣称取得打击“伊斯兰国”的胜利，但极端组织残余势力仍未完全消灭，“伊斯兰国”正在迪亚拉、基尔库克和萨拉赫丁省利用山脉相连的优势进行隐藏。伊拉克安全部队继续开展针对恐怖主义的军事行动，致使恐怖分子四处逃散，目前仍有数千名恐怖分子藏匿于该国各大城镇乡村。该组织仍针对安全机构、人员以及平民频繁发动袭击，对伊拉克国内安全局势构成持续威胁。为清除“伊斯兰国”残余分子和稳定安全局势，2 月 12 日，伊拉克安全部队发动代号为“伊拉克英雄”的军事行动，安全部队沿 5 条路线在伊西部安巴尔省及其靠近邻国叙利亚和约旦的边境地区开展行动。4 月 30 日，人民动员部队在伊拉克空军的支持下，击毙 7 名“伊斯兰国”叛乱分子，摧毁了他们在哈姆林山区的 5 个藏身之处。5 月 3 日起，伊拉克安全部队展开代号为“沙漠狮子”的大规模军事行动，进一步清除“伊斯兰国”残余势力。6 月 26 日，联合作战部队发动空袭，摧毁了“伊斯兰国”多个藏身窝点和地道，击毙 24 名叛乱分子。10 月 19 日，伊拉克安全部队联合人民动员部队在尼尼微省摩苏尔南部对“伊斯兰国”发动大规模进攻，并在底格里斯河上搭建浮桥，对恐怖组织进行了猛烈轰炸。2020 年第一季度，伊拉克安全部队对“伊斯兰国”武装进行了上千次打击行动，消灭几百名极端分子。

（二）叙利亚加强打击恐怖组织力度

1 月 26 日，来自大马士革郊区一名亲政府的武装指挥官伊萨姆·法赫德（Essam al – Fahad）和另外 3 名战士在阿勒颇省南部农村与反对派的持续战斗中被杀。据悉该指挥官来自第四师装甲的吉斯（al – Ghaith）部队，该师由该阿萨德兄弟领导。这些亲政府武装来自大马士革附近的米丹区、基斯沃镇以及东古塔农村。法赫德所在的武装是一支由 130 名武装分子组成的民兵组织，他们与第四师签订协同作战的合同。自 2017 年年初，他们就达成协议，随后逐步将反政府武装驱逐到叙北部。阿萨德政权的大部分战斗依赖于来自大马士革及其郊区、德拉、霍姆斯、卡拉蒙和阿勒颇的民兵，他们在每次攻击中都处于前线。6 月 14 日，美军中央司令部所属的无人机在伊德利卜上空使用一枚“地狱火”R9X 导弹空袭了载有叙利亚“基地”组织分支机构“宗教守护者组织”的车辆，击毙了哈利德·阿鲁里（Khaled al – Arouri）和比拉尔·萨那尼（Bilal al – Sanani）。2020 年以来该组织发动的袭击展示了其多种轻武器和重型武器以及作战能力。2020 年 5 月，该组织首次使用三级火箭袭击驻叙俄军。更多时候使用简易爆炸装置证明了自己在不对称能力方面的熟练。3 月 19 日，该组织在伊德利卜 Ma-

hambal 附近针对土军车队实施了袭击，6 月 8 日针对哈马省叙军军事检查站发动了袭击。据查，该组织拥有 4 个秘密拘留中心，有大约 113 名在押人员。11 月 7 日在俄军的支持下，叙空军对伊德利卜省境内的激进组织和亲土武装分子的据点发动了一系列强大的空袭。空袭的目标是伊德利卜南部乡村至少 6 个地点，包括“解放沙姆组织”（HTS）一处指挥控制中心。死伤总数估计在 20—30 人之间，其中几人是外国战斗人员。在伊德利卜省内的 Sarjah 镇，至少有 7 名乌兹别克激进分子被打死。这些人员隶属于“解放沙姆组织”下属的被称为“Al – Majmou’ ah Al – Istish – hadiyah”的组织。

第二节　中东地区主要恐怖袭击事件

2020 年，城市成为了冲突各方发动攻击的主要目标，恐怖袭击通常发生在人口稠密地区，如伊拉克的巴格达、利比亚的米苏拉塔、也门的塔伊兹和叙利亚的伊德利卜等城市。这些地区能够改变局势，也是战争与和平的关键。而且在这些冲突地区，无人机的威胁正日益增大，叙利亚、伊拉克、也门、利比亚等冲突双方都在大量使用。武装冲突、民众抗议、组织犯罪，飞机被击落、船舶被炸毁、营地遭轰炸、火箭弹袭击等都在表明中东地区局势仍然乱作一团。

一、美军导弹定点清除卡西姆·苏莱曼尼

2020 年 1 月 3 日凌晨 30 分左右，一架从叙利亚方向飞来的飞机降落在巴格达国际机场，飞机上的一行人走下飞机和接机人短暂交谈后一起上车离开。车队准备驶出机场时，瞬间被一道强光淹没，随即传来巨大的声响以及爆炸声，车队遭遇了空袭。之后通过对残骸和断肢的辨认，看出死者中包含伊朗精英部队“圣城旅”的最高指挥官苏莱曼尼、获得伊朗支持的伊拉克民兵组织“人民动员”的副手穆罕迪斯。其他死者有包括伊朗军方的一名精英指挥官和“人民动员”的其他高级成员，至少 7 人在袭击中丧生。美军随后表示，这是在特朗普命令下的一次针对苏莱曼尼的“定点

清除”行动。

（一）事件背景

苏莱曼尼从两伊战火中走出，并逐渐成为伊朗军队的骨干。他20世纪90年代掌握了“圣城旅”指挥权。“圣城旅”主要在海外战场作战，被视为伊朗“革命输出”的重要力量，也被视为最神秘的伊朗部队。这支力量也一直被西方认为策划了多起针对美国的袭击事件，中东地区的时局使得“圣城旅”需要一个强势指挥官应对中东地区的新威胁。“9·11”事件后，美国情报人员秘密与苏莱曼尼接触，希望伊朗方面能与美国合作，对付来自阿富汗塔利班的威胁。伊朗第一时间站出来谴责了恐怖分子，苏莱曼尼派来的外交官甚至标明了阿富汗塔利班的重要军事设施，并建议重点打击哪些地方。2007年，“圣城旅”支持的伊拉克什叶派民兵占领了伊南部城市巴士拉，并与以美国为首的联军发生严重流血冲突。伊拉克什叶派民兵计划周密、训练有素的袭击，让联军意识到这并非是普通民兵武装能做到的。就在这时，苏莱曼尼通过伊拉克总统向美军司令彼得雷乌斯“叫阵”，结果让外界知晓，原来袭击事件背后的操控者就是苏莱曼尼。2011年，“圣城旅”作为伊朗革命卫队对阿萨德政府的情报与军事支援力量进入叙利亚。“圣城旅”支持的黎巴嫩真主党和伊拉克什叶派武装也以支持阿萨德政府的立场参战。伊朗称在叙利亚战事中战死的伊朗人超过1000人。同属什叶派的伊拉克部队以及1000名黎巴嫩真主党武装人员，也在伊朗的指挥下参加了叙利亚内战。苏莱曼尼为了进一步显示其在叙利亚的影响力，还于2015年造访莫斯科，此举是俄罗斯军事介入叙利亚战争的第一步，这一步改变了叙利亚战局。苏莱曼尼的莫斯科之行还缔造了新的伊俄联盟，以支持巴沙尔·阿萨德。2019年，美国、伊朗关系恶化，伊朗继续发挥对伊拉克的影响力，美国计划在减少中东驻兵的同时通过其他手段遏制伊朗。因此特朗普说，伊拉克想要自由、不想被伊朗统治和控制的人应该站出来，反抗伊朗的干预。从2019年10月初开始，伊拉克境内爆发了大规模的抗议示威运动，在此背景下，作为伊朗驻外力量的指挥官，苏莱曼尼主张镇压伊拉克国内的反伊朗声音。随后，苏莱曼尼控制下的民兵武装开始对美国设施展开袭击。2019年12月27日，伊拉克基尔库克北部的美军基地遭到30多枚火箭弹袭击，导致一名美国承包商死亡，4名美国军人和两名伊拉克安全部队人员受伤。美国在声明中指责伊朗操控的民兵组织应为此次袭击负责。

（二）事件经过

过去一段时间里，美国一直利用其在中东地区经营多年的情报网，采用电子拦截、匿名线人或监听等手段对苏莱曼尼的动向进行侦察和跟踪，为这次刺杀提供精准的情报保障支援。事发前，美军位于科威特、卡塔尔和阿联酋空军基地的两架 MQ－9“死神”无人机至少提前 1 个半小时就已经部署在作战空域待命，等待攻击命令发起。1 月 3 日凌晨，苏莱曼尼一行人走下飞机坐上汽车出发。发现目标后，2 架无人机朝两辆汽车分别发射 4 枚“地狱火”导弹。导弹击中车辆后，无数“白点”溅射开来，苏莱曼尼及其随行人员当场被“撕成碎片”。美方地面和空中分队随即到达现场进行了攻击后效果评估，以决定是否再次进行打击，在现场的断肢中发现一枚镶有红宝石的戒指，经过比对，确认了苏莱曼尼的身份，美方旋即撤离。需要注意的是美军执行此次任务的无人机，该型号无人机静音效果极好，飞行高度 5 万英尺，时速达到 230 英里/每小时。而“地狱火”导弹是美国专门开发用于精确打击的，该型号导弹能达到 1600 千米每小时，上弹体内有 6 个刀刃，受到撞击时会弹出并将特定目标切开。

（三）事件影响

美国公然在一个主权国家的领土上用无人机暗杀了另一个主权国家的军事将领，不仅违反了国际关系事务准则，而且为局势混乱的中东火上浇油。

在伊朗对美军驻伊拉克军事基地实施导弹攻击报复后，美国没有利用这一机会发动战争，并称伊朗已经服软。美国虽然获得了实际利益，但实际上则加剧了美国国内分裂的政治格局，同时在客观上大大损害了美国的声望与形象。而且从实际效果看，美国暗杀一位军事将领的做法非但没有破坏伊朗的军政指挥体系，反而有助于伊朗缓解面临的困难。首先，美国看似“轻松”地除掉了伊朗政权的“影子总统”，但苏莱曼尼的副手迅速接替了他的职位，继续指挥着“圣城旅”，苏莱曼尼的死亡对伊朗军队指挥体系的影响客观上并不大，反而帮助伊朗高层进一步加强了政治稳定和团结的决心；其次，事件发生前，伊朗由于经济困难引发国内矛盾，在一些地方发生了大规模游行示威，政治稳定受到极大挑战。而美国暗杀声望极大的军事将领，使得伊朗国内群情激愤。在强烈的反美情绪下，迅速化解了本来已经存在的国内危机，将整个伊朗团结起来；最后，击杀苏莱曼尼使得整个中东地区的什叶派空前团结，这不仅缓解了伊朗在中东内部的压力，而且也使整个中东什叶派将矛头直指以色列以及逊尼派，使得中东局势在相当程度上向着有利于伊朗的方向转换。所以，伊朗政府口头上严厉谴责美国的行动，实际上没有发动战争，并表示不会与美国开战。

二、土耳其军队在叙利亚伊德利卜遭到空袭

2 月 20 日，土耳其军队在叙利亚伊德利卜遭到空袭，造成 2 人死亡、5 人受伤。土耳其军随后展开定点打击，反击炮火摧毁了叙利亚政府军的 2 辆装甲车、2 辆皮卡和一部防空导弹发射装置，还消灭了 50 多名叙利亚政府军士兵。

（一）事件背景

俄罗斯和土耳其两国关系持续紧张，两国在叙利亚打得不可开交。究其原因主要有以下几点：第一，历史因素。俄罗斯和土耳其的恩怨由来已久，早在沙俄时代两国就是一对宿敌。沙俄继承了拜占庭帝国的名誉和文化，而信奉伊斯兰教的奥斯曼帝国灭掉了拜占庭，所以两国一直争斗不休，俄罗斯人和土耳其人在宗教、文化、历史等方面的冲突一直延续到现在。第二，领土原因。俄罗斯人和土耳其人为了争夺土地和黑海海峡的控制权，双方的战争持续了 200 多年，由于欧美列强的干涉和支持，土耳其人一直控制着土耳其海峡，牢牢地把俄国人及后来苏联人的舰队封锁在黑海。于是俄罗斯在叙利亚设置了海军基地，借道叙利亚绕开黑海海峡，打通了前往地中海的通道。这也是俄罗斯不遗余力支持叙利亚的主要原因。所以两国在土耳其进行角逐是必然的。而叙利亚是土耳其的后门，土耳其自然不会坐视不理，土耳其背后又有北约支持，所以土耳其人在叙利亚问题上不会轻易让步。俄罗斯支持叙利亚政府军，是为了保住自己在中东的唯一军事基地，所以一定会力挺阿萨德政权收复全部国土。土耳其支持叙利亚境内的反政府军，企图让叙利亚反政府军保住在伊德利卜的这块最后根据地，则是为了防止叙利亚境内的库尔德武装与土耳其境内的库尔德人联起手来建国。第三，政治原因及利益冲突。土耳其是北约成员国，是对

抗俄罗斯的桥头堡，充当了反俄的急先锋，是美国人在中东和巴尔干地区的主要打手，在美国主子的怂恿和鼓动下出兵叙利亚，抢夺利益。俄罗斯在叙利亚力量有限，仅能依靠小股特种部队、空军力量支撑，压力非常大。

在这次军事行动中，实际上俄罗斯并没有置身于事外。经过长年的内战与西方国家的经济制裁与封锁，叙利亚政府军压根就不具备空中打击能力，是有外部力量以叙利亚政府军的名义发动了这次打击行动。而俄叙联军这次出手的目的，就是要给土耳其军队一个下马威，给他们一个警告，要求他们撤出叙利亚境内。

（二）事件经过

2 月 20 日，恐怖武装出动大量装甲车在克米纳斯至纳伊拉布方向对叙利亚政府军发动大规模攻击。恐怖分子在土耳其炮兵的掩护下，突破了政府军在此地区的阵地。俄军应叙利亚军方请求，出动苏 –24 战斗轰炸机空袭突入阵地的恐怖分子，帮助叙政府军成功击退所有进攻。恐怖武装在进攻时，发射了未知型号的便携式单兵防空导弹，试图击落正在进行空袭的俄军苏 –24 战机，但是俄军飞行员驾机躲过了导弹，而恐怖分子方面的 1 辆坦克、6 辆步兵战车和 5 辆配备大口径武器的皮卡被摧毁。在俄方发出“呼吁”后，土耳其方面停止炮击。俄方指出，这不是土耳其军队第一次支持恐怖武装分子，驻叙冲突各方调解中心呼吁土耳其方面停止向恐怖分子提供支持和武器。

相关军事观察家表示，土耳其军队和伊德利卜当地的极端武装显然是“联手进攻”叙利亚政府军，虽然没有报道说土耳其军人一起冲锋陷阵，但是土军提供的炮火支援需要和武装分子密切协调，不排除有部分人员直接参战的可能。在土耳其发起攻势后，俄罗斯军方透露，由于土耳其部队再次缺席，俄军不得不再次单独在叙利亚北部巡逻。

（三）事件影响

自从俄叙联军与土耳其军队在伊德利卜爆发冲突并导致了严重的伤亡之后，俄土两国的威胁已经从口头上进一步上升到了行动。土耳其扬言将会封锁俄罗斯军舰补给叙利亚政府军时必经的博斯普鲁斯海峡和达达尼尔海峡。然而，在土耳其军人遭到俄叙联军打击之后，其盟友北约仅仅在口头上表示会支持土耳其，但没有进一步的军事行动，而且呼吁俄土双方都要克制。这背后的原因就在于：第一，虽然土耳其是北约盟友，但北约根本就没真正把土耳其当成自己人；尤其是近年来土耳其执意要购买俄罗斯武器，更导致土耳其与北约之间交恶；第二，土耳其越境入侵叙利亚，打击美国的盟友库尔德人，利用约 500 万叙利亚难民要挟相关欧洲国家；第三，土耳其是伊斯兰国家，本质上无法融入北约；第四，俄罗斯体量庞大，军事力量强悍，挑战俄罗斯只能给北约集团招惹不必要的麻烦。

三、其他恐怖袭击事件

1 月 1 日，叙利亚北部拉卡省发生一起汽车爆炸袭击，造成 3 名平民死亡，另有 4 人受伤。爆炸发生在拉卡省边境城镇泰勒艾卜耶德的苏鲁克村，附近民居和设施遭到损毁。2019 年 12 月 23 日，曾有一辆装有大量炸药的汽车在苏鲁克村主街上被引爆，造成 5 人死亡、15 人受伤。

1 月 3 日凌晨，3 枚火箭弹落在伊拉克首都巴格达国际机场附近，爆炸造成至少 8 人死亡，12 名伊拉克军人受伤。伊拉克什叶派武装组织“人民动员力量”高层人员穆罕默德 · 贾比里在巴格达火箭弹袭击中死亡。当火箭袭击机场的消息传出后，美国直升机再次出现在空中。①

1 月 2 日，美国国防部确认，伊朗伊斯兰革命卫队下属“圣城旅”指挥官卡西姆 · 苏莱曼尼在美军实施的袭击中身亡。

1 月 3 日，利比亚民族团结政府军方发表声明说，利比亚首都的黎波里米提加国际机场附近遭到 20 余枚火箭弹袭击，迫使机场关闭数小时。

1 月 4 日，伊拉克首都巴格达市中心“绿区”等地和巴格达以北的巴拉德空军基地晚间遭到炮弹袭击，3 名士兵受伤。特朗普发出警告称，如伊朗袭击任何美国人或美国资产，将对伊朗 52 个地点进行打击。②

1 月 4 日，利比亚民族团结政府军方发表声明说，利比亚首都的黎波里一军事学院当晚遭到空袭，造成 28 名学生死亡、18 人受伤。

---

① 参见《巴格达国际机场附近发生火箭弹袭击有人员伤亡》，中国新闻网，2020 年 1 月 3 日，https：//www. chinanews. com/。

② 参见《伊拉克首都“绿区”等地遭炮弹袭击》，新华社，2020 年 1 月 5 日，http：//www. xinhuanet. com/。

1 月 4 日晚间，伊拉克民兵组织“真主旅”警告伊拉克安全部队，要求他们从周日晚上开始，不要踏入距美军基地一公里内的范围。

1 月 5 日，黎巴嫩真主党领导人哈桑，·纳斯鲁拉警告说，驻中东的美国士兵、军舰、基地要为美军袭杀伊朗高级将领卡西姆·苏莱曼尼“付出代价”。

1 月 7 日，也门政府军设在南部达利阿省的一处军事基地遭什叶派反政府组织胡塞武装袭击，造成至少 12 名士兵身亡，另有 20 人受伤。胡塞武装尚未对此作出回应。

1 月 6 日，利比亚东部武装力量“国民军”宣称占领中部海滨城市苏尔特，耗时“不到 3 小时”。

1 月 8 日，伊拉克首都巴格达遭 2 枚火箭弹袭击，落在离美国大使馆仅百米的地方。当地是政府部门和外国使馆集中地，澳大利亚大使馆亦在该区内，不过火箭弹只引发火势，未造成伤亡。在伊朗日前轰炸驻有美军的军事基地后，已有部分反恐盟军国家的部队从伊拉克转移至科威特和约旦。

1 月 9 日下午，叙利亚东北部地区发生汽车炸弹爆炸事件，导致 1 人死亡，1 人受伤。爆炸发生在叙利亚土耳其边境城市拉斯艾因以南 5 千米的一个村庄，死者是一名平民。拉斯艾因市及其周边地区目前由土耳其军队及其支持的叙利亚反对派武装控制。

1 月 12 日，伊拉克萨拉赫丁省驻有美军的拜莱德空军基地晚间遭到火箭弹袭击，造成 4 名伊拉克空军人员受伤。

1 月 12 日，利比亚冲突双方开始执行由土耳其和俄罗斯方面所提的停火倡议，但数小时后指认对方破坏停火。

1 月 13 日，驻伊拉克美军士兵清理先前遭伊朗导弹袭击的阿萨德空军基地。此前，伊朗 8 日向两座驻伊拉克美军基地发射导弹，以报复美军 3 日空袭炸死伊朗伊斯兰革命卫队下属“圣城旅”指挥官卡西姆·苏莱曼尼。[①]

1 月 14 日，伊拉克首都巴格达以北的塔季军事基地遭 2 枚“喀秋莎”火箭弹袭击。该军事基地驻扎着负责训练伊拉克部队的美军官兵。伊拉克联合行动指挥部发表声明说，袭击未造成人员伤亡。

1 月 14 日晚间，位于叙利亚霍姆斯省的 T4 军用机场遭到空袭。叙军方称袭击是以色列所为。

---

① 《驻伊美军清理遇袭基地》，新华网，2020 年 1 月 14 日，http：//www. xinhuanet. com/。

1 月 16 日，叙利亚北部城市阿勒颇遭反对派武装火箭弹袭击，造成 6 名平民死亡，另有 15 人受伤。

1 月 18 日，也门卫生部门表示，也门政府军位于中部马里卜省的一处基地当天傍晚遭胡塞武装导弹袭击，造成至少 40 名士兵死亡。

1 月 19 日，也门卫生部门官员说，也门中部马里卜省日前发生的政府军基地遇袭事件死亡人数上升到 80 人。

1 月 22 日，利比亚首都的黎波里米提加国际机场遭到火箭弹袭击，被迫关闭数小时。利比亚武装力量“国民军”当天宣布重启在的黎波里周边地区设立的“禁飞区”。

1 月 23 日，也门政府军在南部达利阿省与胡塞武装发生武装冲突，造成双方 10 人死亡。

1 月 24 日，美国国防部确认 34 名美军士兵在本月早些时候伊朗袭击伊拉克境内驻有美军的军事基地后出现脑震荡和创伤性脑损伤。34 人中，9 人正在德国接受治疗，8 人从德国转送回美国本土继续接受治疗，17 人重回伊拉克履职。

1 月 26 日，美国驻伊拉克大使馆当晚遭火箭弹袭击，数枚“喀秋莎”火箭弹落在位于伊拉克首都巴格达“绿区”的美国大使馆内，袭击未造成人员伤亡。

1 月 26 日，叙利亚靠近土耳其的北部边境地区发生一起汽车炸弹袭击事件，造成 8 人死亡、20 人受伤。爆炸点附近的民居和公共设施受损。发生爆炸的阿扎兹目前被土耳其支持的叙反对派武装“叙利亚自由军”控制，当地治安混乱。

1 月 31 日凌晨，以色列国防军对加沙地带南部“巴勒斯坦伊斯兰抵抗运动”（哈马斯）的军事目标实施打击。

1 月 31 日，伊拉克北部尼尼微省首府摩苏尔以南驻有美军的盖亚拉空军基地军事基地当晚遭 5 枚炮弹袭击，没有造成人员伤亡。

2 月 5 日，伊拉克什叶派宗教领袖穆克塔达·萨德尔的支持者与反政府示威者在伊南部什叶派圣城纳杰夫发生冲突，在混乱中身份不明的武装分子开枪，造成 6 人死亡、70 多人受伤。①

---

① 《伊拉克纳杰夫发生冲突 6 人死亡》，新华网，2020 年 2 月 6 日，http：//www. xinhuanet. com/。

2 月 6 日，叙利亚首都大马士革遭导弹袭击，叙防空系统对以色列的导弹实施了拦截。遭袭地点包括大马士革南郊的基斯瓦区、大马士革马扎区一处空军基地和一处科研中心，以色列的袭击目标为伊朗支持的武装。

2 月 6 日，埃及北西奈省首府阿里什市机场附近发生一起炸弹袭击，造成 2 名埃及安全部队人员死亡，数人受伤。

2 月 6 日，耶路撒冷发生针对以军士兵的袭击事件，造成 12 名以军士兵受伤。

2 月 8 日，极端组织“伊斯兰国”武装分子在伊拉克北部萨拉赫丁省发动袭击，造成 1 名伊拉克士兵死亡，另有 2 名“伊斯兰国”武装分子在冲突中被打死。

2 月 8 日，伊拉克首都巴格达发生两起爆炸，造成 7 人受伤。第一起爆炸发生在巴格达市东部，造成 4 人受伤，附近建筑和车辆受损；第二起爆炸发生在该市北部，造成 3 人受伤。爆炸发生后，伊拉克安全部队封锁了现场并展开调查。

2 月 10 日，叙利亚北部阿勒颇省阿夫林市发生一起汽车爆炸袭击事件，造成 3 人死亡、多人受伤，附近民居和设施受损。

2 月 10 日，美国国防部证实，超过百名驻伊拉克美军士兵因伊朗 1 月上旬导弹袭击确诊轻度创伤性脑损伤，这一数据可能继续攀升。

2 月 11 日，叙利亚政府军一架直升机在叙北部伊德利卜省被击落，机上人员死亡。

2 月 12 日，叙利亚东北部哈塞克省驻扎的一个美军检查站向叙利亚平民开火，造成 1 人死亡、1 人受伤。民众与美军随即爆发冲突，美军调集包括 5 辆装甲车在内的增援部队到现场，撤离了美军人员和受损车辆。

2 月 13 日，伊拉克北部基尔库克省一驻有美军的军事基地当晚遭火箭弹袭击，没有造成人员伤亡。伊拉克安全部队随后在附近区域发现了火箭弹的发射装置，发射装置上还有 11 枚未发射的火箭弹。①

2 月 14 日，叙利亚政府军一架直升机在叙北部阿勒颇省西部被导弹击中坠毁，机上 2 名飞行员死亡。直升机遭袭地区分布着土耳其支持的武装

① 《伊拉克北部一驻有美军的军事基地遭火箭弹袭击》，人民网，2020 年 2 月 14 日，http：//www.people.com.cn/。

组织。①

2 月 14 日，也门胡塞武装在也门北部焦夫省击落一架沙特阿拉伯领导的多国联军的战机。

2 月 15 日，也门北部焦夫省遭到袭击，造成至少 31 名平民死亡、12 人受伤，死伤者大多为妇女和儿童。

2 月 16 日凌晨，伊拉克首都巴格达市遭 4 枚火箭弹袭击，其中 3 枚落在巴格达市中心“绿区”，1 枚落在巴格达市东部什叶派民兵武装“人民动员组织”的一处基地。袭击未造成人员伤亡。

2 月 16 日，也门红海城市荷台达发生路边炸弹爆炸事件，导致 4 名平民死亡。死者来自同一家庭，为一对夫妇和他们的两个孩子，他们所乘车辆完全损毁。

2 月 18 日，极端组织“伊斯兰国”武装分子向伊拉克北部基尔库克市的一个村庄发动袭击，造成 4 名村民死亡，另有 7 人受伤。村民已向伊拉克安全部队寻求帮助。②

2 月 19 日，也门国防部长穆罕默德·阿里·马克德希的车队在中部马里卜省触雷，6 名保镖被炸死，马克德希本人幸免于难。

2 月 20 日，土耳其军队在叙利亚伊德利卜遭到空袭，造成 2 人死亡、5 人受伤。土军随即展开定点打击，反击炮火摧毁了叙利亚政府军 2 辆装甲车、2 辆皮卡和一部防空导弹发射装置，还打死打伤 50 多名叙利亚政府军士兵。③

2 月 23 日，叙利亚首都大马士革周边遭以色列导弹袭击，大部分导弹被叙利亚防空系统拦截。

2 月 24 日，加沙武装人员恢复向以色列南部密集发射火箭弹。以色列总理本雅明·内塔尼亚胡警告“巴勒斯坦伊斯兰抵抗运动”（哈马斯）领导人，如果新一轮火箭弹攻击继续，以色列将开战。

2 月 25 日，叙利亚首都大马士革发生汽车爆炸事件，造成 1 名平民受

---

① 《叙利亚政府军一直升机在阿勒颇省被导弹击落》，新华网，2020 年 2 月 14 日，http：//www. xinhuanet. com/。

② 《“伊斯兰国”武装分子袭击致 4 名伊拉克人死亡》，新华网，2020 年 2 月 19 日，http：//www. xinhuanet. com/。

③ 《土耳其国防部：土军在叙利亚遭到空袭致 2 死 5 伤》，新华网，2020 年 2 月 21 日，http：//www. xinhuanet. com/。

伤。当天早些时候，大马士革提什林体育场附近发生一起汽车爆炸袭击事件，造成 1 人死亡、1 人受伤。

2 月 28 日，利比亚首都的黎波里米提加国际机场及周边地区遭到火箭弹袭击，导致机场关闭，所有航班停航。

3 月 1 日，伊拉克首都巴格达市中心“绿区”遭 2 枚“喀秋莎”火箭弹袭击，未造成人员伤亡。伊拉克安全部队在巴格达东部发现了一个火箭弹发射器。

3 月 1 日，也门胡塞武装经过与政府军数周战斗，于当天夺取也门北部焦夫省首府哈兹姆的控制权，这将为该武装“继续夺取临近的马里卜省铺平道路”。

3 月 5 日，伊拉克首都巴格达市中心“绿区”遭 2 枚“喀秋莎”火箭弹袭击，另有 1 枚火箭弹落在“绿区”外，袭击未造成人员伤亡。

3 月 6 日，突尼斯首都突尼斯市美国大使馆附近发生一起自杀式爆炸袭击，多人在爆炸中受伤。当天上午，2 名袭击者驾驶摩托车在美国驻突大使馆附近一个检查站边实施自杀式爆炸袭击，袭击者当场死亡。①

3 月 6 日，也门胡塞武装人员在也门南部达利阿省西部胡沙地区袭击政府军，造成政府军 5 名士兵死亡。

3 月 8 日，2 名美国军人跟随伊拉克安全部队在伊拉克北部清剿极端组织“伊斯兰国”时被打死。

3 月 11 日，伊拉克首都巴格达以北的塔季军事基地遭 10 枚“喀秋莎”火箭弹袭击，造成 3 人伤亡。该军事基地驻扎着负责训练伊拉克部队的美军官兵。②

3 月 13 日，也门胡塞武装使用一枚导弹对南部塔伊兹省一处居民区发动袭击，导弹击中一辆民用汽车，造成车内 5 人死亡。

3 月 13 日，叙利亚首都大马士革发生一起汽车爆炸袭击事件，造成一名平民死亡。“恐怖分子”事先在车内安装了爆炸装置。

3 月 14 日，伊拉克首都巴格达以北的塔季军事基地遭火箭弹袭击，造

---

① 《美国驻突尼斯大使馆附近发生自杀式爆炸袭击多人受伤》，新华网，2020 年 3 月 6 日，http：//www. xinhuanet. com/。

② 《伊拉克塔季军事基地遭火箭弹袭击致 3 人死亡》，新华网，2020 年 3 月 12 日，http：//www. xinhuanet. com/。

成 4 名伊拉克安全部队人员受伤。这是该军事基地近日内第二次遭袭。美方认为此前多次针对驻有美军官兵的基地或美方其他设施的袭击，为伊拉克什叶派武装组织所为。随后美国防部证实，3 名美军士兵在伊拉克塔季军事基地遭火箭弹袭击中受伤，其中 2 人伤势严重。①

3 月 14 日，也门政府军与胡塞武装当天在塔伊兹省东部地区发生交火，造成 11 人死亡。

3 月 17 日，伊拉克首都巴格达遭 3 枚火箭弹袭击，未造成人员伤亡。袭击发生后，"绿区" 内响起警报声。

3 月 26 日，伊拉克首都巴格达市中心 "绿区" 的巴格达行动指挥部附近遭 2 枚火箭弹袭击，未造成人员伤亡。

3 月 30 日，也门首都萨那遭沙特阿拉伯领导的多国联军战机的多次空袭，目前尚无人员伤亡报告。胡塞武装位于萨那北部和南部的军用机场和军营等多个军事目标当天遭到空袭。

4 月 5 日，沙特阿拉伯主导的多国联军和也门胡塞武装互相指认对方袭击也门中部省份马里卜的一个输油管道泵站。

4 月 5 日，胡塞武装炮击了也门西南部塔伊兹省西北部一座由政府军控制的监狱，造成至少 5 名囚犯死亡，20 多人受伤。

4 月 6 日，驻叙美军与库尔德武装主导的 "叙利亚民主军" 在代尔祖尔省与哈塞克省交界的瓦西娅镇附近联合巡逻时，遭到不明身份武装分子伏击，造成 1 名美军军官和 2 名 "叙利亚民主军" 成员身亡。②

4 月 14 日，埃及警方在首都开罗与恐怖分子发生交火，交火事件导致 1 名警察死亡、3 名警察受伤。

4 月 18 日，也门政府军和胡塞武装在中部马里卜省发生交火，交火持续了数小时，政府军打死 15 名胡塞武装人员，政府军方面也有 9 名士兵死亡。

4 月 20 日，约旦北部马夫拉克地区一居民区发生手榴弹爆炸，造成 5 人死亡。死者包括 1 名妇女和 4 名儿童。

---

① 参见《伊拉克一驻有美军的军事基地再遭火箭弹袭击》，人民网，2020 年 3 月 15 日，http：//www. people. com. cn/。

② 参见《一美军军官在叙利亚东部遭伏击身亡》，《中国青年报》，2020 年 4 月 4 日，http：//www. cyol. net/。

4 月 20 日，叙利亚防空系统在霍姆斯省东部巴尔米拉市上空对来袭的以色列导弹实施拦截，击落多枚以色列导弹。

4 月 20 日，一支美军巡逻队在叙利亚哈萨克省遭到袭击，美军运输车辆被摧毁，车内多名军人受伤。

4 月 23 日，也门政府军和胡塞武装在西北部萨达省爆发冲突，已造成双方至少 30 人死亡。

4 月 30 日，埃及北西奈省发生一起针对军方的炸弹袭击事件，军方车辆遭到简易爆炸装置袭击，造成 10 名军人死伤。

5 月 1 日，极端组织“伊斯兰国”武装分子在伊拉克东部迪亚拉省制造了两起袭击，导致警方 1 人死亡、3 人受伤。

5 月 1 日，叙利亚阿勒颇省和霍姆斯省分别发生一起爆炸事故，共造成 4 人死亡、33 人受伤。

5 月 2 日，极端组织“伊斯兰国”武装分子当天在伊拉克北部萨拉赫丁省发动袭击，造成 11 人死亡。在增援的安全部队赶到后，“伊斯兰国”武装分子逃离现场。

5 月 4 日，叙利亚南部德拉省一座政府办公楼遭到恐怖袭击，造成 9 名警察死亡。

5 月 4 日，以色列战机对叙利亚北部阿勒颇省一处军事目标发动了导弹袭击，该战机向阿勒颇省萨菲拉地区一些军用仓库发射导弹，叙军方正在评估袭击造成的损失。这起袭击比迈亚丁遭遇的空袭早几分钟。①

5 月 4 日，叙利亚东部迈亚丁地区遭到以色列战机空袭，14 名伊朗籍和伊拉克籍军事人员死亡。

5 月 9 日，利比亚首都的黎波里米提加国际机场遭到炮击，大火导致多辆救护车、机场客运大楼以及 2 架客机严重损毁，并造成多名平民伤亡。

5 月 10 日，伊朗海军一艘小型舰艇在该国南部水域的一次军演中发生事故，造成 19 人死亡、15 人受伤。起因是涉事支援舰负责在水中投放靶标供其他演习舰船射击，其位置离导弹靶标过近而被误击。

5 月 15 日，也门政府军与胡塞武装在红海城市荷台达爆发激烈冲突，双方互相指责对方破坏停火协议。

---

① 参见《叙利亚军方说以色列对叙北部军事目标发动导弹袭击》，《环球时报》，2020 年 5 月 5 日，https：//www. huanqiu. com/。

5 月 16 日，极端组织“伊斯兰国”武装分子在伊拉克北部萨拉赫丁省发动了袭击，造成 2 名伊拉克安全人员死亡，另有 3 人受伤。

5 月 17 日，利比亚首都的黎波里一难民收容所遭炮击，导致 6 名平民死亡。利比亚民族团结政府军指责利比亚东部武装“国民军”实施了炮击。

5 月 19 日，伊拉克首都巴格达市中心“绿区”遭 1 枚“喀秋莎”火箭弹袭击，未造成人员伤亡。

5 月 22 日，也门政府军与胡塞武装在北部萨那省爆发冲突。胡塞武装人员于当日深夜向萨那省东北部内姆地区的政府军阵地发起进攻，双方展开交火。政府军击退胡塞武装进攻并打死至少 8 名武装人员，政府军方面有 1 人死亡。冲突造成数十人受伤。

5 月 26 日，也门东部哈德拉毛省发生地雷爆炸事件。事发时一名安全部门官员正在哈德拉毛省西部希巴姆地区追缉可疑恐怖分子，和 5 名保镖驾车行驶时，车辆触发地雷爆炸，车上 6 人当场身亡。①

5 月 26 日，也门国防部位于中部马里卜省的一处办公地点遭一枚弹道导弹袭击，袭击造成至少 7 名士兵死亡，另有 10 人受伤。

5 月 31 日，埃及安全部队在北西奈省的反恐行动中打死 19 名恐怖分子，4 名安全部队人员在行动中身亡。②

6 月 6 日，叙利亚东北部哈塞克省发生一起汽车爆炸袭击事件，造成 8 名平民死亡、7 人受伤。

6 月 8 日，美国空军一架 C－130 运输机在伊拉克塔吉营地空军基地着陆时冲出跑道并撞上围墙，导致机体受损和小规模起火造成 4 人受伤。

6 月 8 日，叙利亚政府军和反对派武装在叙西北部发生激烈交火，双方各有人员伤亡。叙利亚哈马省西北部加卜地区的反对派武装使用汽车炸弹和自杀式袭击方式发动攻击，占据了两个政府军据点。双方持续激烈交火数小时后，政府军夺回对军事据点的控制。③

---

① 参见《也门东部地雷爆炸致 6 人死亡》，新华网，2020 年 5 月 26 日，http：//www. xinhuanet. com/。

② 参见《埃及安全部队打死 19 名恐怖分子》，海外网，2020 年 6 月 4 日，http：//www. haiwainet. cn/。

③ 参见《叙利亚政府军和反对派武装在叙西北部激烈交火》，中国青年网，2020 年 6 月 9 日，http：//www. youth. cn/。

6 月 10 日，利比亚首都的黎波里南郊发生多起地雷爆炸，造成 7 人死亡、10 人受伤。

6 月 11 日，伊拉克首都巴格达市中心“绿区”遭 1 枚“喀秋莎”火箭弹袭击，未造成人员伤亡。袭击发生后“绿区”响起警报。

6 月 13 日，伊拉克首都巴格达以北约 20 千米的塔季军事基地遭 2 枚火箭弹袭击，未造成人员伤亡。该军事基地驻扎着负责训练伊拉克部队的美军官兵。

6 月 14 日，极端组织“伊斯兰国”武装分子在伊拉克东部迪亚拉省发动袭击，致 8 死 6 伤。武装分子伤亡情况不详。

6 月 16 日，伊拉克首都巴格达国际机场遭 3 枚火箭弹袭击，但未造成人员伤亡。伊安全部队随后展开搜索，发现了被遗弃的火箭弹发射装置，并拆除了数枚未发射的火箭弹。

6 月 16 日，土耳其和俄罗斯军队在叙利亚北部伊德利卜 M4 公路进行第 17 次联合巡逻时遭遇来源不明炸弹爆炸，爆炸未造成人员伤亡。双方将根据协议内容，继续进行联合巡逻。①

6 月 18 日，伊拉克首都巴格达市中心“绿区”遭 4 枚“喀秋莎”火箭弹袭击，未造成人员伤亡。袭击发生后，伊拉克安全部队在巴格达东南部找到了火箭弹发射装置。

6 月 20 日，阿尔及利亚部队在该国西北部艾因迪夫拉省遭恐怖分子袭击，1 名士兵丧生。

6 月 22 日，伊拉克首都巴格达国际机场遭 1 枚“喀秋莎”火箭弹袭击，但未造成人员伤亡。

6 月 22 日，也门政府军在该国南部贝达省与胡塞武装发生交火，造成双方 30 人死亡、数十人受伤。

6 月 27 日，阿尔及利亚 2 名士兵在该国北部麦迪亚省执行清剿恐怖分子任务时遭爆炸物袭击身亡。

6 月 28 日，土耳其 1 名士兵在伊拉克北部与库尔德工人党武装交战时死亡，这起战斗是“虎爪行动”的一部分。

7 月 2 日，也门胡塞武装控制的西北部萨达省一处民居当天遭到空袭，

---

① 参见《土俄联合巡逻队在叙利亚北部遭遇炸弹爆炸》，新华网，2020 年 6 月 17 日，http：//www. xinhuanet. com/。

造成 2 人死亡、6 人受伤。空袭地点主要是胡塞武装在萨那的军事场所。

7 月 5 日，伊拉克首都巴格达市中心“绿区”遭到 1 枚“喀秋莎”火箭弹袭击，造成 1 名儿童受伤、1 座民房受损。伊拉克安全部队当天还在巴格达东部发现了 1 枚“喀秋莎”火箭弹和 1 套火箭弹发射装置。

7 月 11 日，什叶派民兵武装“人民动员组织”在伊东部迪亚拉省遭遇路边炸弹袭击，造成 3 死 2 伤。

7 月 14 日，土耳其和俄罗斯军队在叙利亚北部伊德利卜进行第 21 次联合巡逻时遭遇汽车炸弹袭击，未造成人员伤亡。

7 月 19 日，伊拉克首都巴格达市中心“绿区”遭火箭弹袭击，未造成人员伤亡。伊拉克联合行动指挥部发表声明说，当天下午 3 枚“喀秋莎”火箭弹落在“绿区”，其中 2 枚爆炸，1 枚未爆，袭击未造成人员伤亡。

7 月 20 日，以色列战机向叙首都大马士革南部发射多枚导弹，叙利亚防空系统击落了其中大部分导弹，另有部分导弹击中目标，造成 7 名叙利亚士兵受伤、设施损毁。

7 月 22 日，也门政府军和胡塞武装在红海城市荷台达爆发冲突，造成双方共 6 人死亡。

7 月 26 日，叙利亚东北部哈塞克省发生一起汽车爆炸袭击事件，造成 8 名平民死亡、多人受伤。

7 月 26 日，伊拉克首都巴格达南部一军火库当天因高温和存储不当发生爆炸。伊拉克内政部表示，爆炸未造成人员伤亡。

7 月 26 日，以军一架无人机当天在黎巴嫩境内坠落。这架无人机是以军在以色列与黎巴嫩边境的“蓝线”附近执行任务时坠落在黎境内的。

7 月 27 日，伊拉克首都巴格达以北约 20 千米的塔季军事基地遭 3 枚“喀秋莎”火箭弹袭击，目前尚无人员伤亡报告。伊安全部队随即在周边地区发起行动，搜寻袭击者。

8 月 6 日，美军在叙利亚东北部哈塞克省的军事基地遭到火箭弹袭击。

8 月 4 日，黎巴嫩贝鲁特港口区发生剧烈爆炸，造成多名联合国驻黎巴嫩临时部队（联黎部队）维和人员受伤，其中一些人伤势严重。[①]

8 月 6 日，也门北部焦夫省西北部一处居民区遭战机空袭，3 座民宅被

---

① 《联黎部队多名维和人员在贝鲁特港口区爆炸中受伤》，新华网，2020 年 8 月 5 日，http：//www. xinhuanet. com/。

炸毁，至少 10 人死亡，其中包括 7 名儿童，另有 12 人受重伤。

8 月 6 日，极端组织“伊斯兰国”武装分子袭击了位于伊拉克东部迪亚拉省首府巴古拜市东北方向的一处军事基地，造成 2 名士兵死亡、4 名士兵受伤。“伊斯兰国”武装分子伤亡情况不详。

8 月 7 日，黎巴嫩总统米歇尔·奥恩表示，不排除首都贝鲁特港口区爆炸是外部袭击导致的可能。

8 月 7 日，黎巴嫩真主党领袖哈桑·纳斯鲁拉坚决否认该组织曾在贝鲁特港储存武器。

8 月 9 日，黎巴嫩首都贝鲁特港口区爆炸现场的搜救行动仍在继续，但找到生还者的希望越来越渺茫。

8 月 12 日，土耳其无人机在埃尔比勒省北部的普拉杜斯特地区击中了一辆伊拉克边防部队的汽车，导致边防部队 2 名指挥官和 1 名司机死亡。边防部队第二旅旅长穆罕默德·鲁什迪和第三团团长祖贝尔·哈利在袭击中身亡。

8 月 13 日，以美国为首的国际联军的车队在伊拉克南部巴塔镇地区通过时，一具爆炸装置被引爆。

8 月 14 日，伊拉克首都巴格达国际机场遭 3 枚“喀秋莎”火箭弹袭击，但未造成人员伤亡。火箭弹击中的区域靠近一处军事基地，该基地驻有负责训练伊安全部队的美军军事顾问。

8 月 16 日，伊拉克首都巴格达市中心“绿区”遭火箭弹袭击，未造成人员伤亡。安全部队发现一个火箭弹发射器，并拆除另外 2 枚准备发射的火箭弹。

8 月 17 日，叙利亚东北部哈塞克省一处政府军检查站遭美军空袭，袭击造成 1 名士兵死亡、2 人受伤。起因是该检查站士兵禁止美军巡逻队通行。

8 月 17 日，一辆土耳其军车在叙利亚西北部伊德利卜地区参加俄土联合巡逻时遭遇爆炸袭击。袭击事件造成了物质损失，但没有造成人员死亡。

8 月 27 日，利比亚东部武装“国民军”在中部城市苏尔特袭击了民族团结政府军。“国民军”在首都的黎波里以东 450 千米的苏尔特市西部向民族团结政府军发射 12 枚火箭弹。①

8 月 28 日，也门胡塞武装使用导弹袭击也门安全部队在中部马里卜省的一处营地，造成 5 名安全部队人员死亡、约 40 人受伤。

8 月 31 日，以色列军方向叙首都大马士革南部军事目标发动导弹袭击，造成 2 人死亡、7 人受伤。叙防空系统实施拦截，大部分导弹被击落。

9 月 1 日，伊拉克北部基尔库克市发生一起汽车炸弹袭击事件，造成 1 名妇女死亡、3 名安全部队人员受伤。

9 月 2 日，以色列战机从叙南部边境的坦夫地区向叙中部霍姆斯省的 T4 军用机场发射了多枚导弹，大部分导弹都被叙利亚防空系统拦截并击落，袭击仅造成“有限的设施损毁”。

9 月 8 日，也门胡塞武装派出多架无人机，打击了沙特阿拉伯西南部城市艾卜哈的国际机场，令这一机场“瘫痪数小时”。

9 月 11 日凌晨，约旦第二大城市扎尔卡发生剧烈爆炸。爆炸可能由一座军事基地弹药库电线短路引发，暂时没有人员伤亡报告。

9 月 15 日，2 枚火箭弹从加沙地带发射至以色列境内，造成 13 名平民受伤。其中 1 枚被以军“铁穹”防御系统拦截。以色列副总理兼国防部长甘茨随后召集安全磋商会议。

9 月 15 日，英国驻伊拉克大使馆一车辆在巴格达市区遭路边炸弹袭击，未有人员伤亡。袭击事件发生在巴格达“绿区”以西的卡迪西亚区，1 枚自制的爆炸装置在路边被引爆。事件发生后，伊拉克安全部队封锁了从巴格达西部进入“绿区”的道路。

9 月 16 日，巴勒斯坦加沙地带武装派别再次向以南部发射多枚火箭弹。

9 月 23 日，利比亚 1 架运输弹药的直升机在该国中部坠毁，4 名俄罗斯瓦格纳集团的雇佣兵丧生。坠毁前直升机正飞往一个被雇佣军用作指挥室的油田。

9 月 26 日，叙利亚东北部哈塞克省发生一起汽车爆炸事件，爆炸发生在哈塞克省拉斯艾因市南入口附近的一个废料填埋场，停放在此处的 1 辆

---

① 《利比亚民族团结政府指责“国民军”在苏尔特袭击政府军》，环球网，2020 年 8 月 28 日，https：//www. huanqiu. com/。

装有爆炸物的汽车被引爆，导致包括 2 名儿童在内的 7 名平民死亡，另有 11 人不同程度受伤。

9 月 28 日，伊拉克首都巴格达国际机场附近一处民宅遭 2 枚“喀秋莎”火箭弹袭击，造成 5 人死亡、2 人受伤。

9 月 30 日，伊拉克库尔德自治区埃尔比勒国际机场遭火箭弹袭击，至少 6 枚火箭弹被拦截。这些火箭弹于晚上 8 点 30 分左右被拦截，没有造成重大破坏。有一枚火箭弹击中了伊朗 - 库尔德反对党的总部，该反对党在伊朗被禁止。

10 月 5 日，伊拉克首都巴格达市中心和巴格达国际机场遭 2 枚火箭弹袭击。火箭弹从巴格达西南部区域发射，落入市中心“绿区”旁的贾德里亚区后爆炸，造成一辆民用车辆起火。

10 月 6 日，叙利亚北部阿勒颇省发生一起汽车爆炸袭击事件，造成 17 名平民死亡、至少 40 人受伤。此外，附近建筑遭到严重破坏，多辆汽车被焚毁。

10 月 6 日，突尼斯军方 1 架直升机在该国南部坠毁，1 名飞行员遇难。事发时这架直升机正在执行军事任务。

10 月 11 日，什叶派民兵同意暂时停止袭击伊拉克境内的美国目标，前提是由美国主导的国际联盟部队按照伊拉克议会一项决议撤军。

10 月 20 日，伊拉克安全部队在该国北部基尔库克省一处乱葬坑中发现 50 多具被极端组织“伊斯兰国”杀害的人员的遗骸。这些遇难者在该地区被“伊斯兰国”占据期间遭杀害。

10 月 22 日，叙利亚宗教领袖、大马士革地区穆夫提谢赫穆罕默德·阿德南·阿菲乌尼在大马士革遭汽车爆炸袭击后身亡。袭击发生在叙利亚首都大马士革郊区库德西亚镇一座清真寺旁，阿菲乌尼乘坐的汽车被事先安装了爆炸装置。

11 月 4 日，以色列国防军在约旦河西岸城市纳布卢斯附近开枪打死 1 名巴勒斯坦男子。死者为巴勒斯坦安全部队成员。

11 月 4 日，叙利亚政府军炮击了反对派控制的伊德利卜省，造成至少 7 人死亡，包括 4 名儿童。

11 月 9 日，4 名“伊斯兰国”武装人员袭击了位于巴格达西南部拉德瓦尼亚区的一个逊尼派民兵武装哨所，造成 4 人死亡、3 人受伤。

11 月 11 日，沙特阿拉伯海滨城市吉达一座公墓发生袭击事件。当天上午，多国驻沙特外交人员在公墓参加第一次世界大战结束 102 周年纪念活动。1 名希腊驻吉达领事馆人员和 1 名沙特籍保安在袭击中受轻伤。

11 月 12 日，一架直升机在西奈半岛南部沙姆沙伊赫附近执行例行任务时发生坠机事故，8 人死亡。机上 9 人中，6 名美国军人、1 名法国军人和 1 名捷克军人在事故中丧生，1 名美国军人幸免于难，随后被送往医院接受救治。①

11 月 15 日，以色列国防军对巴勒斯坦伊斯兰抵抗运动（哈马斯）位于加沙地带的军事目标进行打击。以军出动战机、攻击直升机和坦克等，对哈马斯位于加沙地带的地下基础设施和军事哨所进行打击。

11 月 17 日，伊拉克首都巴格达市中心“绿区”遭 4 枚火箭弹袭击，造成 1 名女童死亡，另有 5 名平民受伤。

11 月 18 日，以色列对叙利亚南部发动导弹袭击，造成 3 名叙利亚军人死亡、1 人受伤。叙防空系统实施拦截并击落多枚来袭导弹。

11 月 18 日，以色列国防军在以色列占领的戈兰高地发现简易爆炸装置后，于凌晨对叙利亚南部的军事目标发动了空袭。

11 月 19 日，也门红海城市荷台达发生地雷爆炸事件，造成 3 名平民死亡。

11 月 21 日，伊拉克北部萨拉丁省的“伊斯兰国”恐怖组织发动袭击，造成至少 8 人死亡，包括 5 名安全官。“伊斯兰国”武装分子在 Almsahag 附近的一辆民用汽车中引爆了一种爆炸装置，然后在警察和伊朗支持的人民动员部队联合部队到达该地区时开火。

11 月 23 日，沙特海滨城市吉达附近一石油设施遭恐怖分子袭击爆炸起火，但未造成人员伤亡。

11 月 24 日，土耳其支持的叙利亚反对派武装和库尔德武装在叙利亚北部爆发冲突，造成至少 11 名武装分子死亡。

11 月 27 日，伊朗高级核物理学家穆赫辛·法克里扎德在首都德黑兰附近遭遇“武装恐怖分子”袭击，经抢救无效身亡。法克里扎德乘坐的汽车当天在该村一条主要街道上行驶时爆炸，随后发生枪击，造

① 参见《埃及西奈半岛发生直升机坠机事故 8 人死亡》，环球网，2020 年 11 月 13 日，https：//www. huanqiu. com/。

成多人死亡。[1]

11 月 29 日，该国北部伊拉克北部萨拉赫丁省一家小型炼油厂遭 2 枚“喀秋莎”火箭弹袭击，并引发火灾，造成轻微损失。随后，极端组织“伊斯兰国”宣称对该事件负责。

12 月 3 日，也门胡塞武装炮击也门红海城市荷台达一家工厂，造成至少 9 人死亡。工厂遭炮击后发生剧烈爆炸并燃起大火。

12 月 9 日，极端分子引爆了 2 个爆炸装置，袭击了伊拉克北部基尔库克省哈布巴兹油田内的 2 处油井，并引发火灾。此次事件系由极端组织“伊斯兰国”所为。

12 月 10 日，一辆装有大量爆炸物的汽车在叙利亚哈塞克省拉斯艾因市南入口被引爆，造成多名土耳其支持的武装人员死亡，另有多人受伤，部分伤者伤势严重。

12 月 12 日，伊拉克巴格达国际机场附近一处伊拉克军队驻地发生爆炸，但没有造成人员伤亡。

12 月 14 日，一艘停靠在该国西部吉达港的油轮，遭到一艘装满炸药的船只袭击，引发火灾，但并未造成人员伤亡。

12 月 20 日，美国驻伊拉克巴格达大使馆附近的“绿区”遭多枚火箭弹袭击。伊拉克安全部队发表声明称，袭击造成一些物质损失，但未造成人员伤亡。

12 月 25 日，巴勒斯坦加沙地带武装人员向以色列南部的阿什凯隆发射了 2 枚火箭弹，被以色列防空系统“铁穹”拦截。

第三节　中东国家主要反恐怖军事行动

纵观 2020 年，中东地区反恐怖军事行动最大的看点就是俄罗斯与美国的暗中“博弈”。作为叙利亚冲突的介入者和调停者，俄罗斯扮演着重要的角色。随着叙利亚冲突进入尾声，大规模战事的结束，俄军的军事人员依然活跃在叙利亚政府军控制区、库尔德部分控制区（如阿勒颇省曼比季

---

① 参见《伊朗高级核物理学家遭暗杀身亡细节曝光》，国际在线，2020 年 11 月 28 日，http://www.cri.cn/。

地区以及哈塞克省卡米什利等地），此外还活跃在紧邻以军和叙军对峙的戈兰高地一线、叙政府军与激进组织对峙的伊德利卜 M4 号段沿线。所以了解俄罗斯军方的通报有助于了解叙利亚局势的进展。

一、叙利亚军方宣布收复北部大面积国土

（一）行动背景

土耳其总统埃尔多安先是同俄罗斯总统普京通电话，要求俄罗斯向叙利亚政府军施压，停止向伊德利卜市进军。埃尔多安还警告叙利亚，要求其政府军在 2 月底以前撤到土耳其观察哨的后方，否则土耳其将自行决定处置。

对于叙利亚近期的紧张局势，土耳其宣称将与俄罗斯举行进一步会谈，但是双方目前还未公布会谈情况。不过，就在 2 月 10 日，土耳其国防部部长胡卢西·阿卡尔发表讲话称，如果任由伊德利卜协议被违反，反对派武装最后的堡垒伊德利卜继续受到侵犯，叙利亚西北部局势将发生改变，土耳其将随时执行“B 计划”。“B 计划”就是土耳其直接出兵干预，阻止叙利亚政府军对伊德利卜市的军事行动。

（二）行动概况

叙利亚政府军从伊德利卜东部推进和从阿勒颇南部推进的两支部队已经会师。政府军在数日内已收复数十个村镇和战略要地，目前已经包围了伊德利卜市，下一步就是直接对伊德利卜市发起总攻。

（三）行动评析

近期叙利亚政府军在俄罗斯空天军的配合下对伊德利卜省和阿勒颇省的反对派武装持续开展军事行动，取得重大战果。土耳其直接出兵阻止叙利亚政府军收复伊德利卜市，原因有以下几点：

第一，土耳其在幕后支持叙利亚反对派武装，不能眼看着他们被消灭。土耳其经营多年，在幕后支持叙利亚反对派武装，在叙利亚政府军收复全国大部分地区以后，反对派武装大部分都被赶到了伊德利卜省。如果放任叙利亚政府军进攻伊德利卜市，则土耳其在叙利亚多年培养的军事力量将会被彻底消灭，这样土耳其就不能继续利用叙利亚反对派武装牵制叙

利亚政府军了，很显然土耳其不愿意看到这样的事情发生。第二，土耳其威胁出兵阻止叙利亚政府军对伊德利卜市的收复，是为了自己的长远利益。土耳其谋求扩大在中东和伊斯兰世界的影响力和号召力，这是必经阶段。伊德利卜省相当于土耳其在叙利亚的大本营和桥头堡，如果伊德利卜省被叙利亚政府军收复了，那么土耳其不但失去了自己的仆从军，而且其在叙利亚北部地区的军事存在可能也会受到威胁。一旦叙利亚政府军收复了伊德利卜省，那么接下来就是幼发拉底河东岸地区，外国干涉力量迟早都会被赶出叙利亚，所以土耳其必须要阻止叙政府军对伊德利卜省的收复。

如果土耳其对叙利亚政府军撤军的警告不起作用，土耳其与俄罗斯的会谈也无法取得进展，那么土耳其只能自己出兵抢占伊德利卜省的重要据点，派兵增援伊德利卜市内的叙反对派武装。这正是土耳其国防部长阿卡尔所称的“如果协议持续被违反，我们将采取后备方案”。

据叙利亚人权观察组织的消息，土耳其已经向伊德利卜地区共增派1240 辆军车和 5000 名士兵。土耳其增派的军车包括主战坦克、重型火炮、装甲车、装载武器弹药以及特种兵的车辆。这说明土耳其已经为接下来可能发生的军事冲突做准备了。

二、“国际联军”将从 K - 1 军事基地撤离

以美国为首、打击极端组织“伊斯兰国”的国际联军宣布，在重新部署框架下，将从伊拉克境内基尔库克的 K1 军事基地撤离，基地将由伊拉克军方接管。

（一）行动背景

首先，随着全球新冠肺炎疫情的不断恶化，美国的海外事务规模也开始大幅萎缩。由于经常有美军士兵从美国本土前往世界各地的驻军基地，所以那些看似驻扎地没有多少确诊患者的驻外美军也并不怎么安全。其次，伊拉克反政府势力依旧高涨，美国也多次指责受到伊朗暗中支持的武装分子企图袭击美国和盟军部队，所以美军也不愿意继续被绑在 K1 空军基地内当别人的活靶子，比如再次受到伊朗攻击。最后，相关国防部官员表示，数个月前这个撤离计划就已经制订好了，美国领导的联军认为极端

组织已经在伊拉克销声匿迹，没有继续驻军的必要。但将价值 100 万美元的物资直接交给了伊拉克政府就如此匆忙离开，说明美军已经不想在这个多事之秋插手中东事务了。

（二）行动概况

在此情况下，美国国防部干脆着手在这段时间聚拢部队，收缩势力，在疫情过去之前并不想轻易插手到任何一方事务之中，因此在伊拉克掀起撤军潮。美军和联军在过去一个月内已完成三批前哨基地部队撤离伊拉克，西方各国在伊拉克的驻军已经降到了同期最低值，按照美国总统特朗普的主张，未来所有驻扎在中东的美军都将逐步撤离。就在早些时候，以美国为首的联军部队还将位于伊拉克摩苏尔的卡亚拉军事基地和伊姆军事基地直接移交给伊拉克军方处理，而多出来的各国联军要么转移到附近的基地中，要么前往伊拉克附近国家驻扎，或者干脆直接回国。

（三）行动评析

这显然不是美军的一贯作风。K1 空军基地近来一直不太平，从 2019 年 12 月下旬开始就不断遭到炸弹袭击，一名美国的军火承包商因此被炸死，这件事激起了美国和伊朗之间一系列针锋相对的矛盾。甚至引发美国直接动手袭杀伊朗高级指挥官，两国之间的全面战争差点因此爆发。而这次美军不给伊朗下次袭击出手的机会了，直接从 K1 空军基地开溜，把偌大的基地留给伊拉克安全部队驻守。

事实上最近美军一直在严防伊朗发动军事袭击，由于伊朗国内新冠肺炎疫情严重，医疗系统濒临崩溃，美军估计伊朗军方可能会采取“转移视线”的方式来缓解国内矛盾，比如对驻扎在邻国伊拉克的各国联军动手，而 K1 空军基地就将首当其冲遭殃，所以撤走一了百了。

三、其他反恐怖军事行动

1 月 1 日，伊朗最高领袖大阿亚图拉阿里·哈梅内伊强烈谴责美军空袭伊拉克什叶派民兵团体目标，说“伊朗政府、国家和他本人”强烈谴责美方空袭传达出的“恶意”。①

1 月 1 日，也门胡塞武装释放了 6 名沙特阿拉伯籍战俘。胡塞武装要求沙特主导的多国联盟采取对等行动，释放胡塞武装人员。

1 月 1 日，土耳其议会决定于次日举行紧急会议，就土耳其出兵利比亚的议案进行表决。

1 月 2 日，土耳其议会召开紧急会议，通过授权土耳其政府向利比亚部署军队的议案。

1 月 2 日，利比亚国家高等委员会发表声明，对土耳其议会当天通过授权土耳其政府向利比亚部署军队的议案表示欢迎。

1 月 2 日，土耳其总统埃尔多安与美国总统特朗普通电话，讨论利比亚和叙利亚局势等问题。

1 月 2 日，美国国防部长埃斯珀表示，若有必要，美军将对伊拉克什叶派武装采取先发制人行动，以保护美方利益。

1 月 3 日，以色列国防军发布了 2019 年打击境外敌对目标的相关情况，其中共打击加沙地带约 900 个目标以及叙利亚境内 54 个目标。

1 月 3 日，美军称其准备向中东地区增派约 3000 名士兵以应对地区威胁。同日，五角大楼发言人在一份声明中说，美军第 82 空降师的快速反应旅此前已处于战备状态，目前该旅的一个营已被部署至中东，该旅其余部队将部署至科威特。②

1 月 3 日，美军对位于巴格达附近的“两处与伊朗有关的目标”实施了空袭。

1 月 3 日，就美军炸死伊朗伊斯兰革命卫队下属“圣城旅”指挥官卡西姆·苏莱曼尼，伊朗方面回应称将在国际层面诉诸法律，让美国承担责任。

1 月 4 日，埃及海军在地中海举行两栖作战演习。埃及防空部队、空降兵和特种部队也参加了当天的演习，演习中出动了“西北风”级两栖攻击舰、209 型潜艇、F－16 战斗机等。③

---

① 参见《伊朗最高领袖谴责美军空袭 讽刺特朗普缺乏逻辑》，海外网，2020 年 1 月 3 日，http：//www. haiwainet. cn/。

② 参见《美媒：美国将向中东增派约 3000 名士兵》，环球网，2020 年 1 月 4 日，https：//www. huanqiu. com/。

③ 《埃及海军在地中海举行两栖作战演习》，新华网，2020 年 1 月 5 日，http：//www. xinhuanet. com/。

1 月 4 日，利比亚国民代表大会投票通过与土耳其断交的决定，并拒绝承认利比亚民族团结政府与土耳其签署的有关地中海“海事管辖权”的谅解备忘录。

1 月 4 日，伊朗总统鲁哈尼与土耳其总统埃尔多安通电话。鲁哈尼表示，如果我们对美国的错误行为不采取一致的立场，那么巨大的危险将威胁到我们的地区。我们必须对愚蠢的行为做出反应，毫无疑问，对侵略者的沉默会使他们胆大妄为。在提到叙利亚问题时，他表示，将继续在伊朗、土耳其和俄罗斯国家元首的框架内努力帮助解决叙利亚问题。土耳其总统对苏莱曼尼的遇难表示哀悼，另外他强调说：“外国干预和区域冲突阻碍了中东地区实现和平与稳定，我们绝不能允许这种行动对该地区的和平与稳定构成威胁。”

1 月 4 日，美国总统特朗普警告伊朗称，若其袭击美方人员或设施，美方将对伊朗 52 个目标实施迅猛打击。

1 月 4 日，伊朗伊斯兰革命卫队司令侯赛因·萨拉米少将称，伊朗高级将领苏莱曼尼被美国刺杀，将标志着美国在该地区存在的终结。

1 月 4 日，有美军驻扎的伊拉克萨拉赫丁省拜莱德空军基地及美国驻伊拉克大使馆所在的巴格达“绿区”遭炮弹袭击。

1 月 5 日，伊拉克国民议会举行特别会议，通过了有关结束外国军队驻扎的决议。

1 月 5 日，利比亚国民代表大会宣布与土耳其断交后，土耳其总统埃尔多安宣布，土方正在逐渐向利比亚派兵以支持其合法政府，他同时呼吁各方管控地区缓和紧张态势避免局势失控。

1 月 5 日，伊朗政府宣布进入中止履行伊核协议的第五阶段即最后阶段，放弃伊核协议中的最后一项关键限制，即“对离心机数量的限制”。

1 月 5 日，美军在伊拉克领土上公然击杀伊朗高级将领苏莱曼尼，伊拉克看守政府总理阿卜杜勒－迈赫迪和国民议会作出姿态强硬的回应，明言要求“外国军队”撤出伊拉克领土。

1 月 6 日，利比亚“国民军”宣布从民族团结政府手中夺取港口城市苏尔特。夺取苏尔特市的整个行动不超过 3 个小时。

1 月 6 日，俄罗斯国防部长绍伊古与伊朗武装力量总参谋长巴盖里通电话讨论地区局势。双方一致表示，美国空袭导致伊朗伊斯兰革命卫队下属“圣城旅”指挥官卡西姆·苏莱曼尼死亡事件发生后，应防止叙利亚和中东地区的局势进一步恶化。

1月6日，美国国防部称，美国关于驻伊拉克美军的政策并无变化，目前没有从伊拉克撤军的计划。

1月6日，国际评级机构标准普尔（标普）发布一份关于大宗商品市场前景的报告说，伊朗军方高级指挥官卡西姆·苏莱曼尼遭美军空袭身亡事件预计不会导致海湾地区爆发“直接、全面军事冲突”。

1月6日，以色列总理内塔尼亚胡表示，以方未参与暗杀伊朗伊斯兰革命卫队下属“圣城旅”指挥官卡西姆·苏莱曼尼的行动。

1月7日，伊朗议会通过紧急动议，将美国军队和五角大楼列为恐怖组织。伊朗此举是回应美国空袭炸死伊朗高级将领卡西姆·苏莱曼尼。

1月7日，美国国防部发表声明，证实伊朗针对驻有美军的伊拉克军事基地发射了“至少12枚”导弹，美方正在对袭击事件进行评估并考虑如何应对。①

1月8日，伊朗伊斯兰革命卫队向驻有美军的伊拉克阿萨德空军基地发射了“数十枚导弹”，目前尚未有人员伤亡的报道。

1月8日，伊朗表示，作为报复行动，已向驻有美军的伊拉克军事基地发射数十枚导弹。

1月8日，伊拉克看守政府总理阿卜杜勒-迈赫迪说，伊朗当天向驻有美军的伊拉克基地发射导弹前，曾就这一情况通知了他本人，但未透露空袭基地的具体地点。

1月8日，美军从叙利亚东北部哈塞克省两个基地撤出，约40辆载有武器装备的卡车从哈塞克省东北部马利基耶地区一处美军基地撤出，另有50辆装有武器和补给的卡车从该省南部舍达迪市一处美军基地撤出。两批美军正向哈塞克省东部叙利亚和伊拉克边境地区集结，准备进入伊拉克境内。②

1月8日，伊拉克总统巴尔哈姆·萨利赫谴责伊朗的导弹袭击行动，

---

① 参见《美国防部证实伊朗向美军驻伊拉克军事基地发射导弹》，中国新闻网，2020年1月8日，https://www.chinanews.com/。

② 参见《叙利亚媒体：美军撤离叙东北部两个基地前往伊拉克》，人民网，2020年1月9日，http://www.people.com.cn/。

呼吁各方保持克制，优先考虑对话，不要将该地区拖入战争。

1 月 8 日，土耳其总统埃尔多安在伊斯坦布尔与到访的俄罗斯总统普京举行会谈并发表联合声明。双方呼吁利比亚交战方自本月 12 日零时起停火，通过谈判解决危机。

1 月 8 日，美国总统特朗普说，伊朗对驻有美军的伊拉克军事基地的袭击未造成美方人员伤亡，美国将对伊朗实施新的经济制裁，但也愿与伊方就共同利益合作。

1 月 8 日，利比亚武装力量“国民军”宣布，将扩大利比亚首都的黎波里周边地区“禁飞区”的范围。

1 月 8 日，美国表示，伊朗此前袭击驻有美军的伊拉克军事基地时共发射 16 枚短程弹道导弹。

1 月 8 日，澳大利亚表示，尽管伊朗对在伊拉克的美国基地进行了导弹袭击，但澳大利亚不会从伊拉克撤军，仍将继续在伊拉克执行军事任务。

1 月 8 日，叙利亚外交部发表声明说，面对美国的威胁和攻击，伊朗有权自卫，对此叙利亚向伊朗人民表示支持。

1 月 9 日，利比亚民族团结政府对土耳其总统埃尔多安和俄罗斯总统普京呼吁在利比亚首都的黎波里实现停火表示欢迎。

1 月 9 日，也门政府和南方过渡委员会的代表在沙特阿拉伯首都利雅得签署协议，一致同意从也门临时首都亚丁撤出各自的军队。

1 月 9 日，伊朗否认乌克兰国际航空公司客机在德黑兰失事与伊朗向美军驻伊拉克基地发射导弹有关。

1 月 10 日，美国表示，美方如派代表团前往伊拉克，将不会和伊方讨论美军撤离问题。

1 月 10 日，伊拉克总理阿迪勒·阿卜杜勒-迈赫迪要求美国国务卿派代表团前往伊拉克，商讨制定美国从伊拉克撤军的机制。

1 月 11 日，伊朗伊斯兰革命卫队发表声明说，对 8 日击落乌克兰客机事件负责。

1 月 11 日，利比亚武装力量“国民军”宣布，只要利比亚民族团结政府军队遵守停火，“国民军”将自次日零时起停止在利比亚西部的军事行动。

1 月 11 日，俄罗斯总统普京与到访的德国总理默克尔在莫斯科举行会谈后表示，希望中东地区的事态不会发展为大规模军事冲突。双方同时呼吁应继续遵守伊朗核问题全面协议。

1 月 12 日，英国首相鲍里斯 · 约翰逊与德国总理默克尔表示，两国致力于维护伊朗核问题全面协议的承诺不变。

1 月 12 日，卡塔尔埃米尔塔米姆访问伊朗，与伊朗总统鲁哈尼举行会谈，商讨近期地区局势。双方同意增进沟通与协商，加强海湾地区的安全。

1 月 12 日，也门政府官员表示，也门政府和南方过渡委员会当天交换了 53 名战俘。

1 月 12 日，以色列国防部发表声明说，以色列完成了新一代“铁穹”防御系统的系列测试，拦截率达到 100% 。

1 月 12 日，利比亚冲突双方开始执行由土耳其和俄罗斯方面所提的停火倡议，但数小时后指认对方破坏停火。

1 月 13 日，利比亚开始“微弱”停火。

1 月 13 日，也门政府和南方过渡委员会都表示拒绝按照协议从也门南部地区撤军。

1 月 13 日，利比亚冲突双方在俄首都莫斯科就利比亚内战停火问题举行的谈判取得了一定进展。

1 月 14 日，利比亚冲突双方在莫斯科举行谈判后同意继续停火。

1 月 15 日，伊拉克外长哈基姆与到访的卡塔尔副首相兼外交大臣穆罕默德 · 本 · 阿卜杜勒拉赫曼 · 阿勒萨尼举行会谈，双方商讨了缓和地区紧张局势等问题。

1 月 15 日，也门政府军和南方过渡委员会已开始从也门南部阿比扬省撤军，以执行此前签署的协议。

1 月 16 日，以色列空军正式组建第二个 F－35 战机中队。

1 月 17 日，俄罗斯代理外交部长拉夫罗夫表示，希望利比亚冲突各方维持停火。

1 月 16 日，在伊朗对伊拉克境内驻有美军的军事基地发动袭击后，多名美军士兵出现脑震荡症状，其中 11 人被送至德国和科威特进行治疗和护理。

1 月 17 日，伊朗最高领袖哈梅内伊敦促涉事各方尽快查清乌克兰客机坠毁事故，并严厉谴责美国针对伊朗高级将领的刺杀行动。

1月18日，伊拉克外长哈基姆与到访的约旦外交大臣萨法迪在巴格达举行会谈，双方讨论了缓和地区紧张局势和打击恐怖主义等问题。

1月19日，利比亚问题柏林峰会在德国总理府召开。与会各方同意遵守对利比亚武器禁运，并共同促使冲突各方将停火转化为长久和平。

1月19日，叙利亚武装分子试图用无人机攻击俄罗斯驻叙利亚的赫梅米姆空军基地，基地防空系统击毁了目标，袭击未对基地造成损失。

1月20日，俄罗斯外交部副部长里亚布科夫呼吁伊朗不要做出退出《不扩散核武器条约》的草率举动。

1月22日，埃及和沙特阿拉伯海军在红海埃及领海内开展代号为“米尔詹16”的联合演习。

1月23日，也门政府军在南部达利阿省与胡塞武装发生武装冲突，造成双方10人死亡。

1月25日，以军出动战机轰炸了巴勒斯坦伊斯兰抵抗运动（哈马斯）位于加沙地带南部的多个军事目标。

1月25日，叙利亚政府军对聚集在北部阿勒颇省首府阿勒颇市西郊的反对派武装发动大规模炮击，摧毁多处防御工事，“使恐怖分子在阿勒颇西部的防线大范围崩溃”。①

1月29日，隶属于摩洛哥海军的海岸警卫队在地中海救起210名偷渡者。

1月29日，叙利亚军方宣布收复叙北部伊德利卜省战略重镇马雷特努曼。

1月29日，阿尔及利亚反恐部队逮捕1名企图在首都阿尔及尔实施自杀爆炸的恐怖分子。

1月30日，俄罗斯总统普京与以色列总理内塔尼亚胡在莫斯科就美方日前公布的所谓推动解决巴勒斯坦与以色列问题的“世纪协议”等举行会谈。

1月30日，美国国会众议院通过2项议案以限制特朗普政府对伊朗采取军事行动。

2月1日，阿拉伯联盟（阿盟）在埃及首都开罗召开紧急外长会议，

---

① 《叙政府军向阿勒颇西郊反对派武装发动猛烈炮击》，国际在线，2020年1月26日，http：//www. cri. cn/。

会后发表公报，宣布拒绝接受美国政府提出的“中东和平新计划”，支持巴勒斯坦合法权利。

2 月 2 日，也门政府军在红海城市荷台达击落一架胡塞武装无人机。

2 月 3 日，土耳其开始对叙利亚北部伊德利卜省的叙利亚政府军展开“报复性”军事打击。

2 月 3 日，伊拉克外长哈基姆与到访的比利时外交与国防大臣菲利普·戈芬在巴格达举行会谈，讨论了双边关系以及打击恐怖主义等问题。

2 月 4 日，摩洛哥中央司法调查局捣毁一个与极端组织“伊斯兰国”有关联的团伙，抓获该团伙全部 6 名成员。

2 月 4 日，以色列国防军发布声明说，以军 3 个月前挫败了巴勒斯坦伊斯兰抵抗运动（哈马斯）的一起海上武器走私。

2 月 5 日，土耳其总统埃尔多安要求叙利亚政府军 2 月底前从伊德利卜省战场后撤，否则土方将“自己动手”。

2 月 9 日，以色列总理内塔尼亚胡表示，以色列已做好“强有力”打击加沙地带的准备。

2 月 9 日，叙利亚军方宣布收复叙北部伊德利卜省和阿勒颇省超过 600 平方千米土地。

2 月 9 日，埃及军方在埃及北西奈省打死 10 名恐怖分子，并摧毁了恐怖分子使用的车辆。军方随后展开行动，搜捕在逃的恐怖分子。

2 月 10 日，以色列国防军出动战机对加沙地带南部汗尤尼斯和代尔拜拉赫两地的巴勒斯坦武装组织目标实施空袭。空袭未造成人员伤亡。

2 月 10 日，叙利亚政府军在叙北部伊德利卜省对土军进行炮击，造成 5 名土耳其士兵丧生。土方表示将密切监测事态发展并采取必要措施。

2 月 10 日，也门政府军在西南部塔伊兹省的战斗中击毙 13 名胡塞武装人员。

2 月 10 日，俄罗斯代表团与土耳其总统府发言人卡林举行会谈，双方就叙利亚伊德利卜地区紧张局势升级进行了讨论。

2 月 11 日，以色列海军向在加沙地带海域作业的一些巴勒斯坦渔船射击，未造成人员伤亡，也无渔民被捕。

2 月 11 日，埃及安全部队在北西奈省阿里什市打死 17 名恐怖分子，并缴获一批自动枪械和爆炸装置。

2 月 12 日，伊拉克安全部队在伊拉克西部发起清剿极端组织“伊斯兰国”残余分子的军事行动。

2 月 12 日，俄总统普京应约与土耳其总统埃尔多安通电话，磋商了叙利亚伊德利卜局势等问题。

2 月 13 日，阿曼与英国两国军队在距阿曼首都马斯喀特 170 千米的南部山区举行代号为“山区风暴”的联合军事演习。

2 月 14 日，驻伊拉克美军部队和伊拉克安全部队的联合行动恢复正常。

2 月 14 日，叙利亚防空部队击落多枚以色列军队发射的“敌方导弹”。防空系统监测到来自以色列控制的戈兰高地的“敌方导弹”后立即实施拦截，多枚导弹在命中目标前被击落。

2 月 14 日，叙利亚政府军全面控制了首都大马士革和北部重镇阿勒颇之间的公路。这是叙利亚政府军 8 年来首次全面控制这一战略要道。

2 月 15 日，俄罗斯外长拉夫罗夫与土耳其外长恰武什奥卢在德国慕尼黑出席第 56 届慕尼黑安全会议期间举行会谈，着重就叙利亚问题进行磋商。

2 月 15 日，伊拉克反恐部队在该国东北部山区对极端组织“伊斯兰国”据点实施打击，共打死 10 名武装分子。[①]

2 月 15 日，土耳其总统埃尔多安表示，土耳其“无意入侵或吞并叙利亚领土”，但要求叙政府军马上从土耳其在叙伊德利卜设立的观察点附近撤退。

2 月 16 日，也门政府与胡塞武装代表在约旦首都安曼就大规模交换战俘达成协议，以进一步落实双方此前在斯德哥尔摩达成的相关协议。

2 月 16 日，美国总统特朗普与土耳其总统埃尔多安通电话，警告他继续干预利比亚问题只会进一步破坏局势。

2 月 18 日，由联合国斡旋的利比亚联合军事委员会第二轮会谈在日内瓦举行。

2 月 20 日，也门政府军在红海城市荷台达上空击落一架胡塞武装无人机。

2 月 21 日，沙特防空部队拦截了也门胡塞武装向沙特平民区发射的弹

---

① 参见《伊拉克反恐部队打死 10 名“伊斯兰国”武装分子》，新华社，2020 年 2 月 16 日，http：//www. xinhuanet. com/。

道导弹。

2 月 21 日，也门政府军在也门红海城市荷台达郊外的沿海地区引爆了 1500 余枚胡塞武装埋设的地雷。

2 月 21 日，沙特阿拉伯领导的多国联军拦截数枚发自也门、以沙特数座城市为目标的弹道导弹。二十国集团（G20）财政部长和中央银行行长会议即将在沙特首都利雅得召开。

2 月 23 日，沙特阿拉伯领导的多国联军摧毁了也门胡塞武装设在萨那存放弹道导弹和无人机的数个仓库。

2 月 23 日，沙特阿拉伯领导的多国联军挫败了也门胡塞武装用一艘装有爆炸物的船只在红海发动袭击的企图。

2 月 24 日，以色列战机对加沙地带南部“巴勒斯坦伊斯兰圣战组织”（杰哈德）军事目标实施空袭。这些设施用于储存该组织制作火箭弹的原料。

2 月 24 日，加沙武装人员恢复向以色列南部密集发射火箭弹。以色列总理内塔尼亚胡警告“巴勒斯坦伊斯兰抵抗运动”（哈马斯）领导人，如果新一轮火箭弹攻击继续，以色列将开战。

2 月 25 日，伊拉克反恐部队在伊北部萨拉赫丁省对极端组织“伊斯兰国”残余分子发起清剿行动，打死了 39 名武装分子。

2 月 28 日，联合国秘书长古特雷斯呼吁叙利亚冲突各方在局势完全失控之前立即停火。

2 月 29 日，土耳其总统埃尔多安表示，土耳其将继续对叙利亚北部政府军目标进行打击，俄罗斯方面应回避土叙冲突，停止对叙利亚政府军的支持。

3 月 1 日，叙利亚军方宣布关闭该国西北部地区特别是伊德利卜省空域。叙利亚军队将视任何进犯该空域的飞机或无人机为敌对目标，并予以击落。

3 月 1 日，土军在叙利亚伊德利卜省对叙政府军发起代号为“春天之盾”的军事行动，以回应 2 月 27 日导致土军重大伤亡的袭击。①

3 月 2 日，叙利亚外交部发表声明谴责土耳其在叙境内发动军事行动，

---

① 参见《土耳其对叙政府军发起“春天之盾”军事行动》，国际在线，2020 年 3 月 2 日，http：//www. cri. cn/。

称叙利亚军队将坚决回击“土耳其侵略”。

3 月 2 日，俄罗斯军警进驻叙西北部伊德利卜省的萨拉基卜市。

3 月 3 日，土耳其外长与英国外交大臣双方讨论了土耳其在叙利亚伊德利卜省的军事行动以及难民潮等问题。

3 月 3 日，土耳其军方继续其“春天之盾”军事行动，当天击落叙利亚政府军一架 L－39 型战机。这是土军自 1 日以来击落的第三架叙利亚战机。

3 月 4 日，土耳其总统埃尔多安向美国总统唐纳德·特朗普寻求军火支持。

3 月 5 日，以色列军方向叙利亚中部地区发射多枚导弹，导弹未击中目标。

3 月 5 日，俄罗斯、土耳其双方领导人就叙利亚伊德利卜省停火问题达成协议。

3 月 10 日，土耳其外长表示，土耳其和俄军将依据 5 日达成的协议，在叙利亚西北部伊德利卜省的 M4 公路南北两侧各 6 千米范围展开联合巡逻。土方届时巡逻这一“安全走廊”的北侧，俄方巡逻南侧。

3 月 11 日，土耳其武装部队首个中文培训班在安卡拉正式开班。

3 月 12 日，伊朗最高领袖哈梅内伊令伊朗武装力量成立“医疗卫生总部”，加强国家抗击新冠肺炎疫情的工作。

3 月 12 日，美军对什叶派武装组织“真主旅”在伊拉克境内多处设施实施了打击，作为对什叶派武装 11 日袭击伊拉克塔季军事基地并造成美军伤亡的报复。

3 月 13 日，伊拉克南部什叶派武装组织多处设施遭美军袭击，造成 6 人死亡。

3 月 13 日，土耳其和俄罗斯代表团就叙利亚西北部伊德利卜省停火细节达成了一致。

3 月 13 日，美国中央司令部司令肯尼思·麦肯齐表示，美国正在中东地区加强军事戒备以应对地区紧张局势。

3 月 14 日，也门政府军与胡塞武装在塔伊兹省东部地区发生交火，造成 11 人死亡。政府军在声明中指责胡塞武装蓄意挑起冲突、推动地区局势升级。

3 月 15 日，土耳其与俄罗斯军队沿叙利亚西北部伊德利卜省 M4 公路进行了首次联合巡逻。

3 月 15 日，也门政府军与胡塞武装在红海城市荷台达发生交火，打死 6 名胡塞武装人员。

3 月 16 日，埃及安全部队在北西奈省打死 6 名恐怖分子，并缴获一批自动枪械和爆炸装置。

3 月 16 日，国务卿迈克·蓬佩奥敦促伊拉克看守政府总理阿迪勒·阿卜杜勒—迈赫迪确保驻伊美军及其盟友驻军的安全，否则将采取更多“自卫”行动。

3 月 20 日，俄总统普京与叙利亚总统巴沙尔通电话，讨论了当前的叙利亚局势。普京和巴沙尔还讨论了俄罗斯向叙利亚提供人道主义援助和叙国内政治和谈进程等问题。

3 月 23 日，俄国防部长绍伊古访问叙利亚，与叙总统巴沙尔讨论俄对叙进行人道主义援助等问题。

3 月 26 日，以色列国防军击落 1 架进入以色列领空的黎巴嫩真主党无人机。目前飞机残骸在以军手中。

3 月 28 日，沙特阿拉伯防空部队在首都利雅得和南部港口城市吉赞上空成功拦截并摧毁了也门胡塞武装发射的 2 枚弹道导弹。①

3 月 29 日，以美国为首的打击极端组织“伊斯兰国”的国际联军宣布，在重新部署框架下，将从伊拉克境内基尔库克的 K1 军事基地撤离，基地将由伊拉克军方接管。

3 月 30 日，沙特阿拉伯主导的多国联军对也门胡塞武装的军事目标实施打击。被摧毁的目标包括胡塞武装的导弹和无人机组装地点以及武器库等。

3 月 31 日，以色列军方向叙中部霍姆斯省发动导弹袭击，叙防空系统拦截了多枚导弹。

4 月 1 日，俄罗斯总统普京和土耳其总统埃尔多安通电话，讨论了叙利亚等问题。

4 月 4 日，利比亚“国民军”击落了 1 架从米苏拉塔机场起飞的土耳其飞机。

---

① 参见《沙特成功拦截也门胡塞武装导弹》，人民网，2020 年 3 月 30 日，http：//www.people.com.cn/。

4 月 5 日，沙特阿拉伯主导的多国联军和也门胡塞武装互相指认对方袭击也门中部省份马里卜的一个输油管道泵站。

4 月 5 日，土耳其军方将限制土军在叙利亚的军事行动和人员流动，所有军人进出营地均需事先得到最高司令批准。暂不清楚数以千计驻叙土军中是否有确诊新冠病例，土耳其官方没有公开相关情况。①

4 月 10 日，伊拉克境内的美军事基地安装了新的防空系统，目的是为了保护驻扎在那里的美军和联军。最近数月，伊朗扶持的反政府武装频繁袭击驻伊拉克军队。

4 月 11 日，多名联合国中东地区特使发表联合声明，呼吁中东地区冲突各方停火，通过对话化解分歧，共同抗击新冠肺炎疫情。

4 月 13 日，伊拉克安全部队对极端组织“伊斯兰国”武装分子在伊北部基尔库克省一处藏匿点实施打击，打死 23 名武装分子。

4 月 15 日，土耳其战机越境空袭伊北部库尔德人难民营，并造成 2 名妇女死亡。

4 月 15 日，多艘伊朗伊斯兰革命卫队船艇在海湾水域接近美军船艇，最近距离不到 10 米。

4 月 17 日，土耳其安全部队在伊拉克北部打死了 18 名库尔德工人党成员。

4 月 22 日，伊朗首颗军用卫星的成功发射，说明该国在导弹技术领域已经取得了重大突破，能够帮助德黑兰在不久的未来制造国产洲际弹道导弹。

4 月 25 日，也门政府军和胡塞武装在也门南部达利阿省发生武装冲突，造成 16 人死亡。②

4 月 27 日，沙特阿拉伯主导的多国联军敦促也门所有各方停止敌对行动的升级，呼吁也门南部恢复到之前状态。

4 月 29 日，利比亚东部武装“国民军”在斋月期间停止军事行动。但是将对任何违反停火行动的行为予以反击。利比亚民族团结政府尚未对此

---

① 《预防疫情　土军限制在叙行动》，新华社，2020 年 4 月 7 日，http：//www. xinhuanet. com/。

② 《也门政府军与胡塞武装交火致 16 人死亡》，新华社，2020 年 4 月 25 日，http：//www. xinhuanet. com/。

做出回应。

4 月 30 日，利比亚民族团结政府拒绝利比亚东部武装“国民军”提出的斋月期间人道主义停火。

5 月 3 日，埃及安全部队在北西奈省比尔阿卜德市打死 18 名恐怖分子。缴获 13 支自动步枪、3 枚炸弹和 2 条有爆炸物的腰带。①

5 月 5 日，俄罗斯和土耳其两国军警开始在叙利亚北部进行联合巡逻，这是双方在叙利亚北部开展的第 8 次联合巡逻。

5 月 5 日，埃及从德国购买的第三艘 209 型潜艇经过 20 天航行后，抵达了埃及亚历山大海军基地，正式入列埃及海军，舷号为 S43。

5 月 12 日，土耳其和俄罗斯军队在叙利亚西北部伊德利卜省进行了第 10 次联合巡逻。

5 月 14 日，联合国安理会一致通过决议，将联合国阿卜耶伊临时安全部队（联阿安全部队）的任期延长至 2020 年 11 月 15 日。

5 月 15 日，埃及军方在北西奈省的一次行动中打死 7 名恐怖分子。

5 月 18 日，利比亚民族团结政府从利比亚东部武装“国民军”手中夺回瓦提耶空军基地。这是自 2014 年利比亚持续冲突以来，民族团结政府首次夺回该基地。

5 月 18 日，中国在安理会叙利亚政治进程问题视频公开会上发言，呼吁各方坚持政治解决叙利亚问题。

5 月 19 日，伊拉克安全部队和警方在该国迪亚拉省和萨拉赫丁省发起清剿极端组织“伊斯兰国”残余分子的行动，共打死 8 名武装分子。

5 月 20 日，伊拉克国家情报局发表声明，极端组织“伊斯兰国”高级别头目阿卜杜勒 – 纳赛尔 · 卡达什被逮捕。②

5 月 20 日，俄罗斯外长拉夫罗夫与土耳其外长恰武什奥卢通电话，讨论叙利亚和利比亚等问题。

5 月 23 日，埃及安全部队在北西奈省的一次突袭行动中打死 21 名恐怖分子，挫败了他们在开斋节期间制造恐怖袭击的图谋。

---

① 参见《埃及安全部队打死 18 名恐怖分子》，环球网，2020 年 5 月 3 日，https：//www. huanqiu. com/。

② 参见《伊拉克情报机构宣布抓获 1 名“伊斯兰国”高级别头目》，新华网，2020 年 5 月 21 日，http：//www. xinhuanet. com/。

5 月 27 日，沙特主导的多国联军击落也门胡塞武装向沙特南部边境放飞的数架无人机。

5 月 27 日，土耳其军队在伊拉克北部多地展开军事行动，共打死 10 名库尔德武装人员。

5 月 28 日，新任司令意大利海军少将埃托尔·索奇（Ettore · Socci）将接手指挥欧盟地中海海军部队打击利比亚武器走私的军事行动。核心任务是通过检查往来地中海公海的可疑船只，落实联合国对利比亚的武器禁令，打击利比亚愈演愈烈的武器走私。

5 月 29 日，俄罗斯计划扩大驻叙利亚军事基地，将就相关问题与叙方展开谈判。

5 月 30 日，俄罗斯向叙利亚交付一批米格 -29 战斗机。

6 月 1 日，沙特阿拉伯主导的多国联军击落也门胡塞武装向沙特西南边境放飞的两架无人机。

6 月 1 日，利比亚冲突双方同意重新启动停火谈判。

6 月 2 日，以色列航空航天工业公司成功试射一种新型弹道导弹，能够击中 400 公里范围内的目标。

6 月 3 日，利比亚民族团结政府军方从利比亚东部武装“国民军”手中夺回了首都的黎波里国际机场。

6 月 4 日，美国主导的打击极端组织“伊斯兰国”国际联盟空袭了位于伊拉克北部的“伊斯兰国”武装藏身处，打死了 19 名武装分子。

6 月 4 日，利比亚民族团结政府军方控制了整个的黎波里，东部武装“国民军”已从首都地区全部撤离。

6 月 5 日，利比亚民族团结政府军方从利东部武装“国民军”手中夺回泰尔胡奈市。泰尔胡奈市据称是“国民军”在利比亚西部的最后一个主要据点。①

6 月 6 日，利比亚民族团结政府麾下武装继续向东追击东部武装“国民军”。同一天，埃及总统阿卜杜勒 - 法塔赫·塞西在埃及首都开罗与到访的利比亚东部势力领导人召开联合新闻发布会，提出多项和平倡议。

---

① 《利比亚民族团结政府宣布收复“国民军”在西部最后主要据点》，新华网，2020 年 6 月 6 日，http：//www. xinhuanet. com/。

6 月 7 日，也门政府军与胡塞武装在中部马里卜省发生交火，目前已至少造成 12 人死亡、数十人受伤。

6 月 8 日，土耳其总统埃尔多安与美国总统特朗普通电话，讨论利比亚局势等问题。

6 月 8 日，利比亚民族团结政府拒绝埃及所提和平倡议，继续向东追击“国民军”武装，但攻势在中部港口城市苏尔特遇阻。同一天，阿拉伯联合酋长国和俄罗斯表示支持埃及的和平倡议。

6 月 10 日，土耳其国防部长阿卡尔表示，土耳其试图与希腊通过对话解决地中海主权争端问题。

6 月 11 日，伊拉克和美国通过视频方式举行战略对话首次会议，就双边关系、反恐和驻伊美军等议题进行了讨论。

6 月 11 日，土耳其军队在地中海进行了军事演习。共有 17 架飞机和 8 艘护卫舰参加演习。演习持续 8 小时，还包括空中加油和海空联合训练。

6 月 11 日，美国和伊拉克启动战略对话，讨论双边关系各领域议题。依据两国发布的联合声明，美国承诺今后数月从伊拉克撤军。

6 月 13 日，沙特阿拉伯领导的多国联军战机空袭了胡塞武装在也门中部马里卜省的据点。

6 月 13 日，沙特阿拉伯主导的多国联军拦截也门胡塞武装向沙特南部边境发射的 1 枚弹道导弹。

6 月 14 日，土耳其对伊拉克北部多地的库尔德工人党武装发动了代号为“鹰爪行动”的军事行动。

6 月 15 日，沙特阿拉伯主导的多国联军拦截并摧毁了也门胡塞武装向沙特西南边境放飞的一架携带炸弹的无人机。

6 月 15 日，以色列国防军轰炸了“巴勒斯坦伊斯兰抵抗运动”（哈马斯）位于加沙地带的军事目标。

6 月 16 日，也门首都萨那遭沙特阿拉伯领导的多国联军战机多次空袭。

6 月 16 日，沙特主导的多国联军拦截并摧毁也门胡塞武装向沙特西南边境城市发射的一枚弹道导弹。

6 月 17 日，土耳其突击部队对伊拉克北部库尔德工人党武装发动代号为“虎爪行动”的军事行动。

6 月 17 日，美国政府宣布对与叙利亚相关的 39 个实体和个人实施制裁，以进一步向叙政府施压。叙利亚外交部随后对美方制裁予以谴责，认为这是“新形式的恐怖主义”。

6 月 19 日，国际原子能机构通过的有关伊核准入问题决议“无建设性”。该决议要求伊朗和国际原子能机构全面合作，向国际原子能机构提供两处地点的核查准入。

6 月 22 日，以色列国防部发布的数据显示，2019 年以色列国防产品出口额达 72 亿美元。这一数据与 2018 年的 75 亿美元相比略有下降。

6 月 23 日，沙特主导的多国联军拦截并摧毁也门胡塞武装向沙特首都利雅得发射的一枚弹道导弹。

6 月 25 日，以色列总理内塔尼亚胡表示伊朗军队必须离开叙利亚，以色列正在不断采取行动打击伊朗及其代理人在叙利亚扩张军事势力的企图。

6 月 25 日，伊拉克军方出动反恐精英部队，突袭什叶派民兵武装“真主旅”位于首都巴格达南部的总部，抓走至少十几人。

6 月 26 日，伊拉克反恐部队在伊北部萨拉赫丁省对极端组织“伊斯兰国”残余分子发起清剿行动，打死了 24 名武装分子。

6 月 26 日，以色列国防军轰炸了“巴勒斯坦伊斯兰抵抗运动”（哈马斯）位于加沙地带的军事目标。

6 月 29 日，土耳其军队在伊拉克北部的“虎爪行动”中打死了 41 名库尔德工人党武装人员，并缴获大量武器弹药。

6 月 29 日，沙特阿拉伯外交国务大臣朱拜尔与来访的美国伊朗问题特别代表布赖恩·胡克举行会谈，双方以维护地区安全与稳定为由，呼吁延长联合国对伊朗的武器禁运。

6 月 30 日，以色列总理内塔尼亚胡在耶路撒冷与到访的美国伊朗问题特别代表布赖恩·胡克举行会谈，双方呼吁联合国延长对伊朗的武器禁运。

6 月 30 日，美国主导的打击极端组织“伊斯兰国”国际联盟空袭了“伊斯兰国”武装在伊拉克北部的一个藏身地点，打死 11 名武装分子。

6 月 30 日，伊朗核问题全面协议获得联合国安理会第 2231 号决议核可，这是多边外交和对话的重大成就，对于全球核不扩散体系以及地区和国际安全至关重要。

6 月 30 日，以政府表示将在“今后几天”继续讨论对约旦河西岸部分地区“实施主权”的计划。

7 月 3 日，沙特阿拉伯主导的多国联军拦截并摧毁也门胡塞武装向沙特境内方向放飞的 4 架携带炸弹的无人机。

7 月 5 日，以色列国防军轰炸了“巴勒斯坦伊斯兰抵抗运动”（哈马斯）位于加沙地带北部的多个军事目标。

7 月 9 日，沙特阿拉伯主导的多国联军在红海海域摧毁了也门胡塞武装 2 艘载有爆炸物的无人驾驶船只。①

7 月 7 日，应叙利亚军方邀请，伊朗武装部队总参谋长巴盖里率伊朗高级别军事代表团抵达叙利亚首都大马士革访问。协议“将加强两国对抗美国施压的决心”。

7 月 12 日，以色列国防军宣布成立一支空军特种部队联队，以提高空军的作战能力。

7 月 14 日，土耳其军队在伊拉克北部实施的“虎爪行动”中打死了 62 名库尔德工人党武装人员，并缴获大量武器弹药。

7 月 18 日，利比亚民族团结政府派兵向东挺进，希望近期夺回中部城市苏尔特。一支大约由 200 辆汽车组成的车队从西部港口城市米苏拉塔向东驶往塔乌尔加，其运送的是效忠民族团结政府的武装人员。塔乌尔加位于米苏拉塔与苏尔特之间，距离苏尔特大约 2/3 路程。

7 月 20 日，埃及议会投票通过授权，允许埃及军队在境外执行战斗任务，以保护国家安全。

7 月 21 日，埃及安全部队在北西奈省挫败一起针对一处军事哨所的恐怖袭击，打死 18 名恐怖分子。

7 月 22 日，土耳其与俄罗斯发表联合声明，同意考虑就利比亚问题成立一个联合工作组。

7 月 24 日，以色列国防军直升机轰炸了叙利亚南部多个军事目标。当天早些时候，叙利亚向以色列控制的戈兰高地发射炮弹，在靠近以叙边界的以色列一侧爆炸，导致一栋民宅和一辆汽车受损，无人员伤亡。作为回应，以军当晚出动武装直升机轰炸了叙南部属于叙武装部

---

① 参见《多国联军称摧毁也门胡塞武装两艘载有爆炸物的船只》，新华网，2020 年 7 月 10 日，http：//www. xinhuanet. com/。

队的多个军事目标。①

7月25日，美国主导的打击极端组织“伊斯兰国”国际联盟举行仪式，向伊拉克安全部队移交位于首都巴格达以南的巴斯马亚军事基地。

7月27日，以军与黎巴嫩真主党在以黎临时边界“蓝线”附近发生交火。真主党方面予以否认。

8月1日，伊朗抓获一个总部据信设在美国的“恐怖组织”头目，指认后者是制造2008年伊朗南部城市设拉子清真寺爆炸及其他未遂袭击事件的幕后主使。

8月2日，以色列和美国空军在以色列南部举行了代号为“持久闪电2”的联合军事演习。

8月2日，以色列国防军在以色列与叙利亚边界附近轰炸了一个恐怖小组，他们试图在边界放置爆炸物。近期，以色列与叙利亚、以色列与黎巴嫩边界的形势趋紧，以军在北部增加了军事部署。

8月3日，以色列军方出动战机轰炸了哈马斯位于加沙地带的军事目标，包括哈马斯地下军事设施以及一处“用于军事设施建设”的水泥厂。

8月3日，以色列军方对叙南部库奈特拉省数个军事目标发动袭击，造成物资损失但无人员伤亡。

8月6日，沙特主导的多国联军拦截并摧毁了也门胡塞武装向沙特放飞的一架载有爆炸物的无人机。

8月6日，以色列国防军战机轰炸了位于加沙地带的“巴勒斯坦伊斯兰抵抗运动”（哈马斯）军事目标。

8月11日，土耳其军方出动无人机空袭伊拉克北部边境地区，造成伊拉克边防部队3名官兵死亡。

8月13日，土耳其外交部表示，如果伊拉克继续容忍库尔德工人党武装在其领土内存在，土耳其将继续对盘踞在伊拉克北部的该组织实施越境打击。

8月13日，多国联军拦截并摧毁了胡塞武装向沙特南部边境城市海米

---

① 参见《以军直升机轰炸叙利亚多个军事目标》，人民网，2020年7月25日，http://www.people.com.cn/。

斯穆谢特发射的 2 枚弹道导弹和放飞的 1 架无人机。

8 月 15 日，沙特主导的多国联军拦截并摧毁了也门胡塞武装放飞的多架载有爆炸物的无人机。

8 月 21 日，土耳其安全部队在该国东部消灭了至少 4 名武装分子。

8 月 21 日，以色列国防军连续三轮轰炸“巴勒斯坦伊斯兰抵抗运动”（哈马斯）位于加沙地带的军事目标。目标包括观察哨所、地下设施等。

8 月 23 日，伊朗民用航空组织负责人表示，在伊朗遭击落的乌克兰客机上“黑匣子”数据显示，2 枚导弹先后击中客机，间隔 25 秒。

8 月 24 日，美国向以色列承诺，美方今后向阿拉伯联合酋长国出售武器的同时，将继续确保不影响以方在中东地区的军事质量优势。

8 月 25 日，截至当天，俄罗斯和叙利亚空军最近一周在叙利亚中部展开大规模反恐行动，打死 327 名武装人员。①

8 月 26 日，以色列国防军在以黎边境以方一侧行动期间遭到来自黎巴嫩方向火力袭击，以色列国防军随后对黎境内真主党目标实施空袭。

8 月 28 日，沙特阿拉伯主导的多国联军拦截并摧毁了也门胡塞武装放飞的两架载有爆炸物的无人机。

8 月 30 日，自 7 月下旬以来截至当日，埃及安全部队在该国北西奈省展开反恐行动，已打死 77 名恐怖分子。

8 月 30 日，多国联军在沙特西南部城市艾卜哈的国际机场上空拦截并摧毁一架搭载爆炸装置的无人机，在红海南部海域拦截并摧毁一艘搭载爆炸物、可远程遥控引爆的船只。②

8 月 31 日，实际控制加沙地带的“巴勒斯坦伊斯兰抵抗运动”（哈马斯）与以色列达成谅解协议，以遏制地区紧张局势升级。

9 月 2 日，法国总统马克龙表示支持伊拉克在维护国家主权方面的努力，愿与伊拉克加强反恐合作。

9 月 5 日，土耳其军队在伊拉克北部展开的“虎爪行动”结束，共打

---

① 《俄叙军队在叙利亚中部打死 327 名武装人员》，新华社，2020 年 8 月 26 日，http：//www. xinhuanet. com/。

② 《多国联军摧毁也门胡塞武装无人机和船只》，新华社，2020 年 8 月 31 日，http：//www. xinhuanet. com/。

死320名库尔德工人党武装人员。

9月7日，突尼斯国民警卫队抓获了7名涉嫌参与袭击国民警卫队的嫌疑人。

9月7日，格鲁吉亚与美国等北约国家在格首都第比利斯附近的瓦贾尼军事基地举行了代号为“高贵伙伴”的年度联合军演。来自美国、英国、法国、波兰和格鲁吉亚的2700多名军事人员参加了此次联合军演。演习演练了实弹射击、合成机械化机动等课目，旨在检验和提高参演部队的协同作战能力。自2015年起，“高贵伙伴”联合军演每年在格鲁吉亚境内举行一次。

9月10日，摩洛哥中央司法调查局在多地开展行动，逮捕了5名与极端组织“伊斯兰国”有关联人员。

9月11日，叙利亚挫败了以色列对叙北部重镇阿勒颇的导弹袭击，摧毁多枚导弹。

9月12日，隶属于摩洛哥海军的海岸警卫队在地中海逮捕168名偷渡者。

9月12日，由沙特阿拉伯主导的多国联军向胡塞武装控制的也门首都萨那两处目标发动了空袭。目标是胡塞武装一场高层会议。

9月12日，美国国务卿蓬佩奥和塞浦路斯外长赫里斯托都里迪斯签署一项协议，两国将在塞浦路斯建一个边界安全训练中心，美国将为训练中心提供设备、教官和其他支持。

9月15日，一架美军直升机当天紧急降落在叙利亚东北部，未造成人员伤亡。紧急降落不是敌对活动导致的。

9月18日，美军向叙利亚东北部新部署了步兵战车和雷达系统，以确保美国主导的打击极端组织“伊斯兰国”国际联盟的安全。①

9月25日，以色列国防军成功进行了一项新型导弹系统试验。试验期间，新系统成功向一艘虚拟目标船发射一枚导弹。

9月27日，沙特阿拉伯主导的多国联军摧毁了一架也门胡塞武装放飞的载有爆炸物的无人机。

9月27日，亚美尼亚与阿塞拜疆在纳卡地区爆发冲突，双方均指责对方违反停火协议，率先发动军事进攻。双方在冲突中均动用了重型武器，

① 《美军向叙利亚增派军力》，新华社，2020年9月19日，http://www.xinhuanet.com/。

各有损失，16 名亚美尼亚军人在冲突中死亡。[①]

9 月 28 日，埃及安全部队在盖勒尤卜省的一次反恐行动中打死了 2 名“极度危险”的恐怖分子。

9 月 30 日，突尼斯总统赛义德会见美国国防部长埃斯珀，双方讨论了反恐合作及利比亚危机等问题。

10 月 3 日，也门政府军在也门中部马里卜省西部锡尔瓦赫地区打死 30 名胡塞武装人员。

10 月 5 日，摩洛哥中央司法调查局在北部城市丹吉尔逮捕 4 名与极端组织“伊斯兰国”有关联的人员。

10 月 5 日，以色列战机对“巴勒斯坦伊斯兰抵抗运动”（哈马斯）位于加沙地带的军事目标进行了轰炸。

10 月 6 日，沙特阿拉伯主导的多国联军摧毁一架也门胡塞武装放飞的载有爆炸物的无人机。

10 月 8 日，隶属于摩洛哥海军的海岸警卫队在地中海拦截 231 名偷渡者。

10 月 7 日，伊朗总统哈桑·鲁哈尼在举行的内阁会议上提醒各方警惕，避免纳戈尔诺－卡拉巴赫（纳卡）地区冲突升级为“地区战争”。冲突升级不符合各方利益，伊方希望这一地区恢复稳定。

10 月 10 日，沙特阿拉伯主导的多国联军摧毁一架也门胡塞武装放飞的载有爆炸物的无人机。

10 月 11 日，什叶派民兵同意暂时停止袭击伊拉克境内美国目标，前提是由美国主导的国际联盟部队按照伊拉克议会一项决议撤军。

10 月 12 日，以色列和美国空军在以色列南部举行了代号为“持久闪电 3”的联合军事演习。

10 月 13 日，埃及安全部队在北西奈省的一次反恐行动中打死 2 名恐怖分子。

10 月 19 日，与胡塞武装在红海城市荷台达发生交火，至少 6 名胡塞武装人员被打死。

10 月 23 日，以军对“巴勒斯坦伊斯兰抵抗运动”（哈马斯）位于加沙地带的军事目标进行了轰炸。两枚火箭弹当晚从加沙地带发射至以色列

---

① 《亚美尼亚和阿塞拜疆在纳卡地区爆发新一轮冲突：双方部队连夜激战　伤亡人数上升》，国际在线，2020 年 10 月 2 日，http：//www. cri. cn/。

境内。作为回应，以军战机对加沙地带哈马斯一处武器制造基地和一处地下基础设施进行了轰炸。

10 月 23 日，沙特阿拉伯主导的多国联军摧毁了两架也门胡塞武装放飞的载有爆炸物的无人机。

10 月 26 日，叙利亚反对派武装一座训练营遭空袭，70 多人死亡，大约 100 人受伤。

10 月 27 日，俄罗斯总统普京应约同土耳其总统埃尔多安通电话，讨论叙利亚局势等问题。

10 月 28 日，埃尔多安邀请俄罗斯与土耳其共同化解阿塞拜疆和亚美尼亚在纳戈尔诺 - 卡拉巴赫（纳卡）地区的冲突。

11 月 3 日，与胡塞武装当天在西南部塔伊兹省发生武装冲突，至少 15 名胡塞武装人员被打死。

11 月 6 日，突尼斯总统赛义德会见法国内政部长达尔马宁，双方强调将加强合作，打击恐怖主义、极端主义及非法移民。

11 月 9 日，利比亚新一轮政治对话在突尼斯首都突尼斯举行，利比亚各方共 75 名代表参加。此次对话为期 6 天。①

11 月 14 日，隶属于摩洛哥海军的海岸警卫队在地中海截获了 3 吨多大麻制品。

11 月 14 日，也门政府军与胡塞武装当天在西南部塔伊兹省发生武装冲突，至少 9 名胡塞武装人员被打死。

11 月 15 日，以军对“巴勒斯坦伊斯兰抵抗运动”（哈马斯）位于加沙地带的军事目标进行打击。当日凌晨，2 枚火箭弹从加沙地带发射至以色列境内，以军启动了“铁穹”防御系统，未能将其拦截，2 枚火箭弹落在南部城市阿什杜德和中部城市里雄莱锡安的空旷地带。

11 月 20 日，伊拉克反恐部队在北部基尔库克省对极端组织“伊斯兰国”武装分子发起清剿行动，共打死 16 名武装分子。

11 月 23 日，摩洛哥中央司法调查局在该国南部城市阿加迪尔附近逮捕 3 名与极端组织“伊斯兰国”有关联的人员。

11 月 27 日，沙特阿拉伯主导的多国部队空袭了位于也门首都萨那附

---

① 《利比亚新一轮政治对话在突尼斯举行》，新华社，2020 年 11 月 10 日，http：//www. xinhuanet. com/。

近山区的几所胡塞武装军营。

11 月 27 日，针对伊朗高级核物理学家穆赫辛·法赫里扎德遇袭身亡事件，欧盟表示，此次暴力袭击是“犯罪行为”。“在情况不明朗之时，更重要的是各方保持冷静和最大程度克制，从而避免出现不符合任何人利益的局势升级。”①

11 月 29 日，伊朗情报部公共关系处发表关于伊朗核科学家法克里扎德遭暗杀的声明。

12 月 2 日，伊朗通过法律，立即开始提升其铀浓缩丰度至 20%，并规定如果 2 月初伊核协议各方不解除对其银行业和石油的制裁，将暂停国际核查人员进入其核设施。

12 月 3 日，伊朗外长扎里夫表示，伊朗绝不会就伊核协议已经达成共识的部分进行任何新的谈判。他强调，美国退出伊核协议违反了联合国安理会的决议，特朗普政府是一个“流氓”政权，美国必须停止违反伊核协议。如果美国和欧洲尊重伊核协议，伊朗也将重新履行其承诺。

12 月 8 日，伊朗安全部门查明并逮捕了数名参与暗杀该国核物理学家穆赫辛·法赫里扎德的人员。

12 月 8 日，伊朗总统鲁哈尼表示，伊朗与叙利亚具有战略关系，伊朗将坚定支持“战略盟友”叙利亚。

12 月 19 日，伊拉克反恐部队表示，今年以来反恐部队共打死 206 名极端组织“伊斯兰国”武装人员，另抓获 292 名武装人员。

2020 年中东遭受恐怖袭击次数及伤亡人数

时间		1 月	2 月	3 月	4 月	5 月	6 月	7 月	8 月	9 月	10 月	11 月	12 月	合计
以色列	袭击次数	1						1	1	1		1		5
	伤亡人数	12						1	9	13		10		45

① 参见《高级核物理学家遭暗杀，伊朗总统：敌人无法面对伊朗的科学进步》，新华社，2020 年 11 月 29 日，http：//www. xinhuanet. com/。

续表

时间		1 月	2 月	3 月	4 月	5 月	6 月	7 月	8 月	9 月	10 月	11 月	12 月	合计
伊拉克	袭击次数	4	4	2		3	2	2	1	1				19
	伤亡人数	103	32	6		19	18	6	4	11				199
沙特	袭击次数													
	伤亡人数													
利比亚	袭击次数	1				2	1							4
	伤亡人数	46				16	17							79
也门	袭击次数	2	3	3	3	3	1	2	2			1	1	21
	伤亡人数	72	53	21	79	43	40	14	64			3	9	398
叙利亚	袭击次数	4	3	1	1	3	2	1	1	1	2	3	1	23
	伤亡人数	43	16	1	10	60	35	15	3	20	61	22	10	296
土耳其	袭击次数		1				1						2	4
	伤亡人数		2				1							3

续表

时间		1月	2月	3月	4月	5月	6月	7月	8月	9月	10月	11月	12月	合计
埃及	袭击次数	1	1		1	1								4
	伤亡人数	10	2		4	23								39
黎巴嫩	袭击次数								1					1
	伤亡人数								5					5
突尼斯3月份发生1起袭击事件，伤亡5人；阿尔及利亚6月份发生2起袭击事件，伤亡3人；约旦4月份发生1起袭击事件，伤亡5人。 全年，中东地区共遭受恐怖袭击81次，伤亡1064人。														

第五章／2020年西欧地区*反恐怖军事行动

第一节　西欧地区反恐怖军事行动综述

2020 年新冠肺炎疫情给全球政治带来全方位的冲击，西欧安全形势出现明显的波折起伏，各种风险交织叠加、挑战增多。恐怖主义“内生威胁”正在增加。绝对主义和生存主义极端分子势力不断扩大，随着大批极端分子从监狱释放，2021 年法国将有 60—70 名涉恐人员被释放。西欧遭遇恐怖袭击的风险在不断增加。

一、西欧面临的恐怖威胁

伊斯兰逊尼派恐怖袭击是法国国家安全的首要威胁。同时，这些威胁具有内生性，警方侦查难度也越来越大。

从策划到付诸行动的过程非常短。法国讽刺刊物《查理周刊》原办公楼外持刀袭击案、历史老师塞缪尔－帕蒂被斩首案、尼斯圣母大教堂持刀袭击案，这三起恐怖袭击事件都有共同的起因，即“因先知被亵渎而为其报仇”。

此外，法国还担心绝对主义、生存主义极端分子势力的扩大。有关材料显示，法国约有 1000—1500 名极右分子，以及 2000—3000 名极左分子。

---

* 西欧包括 7 个国家：英国、爱尔兰、荷兰、比利时、卢森堡、法国、摩纳哥。

（一）随机性极强的“孤狼”式恐怖袭击加剧反恐怖难度

近年来，受极端思想影响并伺机作案的“孤狼”式袭击者屡见不鲜。欧洲恐怖袭击的行为主体逐渐呈现出本土化倾向。这些与极端组织存在隐秘关联的个人拥有合法的公民身份，难以被识别。

此外，极端分子的主观伪装使他们提前获释成为可能，尽管他们被捕后需要接受去激进化的培训和改造，但极端思想是否被彻底根除难以确知。伪装后的极端分子回流至社会，宛如“深水炸弹”，防不胜防。

（二）跨国情报合作存在严重漏洞

维也纳枪击案的发生充分说明，欧盟在反恐方面的情报合作尚未形成有效合力。尽管欧盟反恐合作机制中包含专门的刑警组织、情报评估中心等机构，但多头管理与职能重叠是这些机构的通病，其职能定位局限于联络与通信，尚未形成通用的情报收集、分析与行动流程。反恐合作机制不完善的背后是欧盟各国的政治考量。“区域协同反恐虽然倡导情报共享、嫌犯追捕及至司法协作，但这些内容仍属于内政权力范围”。欧盟国家之间的合作方式仍然是政府间模式，各国并不愿意完全出让与国家安全相关的权力。

此外，西方传统价值观念客观上为反恐立法增加了阻力，众多与反恐相关的法案、决议因此遭到搁置或否决。

（三）恐怖威胁势力已经“本土化、年轻化”

近年来发生在西欧国家的恐怖袭击案件中不难看到恐怖势力已经“本土化”。作案者都是本土年轻的移民，受宗教“激进化”的蛊惑，对社会充满仇恨，最终铤而走险。其背后则是伊斯兰极端主义作祟。对西欧国家来说，“本土化”使打击恐怖势力从国外转向国内，反恐斗争增添了新的难点，无疑更加复杂化。

二、西欧国家反恐怖军事对策

2020 年西欧国家遭遇多起恐怖袭击事件，官方宣布提升反恐怖警戒级别至最高，新冠肺炎疫情中的反恐态势不容乐观。疫情中人员流动问题成为法国反恐的焦点。为疫情防控而采取的边境管制措施取消后，法国和西班牙边境重新开放，试图越过边境进入法国的人数激增。

（一）加紧反恐步伐，出台具体措施加强国内安全保障

尽管当前新冠肺炎疫情严重，西欧各国仍然从多个层面加强反恐。出台了一系列具体措施加强国内安全保障，保护宗教场所和学校等公共地点；加强边境管控，增加执法人员；同时将涉嫌极端主义的非法移民驱逐出境。

（二）加强反恐国际合作，协调应对恐怖主义威胁

法国总统马克龙与奥地利、德国、荷兰和欧盟领导人举行会议，共同商讨协调应对恐怖主义威胁。会议取得了一些共识，与会多国领导人认同应当加强措施保护欧盟外部边境。法国内政部长达尔马宁、外交部长勒德里昂也接连访问北非多国，讨论反恐议题。分析认为相关访问旨在谋求缓解法国与一些伊斯兰国家的紧张关系，争取北非国家在反恐方面的支持。

（三）加紧反恐怖军事行动，多管齐下打击恐怖主义

法军近日在马里东北部的一次军事行动中击毙“基地”组织分支高级指挥官穆萨。法国军队最近加强了对马里“基地”组织的打击力度。在当前形势下，法国官方势必会在防控疫情的同时加强网络管控“多管齐下”，利用高科技、大数据等技术手段加强对恐怖袭击的预防，打击恐怖主义，推动反恐进一步走向深入，全力保障国家和民众安全。

第二节　西欧地区主要恐怖袭击事件

2020 年，西欧恐怖袭击事件不断发生，最具代表性的是宗教袭击、爆炸、枪击、持刀袭击事件。

一、法国尼斯教堂恐怖袭击事件

（一）事件背景

法国总统马克龙称伊斯兰教是全世界面临危机的宗教。诚然伊斯兰教义容易被极端分子所利用，但基督教教义也容易被极端分子所篡改。法国的言行遭到多个伊斯兰国家的抗议，并出现抵制“法国货”的情况，而法国历史教师因在课堂展示讽刺穆斯林先知的漫画，更加引起穆斯林的满腔怒火，他们接连在法国制造多起恐怖袭击事件。

（二）事件经过

2020 年 10 月 29 日上午 9 时左右，一名 21 岁的突尼斯移民在法国东南部城市尼斯的一座教堂持刀伤人并高喊极端宗教口号，导致至少 3 人死亡，数人受伤。

（三）事件影响

该袭击事件导致至少 3 人死亡，数人受伤。其中 2 名遇袭者当场身亡，一名 44 岁的妇女受伤后在附近一家酒吧避难，最终因伤势过重身亡；一名 60 岁的女人遭遇了“极深的割喉，如同斩首”；另一名 55 岁的男人也遭受了致命的割喉伤。事件发生后，法国总统马克龙认定这是一起“恐怖袭击”，法国政府将反恐警戒级别提升至最高水平，将保护学校、宗教场所的士兵增加至 7000 人。世界各国首脑纷纷发表意见，坚决反对这种违反所有宗教的极端主义行为，强调了避免任何“产生仇恨、暴力和极端主义”行为的重要性，没有任何理由可以私刑处决一个人并将暴力行为正当化。很明显在如此圣洁的场所发动残忍袭击的人，从没有受到过宗教、人文和道德价值观的有益教化。各国表示坚定支持法国打击恐怖主义的决心。

二、英国伦敦“炸弹”袭击事件

（一）事件背景

该袭击者于事件发生前一周刚从监狱被释放出来，一直处于警察的监视之下。在此之前，袭击者曾因参与与恐怖主义有关活动而被判处三年徒刑。

（二）事件经过

英国伦敦 2 月 2 日下午 2 点左右，伦敦南部的斯特雷特姆区，一名男子身绑“炸弹”，手持弯刀，砍杀过路行人，该事件导致 3 人受伤，袭击者死亡。其中 2 人被袭击者刺伤，另外 1 人被警察开枪制服袭击者时击碎的玻璃划伤。

（三）事件影响

袭击事件发生后，英国首相表示将采取更加严格的措施，以应对该国今后可能发生的恐怖袭击事件。并宣布进一步改革计划，以对付那些被判犯有恐怖主义罪行的人。

三、其他恐怖袭击事件

5 月 17 日，一艘英国船只当天在亚丁湾航行至距也门东海岸约 80 海里处遭海盗袭击，这一地点远超也门海岸警卫队的活动范围。双方发生交火后，该船只摆脱海盗追击，继续航行，船上无人员伤亡。

6 月 5 日，在西非萨赫勒地区执行反恐任务的法国部队击毙“基地”组织北非分支头目阿卜杜勒 - 马利克 · 德鲁克德勒，给活跃在该地区的极端组织“沉重一击”。同时还击毙了另外几名极端组织人员。

6 月 20 日晚，在英格兰南部城镇雷丁市一座公园内发生持刀袭击事件，多人被一名 25 岁男子持刀袭击，造成 3 人死亡、3 人重伤。反恐警察接手相关调查，宣布这一持刀袭击事件为恐怖行为。

9 月 5 日上午，法国士兵在马里东北部泰萨利特地区执行任务时，所乘装甲车遭遇爆炸装置袭击，爆炸造成 2 名士兵死亡、1 名士兵受伤。

9 月 15 日，英国驻伊拉克大使馆一车辆当天在巴格达市区遭路边炸弹袭击，未有人员伤亡。

10 月 16 日，法国首都巴黎西北郊发生一起持刀袭击事件，造成一人死亡，袭击者被警方开枪打死。法国总统马克龙当天发表讲话，谴责这起“恐怖袭击”事件。16 日 17 时左右，位于巴黎西北郊的孔夫朗 - 圣奥诺里讷市街头发生一起持刀袭击事件，一名当地中学教师遇害，袭击者随后在邻近城市因拒捕而被警方开枪打死。

10 月 29 日，一名突尼斯移民在法国东南部城市尼斯的一座教堂持刀伤人并高喊极端宗教口号。该恐怖袭击事件导致至少 3 人死亡、数人受伤。

12 月 23 日，在法国多姆山省，警察接到家暴报警后，赶往事发地解救一名女子，一名 48 岁的男子对他们开枪射击，造成 1 死 1 伤。男子随后纵火引燃了房屋，另外 2 名警察赶到后也遭到枪杀。

12 月 28 日上午，一支法国军队在马里中部洪博里地区执行军事任务时乘坐的装甲车遭到爆炸装置袭击，造成 3 名士兵死亡。法国总统马克龙向遇难士兵表示衰悼，并重申法国继续打击恐怖主义的决心。

第三节　西欧国家主要反恐怖军事行动

2020 年西欧反恐形势不容乐观。近期的恐袭多为本土作战，带有宗教色彩的恐怖分子使用枪击或是持刀行凶，“孤狼”式袭击成为主要的恐袭手段，有关部门很难进行有效防范。欧洲想彻底消除本土“内生性”恐怖主义威胁，需要刮骨疗伤，还有很长的路要走。

一、法国进入最高级别预警，大批军队紧急进入城市

接连几日法国发生多起极端宗教分子伤人、袭警的恐怖袭击行为，甚至还有人被斩首，法国进入反恐最高戒备状态。当时法国境内正在进行代号为“哨兵计划”的反恐行动，因此将会有大批军队紧急进入城市。

（一）事件背景

法国之所以接连发生如此多起的恐怖袭击事件，原因有很多。法国的人口构成很复杂，有相当一部分人不是土生土长的法国人，他们要么是从非洲移民过来的，要么是逃离战乱以“难民”身份漂洋过海来到法国的，所以法国的宗教种类很多，有很多人都是信奉伊斯兰教的。此前在“巴黎斩首案”发生后，法国总统马克龙态度强硬地表示“伊斯兰教是有问题的宗教”，这种说法激怒了许多伊斯兰国家的人，许多国家甚至开始联手抵制法国货。而在政府展开名为“哨兵计划”的反恐行动后，许多潜伏在法国的恐怖分子被“挖掘”出来，要么被击毙，要么被逮捕。但也不可避免地有所“误伤”，这就引起了信奉伊斯兰教的法国人的不满，在极端分子的蛊惑下，做出一些常人难以理解的暴力行为也就不足为奇了。

（二）事件经过

最近法国的袭击案很多。2020 年 10 月 16 日，法国首都巴黎西北效发生一起持刀袭击事件，造成 1 人死亡，袭击者被警方当场击毙。巴黎郊区孔夫朗市一所初级中学的 1 名地理历史教师在“文明和道德课”上展示伊斯兰教先知穆罕默德的漫画，引起家长不满，要求学校辞退这名教师，但没有得到校方应允。于是，这名教师的姓名和学校地址被公布在网上，等于向他发出了追杀令。16 日，这名教师在下课回家途中被一名年仅 18 岁的外籍移民斩首于街头。凶手高呼“真主至大!”他因拒捕被警方当场击毙。

两个星期后的 10 月 29 日上午，一名法国阿维尼翁市的男子准备持刀袭警，结果被警察当场击毙。同一天，一名沙特男子试图在该国吉达市袭击法国领事馆的警卫，警卫在受了轻伤后将该男子制服。如此多的恐怖袭击案接连发生，不仅是在威胁法国人的生命安全，更是在挑衅他们的尊严。对此法国政府表示，法国人民不会屈服于恐怖袭击、暴力手段，这种行为只会让法国人越来越团结。

（三）事件评析

法国巴黎“斩首案”的发生，从深层原因来看，实际上是法国穆斯林与主流社会不断被撕裂、穆斯林问题不断被政治化、矛盾不断被激化的现实表现。一方面，法国人“仇视伊斯兰”情绪夹杂在“捍卫共和国价值”的声浪中愈演愈烈；而另一方面，伊斯兰极端主义则在普通穆斯林保留伊斯兰信仰传统和缓慢地被法兰西同化之间的夹缝中，找到了生长的土壤。

第一，宗教矛盾与社会矛盾不断衍化，法国穆斯林的传统信仰受到来自天主教传统世俗主义原则的双重排异。随着穆斯林人口的不断增加，法国信教人口的比例不断发生着变化，法国有将近一半的天主教徒对伊斯兰教抱有负面情绪，而穆斯林的信仰与法国世俗价值之间的矛盾亦不断激化。

第二，外国势力通过利益输送依然保持着对法国伊斯兰教强有力的影响。大量法国穆斯林在宗教信仰上受到排异而又无法完成“共和同化”的情况下，只能选择以伊斯兰信仰为依托、以原籍国国籍为纽带形成穆斯林社区，这些穆斯林社区在法国常以“移民清真寺”与“移民伊玛目”为中心，其往往对外界封闭，对内却自有一套运行规则。而这些“移民清真寺”与“移民伊玛目”实际上长期受到原籍国的资助和影响。由于法国长期以来对于资金和伊玛目缺乏透明且严格的监督机制，融资建设清真寺和派遣境外伊玛目成为伊斯兰极端势力渗透的重要途径，导致近年来清真寺和伊玛目极端化的现象在法国屡见不鲜。同时法国政府没有进行有效监管，也为“伊斯兰极端主义”的渗入和传播打开方便之门，间接成为近年法国恐怖袭击频发的诱因。

第三，互联网逐渐成为法国世俗主义原则的“法外之地”——极端主义滋生的土壤。由于法国严格政教分离的世俗主义原则，尚未对互联网中伊斯兰教的传播以及穆斯林个人的信仰实践进行直接干预和指责。一方面在现实中由于宗教信仰受到压缩干预和歧视排挤，如禁止穿戴伊斯兰头巾等，越来越多的法国穆斯林将目光转向互联网，选择在社交网络上联络教友、实践信仰、表述诉求、互帮互助。另一方面，伊斯兰极端主义也积极利用互联网这块“法外之地”进行线上动员以及从事恐怖活动，在法国传播伊斯兰极端思想，不仅导致法国社会中的“恐伊情绪”外溢，而且极大地压缩了温和穆斯林的生存空间。

二、其他反恐怖军事行动

1 月 3 日，位于法国巴黎南部郊区的维勒瑞夫市发生一起持刀伤人案件，造成 1 名受害者死亡、2 人受伤，袭击者被警察当场击毙。由于怀疑该案与极端主义有关，法国国家反恐检察院 4 日宣布立案调查。

1 月 5 日，一名男子在法国梅斯市街头挥舞刀具并高喊宗教口号，试图袭击闻讯赶来的警察，警察开枪击伤该男子后将其逮捕。

1 月 6 日，英国政府敦促伊拉克允许英国军队留在伊拉克。英国首相已明确表达了英国对伊拉克局势稳定和主权的坚定承诺，并强调继续打击“伊斯兰国”共同威胁的重要性。

1 月 13 日，法国总统马克龙在法国西南城市波城举行的萨赫勒五国集团首脑会议上宣布，将向非洲萨赫勒地区增派 200 名法国士兵，加强“新月形沙丘”反恐行动。他同时呼吁美国不要减少在非洲的军事存在。

2 月 2 日，法国向非洲萨赫勒地区增派 600 名士兵，加大力度打击极端势力。

2 月 3 日，伊拉克外长哈基姆与到访的比利时外交与国防大臣菲利普·戈芬在巴格达举行会谈，双方决定双边关系以及打击恐怖主义等问题。双方讨论了继续合作打击极端主义和恐怖主义，以防止极端分子残余卷土重来。双方还讨论了极端组织“伊斯兰国”武装分子的遣返问题。哈基姆表示，现阶段致力于遣返那些加入极端组织的妇女和儿童。菲利普·戈芬表示，比利时愿意帮助伊拉克打击恐怖主义和训练伊拉克部队，比利时支持伊拉克重建和实现稳定。

2 月 13 日，英国与阿曼两国军队在距阿曼首都马斯喀特 170 千米的南部山区举行代号为“山区风暴”的联合军事演习。

2 月 20 日，尼日尔与法国军队近日在尼西部蒂拉贝里省展开联合行动，打死至少 120 名恐怖分子。

3 月 4 日，尼日尔军队与法国“新月形沙丘”行动（又称“巴尔汉行动”）部队在民西部蒂拉贝里省伊卡法内村展开联合行动，打死至少 25 名恐怖分子，摧毁 25 辆机动车并缴获大量武器装备。两国军队在行动中无人员伤亡。

3 月 11 日，法国首个“恐袭遇难者国家哀悼日”活动在巴黎埃菲尔铁塔前的特罗卡德罗广场举行。法国总统马克龙出席并致辞，西班牙国王费利佩六世、法国前总统萨科齐、奥朗德等出席了活动。马克龙在致辞中称，哀悼日活动既是对恐袭遇难同胞的纪念，更是对恐怖分子的警告。他强调法国将继续加大打击恐怖主义的力度，加强国际合作，共同应对恐怖主义威胁。

4 月 22 日，英国情报机关军情五处在全国重新核查涉恐人员后，发现数量突破 4. 3 万人。

9 月 2 日，法国支持伊拉克在维护国家主权方面的努力，愿与伊拉克加强反恐合作。马克龙在与萨利赫会谈后举行的联合记者会上说，打击极端组织“伊斯兰国”的战争仍未结束，法国支持伊拉克政府及人民反恐。他表示伊拉克面临外国干预的挑战，法国支持伊拉克在维护国家主权方面的努力。

10 月 21 日，法国国会解散国内一个以“巴勒斯坦伊斯兰抵抗运动”（哈马斯）已故领导人谢赫·亚辛命名的组织。法国政府认定这一组织“直接关联”法国教师遭恐怖主义袭击遇害案。法国的谢赫·亚辛组织成立于 21 世纪初期，创立人阿卜杜勒－哈基姆·塞夫里维当前正被法国执法机构拘留讯问。马克龙没有说明，这一组织与法国教师遇袭案如何“直接关联”。

11 月 3 日，英国内政部宣布将本国的恐怖威胁等级从第三等级“高”上调至第二等级“严重”。第二等级意味着英国当前发生恐怖袭击的可能性极高。英国内政大臣普丽蒂·帕特尔表示，此举是“预防措施”，并非基于任何特定威胁。

11 月 5 日，法国总统马克龙视察了法国和西班牙之间的边境检查站，称他支持“深度改革申根区制度，重新思考其组织形式，并以适当规模的边境部队增强我们共同边境的安全保障”。

11 月 10 日，法国总统马克龙与奥地利、德国、荷兰和欧盟领导人举行会议，共同商讨协调应对恐怖主义威胁。马克龙呼吁欧洲各国应采取快速协同行动打击恐怖主义，并重申希望对申根区的相关边境政策进行必要改革。他表示将在 12 月向欧盟方面正式提出法国在反恐方面的相关建议。马克龙指出，反恐的协调应对措施包括共同开发相关数据库、加强信息交流、加强司法应对；相关措施应得到全面和严格的执行。他强调，在欧盟外部边境或某个欧盟成员国的任何安全隐患都可能成为其他所有欧盟国家的安全隐患。

2020 年西欧地区遭受恐怖袭击次数及伤亡人数

时间	法国		英国		荷兰		比利时		西班牙	
	袭击次数	伤亡人数	袭击次数	伤亡人数	袭击次数	伤亡人数	袭击次数	伤亡人数	袭击次数	伤亡人数
1 月	2	3								
2 月										
3 月										
4 月										
5 月			1	0						
6 月			1	6						
7 月										
8 月										
9 月	1	3	1	0						

续表

时间	法国		英国		荷兰		比利时		西班牙	
	袭击次数	伤亡人数	袭击次数	伤亡人数	袭击次数	伤亡人数	袭击次数	伤亡人数	袭击次数	伤亡人数
10 月	3	4								
11 月										
12 月	2	7								
合计	8	17	3	6						
全年，西欧地区共遭受恐怖袭击 11 次，伤亡 23 人。										

第六章／2020年中欧地区*反恐怖军事行动

第一节　中欧地区反恐怖军事行动综述

2020 年，新冠肺炎疫情和恐怖主义阴霾在中欧地区挥之不去。尤其是德国接连遭遇暴力和恐怖袭击威胁，加之国内极端主义抬头，恐怖主义威胁指数增高。随着暴恐事件的频发，惊恐情绪在民众中滋生、蔓延，民众对安全局势表示担忧。恐怖主义与新冠肺炎疫情相互交织，周边国家间关系稳定的基础较为薄弱，中欧地区的反恐任务依然严峻。

一、中欧地区面临的恐怖威胁

梳理 2020 年中欧国家发生的恐怖事件，其中多数涉及德国、奥地利和瑞士，以恐怖袭击、难民问题、地区派别冲突居多，中欧地区局势可以用恐怖威胁滋生蔓延来形容。

（一）极端组织依然是中欧地区的恐怖威胁

极端组织“伊斯兰国”的阴影在中欧国家挥之不去。5 月 14 日，德国《时代》周报网站刊发记者马丁·格伦发自突尼斯、题为《恐怖活动卷土重来》的文章指出，近几周来，夜间袭击、诡雷、绑架、设立假路障和自杀式炸弹袭击发生的次数越来越多。“伊斯兰国”组织所谓的圣战卷土重

* 中欧包括 8 个国家：波兰、捷克、斯洛伐克、匈牙利、德国、奥地利、瑞士、列支敦士登。

来——虽然他们不再控制伊拉克和叙利亚的固定领土，但他们利用全球暴发新冠肺炎疫情之机，大肆扩大游击战。其突击队主要在伊拉克西部和北部的逊尼派省份、叙利亚东部以及叙伊600千米长的边界沿线人迹罕至的沙漠地带活动。2020年年初以来，“伊斯兰国”已制造超过430起袭击；4月份的袭击数量是1月份的2倍。本周一仅在巴格达就同时发生5起炸弹爆炸袭击。一方面，伊拉克安全部队大部分成员已将注意力从“伊斯兰国”身上移开，忙于监督防疫“禁足令”的执行。大批警察和士兵因担心感染而不再执勤。另一方面，驻伊美军反恐部队因围绕驻军爆发的冲突，大大减少了基地和教官的数量以及空中侦察的次数。这一双重安全真空正中极端分子下怀。美国战争研究所的尼古拉斯·埃拉斯指出，新情况是“伊斯兰国”自认为已强大到可在城市实施更大规模、更复杂的袭击。“伊斯兰国”也已在人口密集区掌握了足够的本地网络，这“使其可以在理想的时间，也越来越可以在理想的地点发动袭击，并且使用更大的暴力”。

（二）恐怖分子针对民生目标实施袭击或破坏时有发生

2月19日，在德国西部城市哈瑙发生一起枪击事件，枪击案造成9人死亡，另有至少5人受伤。哈瑙市位于法兰克福以东约20千米处，常住人口约10万。根据当地警方发布的初步案情通报，枪击事件发生在当晚10时左右。警方已抓获一名男性嫌疑人，正在全力搜捕其他嫌疑人。目击者描述说，多名枪手在哈瑙市中心一家水烟馆射杀3人，此后驾车前往约3千米外的另一家水烟馆并射杀另外5人。后期，警方更新了伤亡人员数字，特勤人员在嫌疑人的家中发现一具遗体，警方在随后的声明中称目前没有迹象表明还有其他肇事者。当地媒体援引一名警方发言人的话说，这起案件可能是“熟人作案或是不加选择的滥杀行为”。枪手作案动机正在进一步调查中，该发言人没有透露受害者身份信息。

2月24日，德国多地举行一年一度的“玫瑰星期一”大游行，将德国狂欢季推向高潮。一辆汽车在黑森州小镇福尔克马森冲入狂欢节游行人群，导致约30人受伤。肇事司机被当场逮捕。这名男性嫌疑人现年29岁，是福尔克马森镇居民。事件发生后，黑森州警方在社交媒体上宣布州内所有狂欢节游行提前结束。

11月2日，晚上奥地利首都维也纳发生枪击事件，枪手被警方当场击毙。极端组织“伊斯兰国”随后宣称对此次行动负责。枪手在市中心6个不同地点开火，造成 4 人死亡，17 人受伤。奥地利常年在重大国际问题上保持中立，移民接纳政策相对保守。首都维也纳已将近 40 年未发生过严重恐怖袭击事件，是欧洲最安全的城市之一，此番遭受袭击震惊了整个欧洲。维也纳枪击案也是继 10 月 16 日巴黎教师被当街斩首和 10 月 29 日尼斯砍杀事件以来，欧洲国家第三次发生由极端分子制造的暴力事件。可见，受全球新冠肺炎疫情影响而偃旗息鼓的恐怖主义势力，在欧洲已有卷土重来之势。

11 月 24 日，瑞士南部城市卢加诺发生一起持刀恐袭事件，袭击者为一名女性，被警方当场制服。瑞士警方表示这名女袭击者是一名“圣战”分子，她曾在互联网上结识了另一名“圣战”分子，并与之恋爱。“根据 2017 年的警方调查，该女子已经通过社交媒体与来自叙利亚的‘圣战’分子建立了联系。”瑞士联邦警察局在推特上表示，当这名女子试图从土耳其前往叙利亚与男“圣战”分子见面时，被土耳其政府从土叙边境遣返回瑞士。初步调查显示，这名 28 岁的女子手持锯齿状的面包刀在百货商店 5 楼袭击了两人，她先试图砍断一名女子的手，接着又割伤另一名女子的颈。其中一人伤势严重，但没有生命危险，另一人则受轻伤。警方表示“这名女子目前遭受精神健康问题的困扰。回到瑞士后她被送往了精神病院”。但自 2017 年以来，她并没有在任何恐怖主义相关调查中被警方注意到。

11 月 26 日，德国柏林南部克罗伊茨贝格区清晨发生一起枪击案，造成 4 人重伤。柏林警方凶杀案件侦查委员会正在对此案进行调查。检方认为这是一起涉及有组织犯罪的枪击案件。警方赶往案发现场后发现了 3 名受伤的男子，另有 1 名受伤的男子跳入了附近的河道。救援人员随后将其救起。4 人中有 2 人 30 岁，其余 2 人分别为 39 岁和 42 岁。因伤势较重，警方已将 4 人送院治疗。当局并未披露 4 名伤者在被警方带走时是否持有武器，以及他们在枪击案中扮演了何种角色。据柏林－勃兰登堡广播公司报道，案发现场毗邻德国执政党社民党的总部所在地维利·勃兰特大厦，在社民党总部大楼正对面的一处建筑大门上出现了弹孔，警方已封锁了周边的人行道。

（三）右翼力量是中欧地区面临的组织性威胁

难民也好，脱欧也罢，充其量不过是催化剂而已，真正产生致命威胁的是那些带有疑欧色彩的右翼民粹主义政党的集体崛起。

2 月 21 日，德国内政部长泽霍费尔在一场记者会上说，将在全国范围内增加警力部署，特别是在清真寺、火车站、机场和边境等“敏感地区”，以防范类似 19 日晚发生在西部城市哈瑙的恐怖袭击。泽霍费尔说，发生在哈瑙的袭击明显是一起“种族主义恐怖袭击”，“德国正遭受极右翼思想、反犹主义和种族主义的严重威胁”。

（四）二战遗留炸弹威胁时有发生

1 月 21 日，德国西南部城市科隆拆除了一枚二战时期遗留的炸弹。为此约 1 万人从周边区域疏散，铁路和水运交通中断数小时。二战已结束 70 多年，当时遗留在德国的未爆炸弹仍不时被发现。本月早些时候，德国西部城市多特蒙德为拆除几枚炸弹疏散约 1.4 万人。建筑工人 20 日晚在莱茵河岸附近的商业区施工时发现这枚炸弹，炸弹重 500 千克，据信是二战时美军投下的。由于拆弹现场距离霍亨索伦铁路桥较近，致使当天周边的铁路火车大面积延误。拆弹工作持续近一小时，之后科隆市政府解除对附近区域的封锁。

（五）军事训练与管理安全隐患多

3 月 25 日，据“德国之声”报道，一名来自德国西部城市波琴的安全研究人员蒂姆·伯格霍夫在一家著名电子拍卖网站上买到了一台二手的德国国防军笔记本电脑。在电脑的数据中伯格霍夫发现了德国国防军所使用导弹系统的一系列机密文件。

报道称，这台二手电脑在网站的公开出售价格仅为 90 欧元（约合人民币 680 元）。其数据文件中包括了德国现役移动防空导弹系统“黄鼠狼 -2”的使用说明和弱点分析。伯格霍夫随后告知德国国防部，称根据这些文件中的记录，可以找到如何操作“黄鼠狼 -2”的目标采集系统及其武器平台的信息，甚至包含战时如何快速彻底摧毁整个系统以防止被敌军缴获的使用说明。这些文件被标记为“专供官方使用”，属于机密的范畴。伯格霍夫是德国一家数据公司的安全研究人员，他对“德国之声”透露，这台电脑重约 5 千克，非常坚固，具有防溅功能，专供野外使用，很有可能是在 21 世纪初制造的，与“黄鼠狼 -2”防空导弹系统的初次部署时间接近，至今运转良好。伯格霍夫称他和公司的其他安全人员一起拷贝了这台电脑的硬盘，“（从上面）获取信息很容易，电脑 Windows 系统的登录不需要密码，而其中包含的武器系统文档的程序密码很容易破解，登录之后就可以对这些文档自由浏览了”。

二、中欧国家的反恐怖军事对策

2020 年面对纷繁复杂的新冠肺炎疫情，复杂多变的国际社会环境和反恐安全形势，面对部分国家内部右翼势力的活动，社会处于动荡边缘，中欧国家反恐形势依然严峻，中欧国家采取了有力应对措施，从根源上遏制、从形式上防范、从行为上监督、从军事上打击，以此来维护社会安全。

（一）合力打击极端行为，制恐于萌芽阶段

2 月 21 日，德国总理默克尔、法国总统马克龙和土耳其总统埃尔多安通电话，讨论叙利亚局势等问题。叙利亚伊德利卜省与土耳其接壤，是叙利亚反对派武装和极端组织在叙境内控制的最后一块主要地盘，叙政府军一直希望收复这一地区。2018 年 9 月，普京和埃尔多安在俄罗斯索契会晤，双方决定在伊德利卜省的叙政府军与反对派武装之间建立非军事区。根据协议，土耳其方以监督停火的名义在伊德利卜设立 12 个观察点。近期叙政府军和土军在伊德利卜爆发正面冲突，双方在交火中各有伤亡。

3 月 3 日，德国国防部发布报告说，2019 年德国国防军加大了对军中极端分子的打击力度，共开除 49 名有极端主义过失的现役军人。德国国防部当天在柏林发布军中极端主义情况年度报告，说 2019 年德国军事反谍局从现役军人中查出了 14 名极端组织成员，高于 2018 年的 8 人；482 名军人被认定有极端主义嫌疑，高于 2018 年的 377 人。现役军人若在网络社交媒体上发布仇外言论即被认定有极端主义嫌疑。2019 年德军查出的极端组织成员和极端主义嫌疑案例多于 2018 年，原因在于对极端主义言行的评判标准发生变化。报告表示，德国军队绝不姑息极端主义。近年来，德国国防部积极清理军中纳粹残余元素，以防极右思想在部队中传播。

7 月 8 日，德国声称将对联邦国防军 KSK 特种部队进行整顿。德国国防部长卡伦鲍尔表示，由于遭到右翼极端主义思想渗透，KSK 特种部队第二联队将被解散。20 世纪 90 年代，刚经历冷战和重新统一的德国，其安

全政策构想发生了本质变化。1994 年 7 月 12 日，德国联邦宪法法院作出裁决，授权联邦国防军可在北约领土以外进行人道主义和军事行动。

7 月 23 日，德国一家法院裁定，由于在波兰施图特霍夫集中营 5230 名囚禁人员被害中起到协助作用，现年 93 岁的前纳粹党卫军成员布鲁诺被判处 2 年有期徒刑，缓期执行。据德新社报道，该案从 2019 年 10 月开始审理，被告人承认他曾于 1944 年 8 月至 1945 年 4 月供职于波兰格但斯克附近的施图特霍夫集中营。检方表示，在被告供职该集中营期间，至少有 5230 名集中营囚禁人员被害，其中 200 多人被直接杀害，还有至少 5000 人死于集中营的恶劣环境。据报道，该案 40 名共同原告中，35 名为集中营幸存者，其中 4 人当庭作证。因被告人在 1944 年时仅 17 岁，所以该案在青少年刑事法庭审理。自纽伦堡审判以来，德国始终致力于将最后一批二战罪犯绳之以法。这些案件以能证明被起诉人曾在集中营工作为取证标准，即便没有被起诉人与被害人死亡的直接相关证据，也可以立案。

11 月 5 日，据英国《卫报》报道，奥地利首都维也纳的恐袭事件已经导致 4 名平民死亡，枪手被击毙。针对该事件的调查发现，枪手曾于 7 月试图在斯洛伐克购买弹药，当局正在调查这一袭击是否本来可以避免。据奥地利警方透露，一名被击毙的袭击者名叫库伊蒂姆 · 费祖莱，现年 20 岁，有奥地利和北马其顿双重国籍。据奥地利官方消息，费祖莱有与极端组织勾连的前科，奥地利内政部透露，费祖莱曾试图前往叙利亚投奔极端组织，2019 年被判处 22 个月监禁并接受去极端化改造，同年 4 月开始服刑，期间费祖莱“用欺骗的手段”让司法人员相信他不再构成威胁，当年 12 月即获得假释，但出狱不到一年后就在维也纳制造了这惨烈的一幕。

11 月 7 日，奥地利司法部证实正在全国范围自查监狱，以避免出现类似维也纳恐怖袭击凶手获保释的漏洞。司法部说，自查行动涉及监狱囚室和工厂，主要针对 229 名因恐怖主义罪名入狱或显现极端倾向的囚犯。检查人员在 12 座监狱发现可疑物品，大多数是暗示极端主义背景的手写文件。

11 月 9 日，奥地利警方在 4 个州发起突击搜查行动，以涉嫌恐怖主义罪名为由逮捕 30 人。欧盟把“哈马斯”列为恐怖组织，奥检方认定“穆兄会”是与恐怖组织有关联的激进组织。

11 月 10 日，德国联邦内政部长泽霍费尔表示，在该部门支持下开设的用德语培养伊斯兰教教职人员的课程为预防极端化作出了贡献，有利于社会团结。他表示，当天开幕的德国伊斯兰会议的核心议题便是如何扩大德国国内的教职人员培养、克服对外国的从属性。德国联邦内政部表示，为实现上述目标，近年来在其参与下实现了两项进展。第一是从 2020 年起在全国范围内开展了一个示范项目，开始用德语培养伊斯兰教社区的教职人员。第二是德国成员人数最多的伊斯兰教团体“土耳其伊斯兰宗教机构联盟”（DITIB）从 2020 年 1 月起开始用德语在德国境内自主培养教职人员，从而替代由土耳其派遣的教职人员。

（二）加强国际反恐合作，多方面联合行动

面对恐怖威胁，没有哪个国家能够独善其身，单凭一己之力解决问题，只有加强国际合作，发挥情报机构的作用，加大反恐投入和打击力度。多国合作是打击恐怖主义和暴力极端主义的必要途径。

1 月 6 日，德国广播电台播出了对德国外长马斯的专访。马斯呼吁应避免伊拉克成为美国和伊朗冲突的战场，欧盟将为防止中东再次陷入战乱而发挥作用。

1 月 12 日，英国首相鲍里斯·约翰逊与德国总理默克尔表示，两国致力于维护伊朗核问题全面协议的承诺不变。2015 年 7 月，伊朗与美国、英国、法国、俄罗斯、中国和德国达成伊朗核问题全面协议。根据协议，伊朗承诺限制核计划，国际社会解除对伊朗制裁。2018 年 5 月，美国单方面退出协议，随后重启并新增了一系列对伊朗制裁措施。作为回应，伊朗自 2019 年 5 月起分阶段中止履行伊核协议部分条款。英国首相府发言人说，两国领导人是在当日通电话时作上述表示的。约翰逊与默克尔认为，确保伊朗不拥有核武器符合英德两国利益，双方重申将继续致力于维护伊核协议。两国领导人在电话中还讨论了利比亚局势，强调通过对话缓解紧张局势的重要性，并表示支持联合国主导的解决利比亚危机进程。

4 月 20 日，为维护网络安全并威慑潜在对手，不少国家在组建网络部队的同时，开始组建网络预备役部队。近日，瑞士苏黎世安全研究中心刊发一篇题为《网络预备役部队应用研究》的报告，指出网络预备役部队在组建和使用过程中存在的问题，并为如何组建一支灵活、经验丰富、技能高超的网络预备役部队提出建议。报告指出，组建网络预备役部队不仅能解决军队无法招募足够网络战人才的问题，而且能更好、更充分利用民间网络技术优势，以最低成本网罗一批经验丰富的高技术人才，同时与地方

高技术企业、高等院校和研究机构建立密切联系，形成互促互进局面，推动本国网络技术优化发展。英国国防部网络安全主管皮特·阿姆斯特朗认为，网络预备役部队是国家军事实力的重要组成部分，拥有现役部队无法比拟的职业素质。“与现役军人相比，预备役人员能够得到更好的训练，这对快速发展的网络安全行业来说至关重要。网络预备役人员平时在私营企业、高等院校或研究机构工作，有助于网络安全的宣传和后备人才的培养。”

6 月 22 日，美国和俄罗斯在奥地利首都维也纳举行新一轮军控对话，讨论延长《新削减战略武器条约》相关问题。当日晚结束会议，会谈未取得具体成果，但双方就举行下一轮对话原则达成一致。据奥地利通讯社报道，美国军控问题特别代表马歇尔·比林斯利与俄罗斯副外长谢尔盖·里亚布科夫当天在维也纳的下奥地利宫举行对话，两国代表在对话开始前均表示期待此次对话取得成果，但不愿做更多评论。

12 月 20 日，据法新社报道奥地利检察官表示，又逮捕了 2 名涉嫌参与 11 月 2 日维也纳恐袭事件的嫌犯。检察官办公室的一名女发言人表示，嫌犯为 2 名男子，他们于当地时间 12 月 18 日被捕。其中一人 26 岁，是阿富汗裔奥地利人。不过，该发言人拒绝透露另一名嫌犯的国籍。当地时间 11 月 2 日晚，奥地利维也纳发生恐袭事件，造成包括袭击者在内的 5 人死亡，23 人受伤，部分人员伤势严重。警方随后展开搜捕行动。此前奥地利当局逮捕了与维也纳恐袭有关的 16 人；瑞士也逮捕了与此次袭击有关的两名男子。报道称，该发言人表示，将于当地时间 12 月 20 日晚些时候提出一项要求，以将嫌犯关押到接受审判时为止。

（三）军事力量调整变化，影响地区安全局势

1 月 6 日，出于对伊拉克安全局势的担忧，德国着手将部分德军人员撤离伊拉克，转派中东地区其他国家。德国在伊拉克派驻大约 120 名军人。随着伊拉克与美国的矛盾升级、当地安全局势恶化，德军决定撤走大约 30 人，将他们转派到约旦和科威特。美军 3 日在巴格达国际机场以空袭手段炸死伊朗伊斯兰革命卫队下属“圣城旅”指挥官卡西姆·苏莱曼尼和伊拉克什叶派民兵武装“人民动员组织”副指挥官阿布·迈赫迪·穆汉迪斯。

1 月 31 日，波兰与美国方面签署合同，波兰政府在位于登布林的波兰空军学院与美国签署了一项价值 46 亿美元的军购协议，根据协议，波兰将

从美国洛克希德·马丁公司购买 32 架第五代 F－35 战斗机以及相应的配套设备及服务，首批飞机将于 2024 年交付波兰。这也是波兰历史上第二大军购协议。波兰 1999 年加入北约，美国与波兰于 2019 年 6 月达成协议，向波兰增派 1000 名美军，从而使驻波美军达到约 5500 人。

6 月 5 日，美国官员披露，总统唐纳德·特朗普已经下令美军从德国撤出 9500 名驻军人员，其中部分转移并部署到波兰等盟国。一名不愿公开姓名的美国官员告诉路透社，这一决定与特朗普和德国总理安格拉·默克尔的"紧张关系"无关，是美军参谋长联席会议主席马克·米利近几个月的"工作成果"。一名知情官员说，美方 2019 年 9 月着手撤军计划，最近敲定细节；从德国撤走的 9500 人，其中部分将被部署到波兰和其他盟国，其余人回国。这名官员称，美方从德国撤军的原因是北约防务开支增加，"不再需要这么多美军留在德国"。

6 月 11 日，美国计划在 9 月前撤走近万名驻德美军，欲盖弥彰的外交辞令难掩美国政府的复杂动机，"釜底抽薪"带来新变数。近日据美国媒体报道，美国总统特朗普已下令在 9 月前将驻德美军减少约 9500 人，并将留驻德国的美军人数上限设定为 2.5 万。美国这一大规模军力调整计划备受国际社会关注。美国目前在德国保持着第二大海外驻军，规模仅次于驻日美军，存放有相当数量的战术核武器，且是驻欧美军的"大脑"和"中枢"：美军欧洲、非洲司令部总部都设在德国斯图加特，驻欧美空军司令部则位于德国拉姆施泰因基地。二战后至今，驻德美军身兼多重战略职能，如捍卫"战后秩序"，为德国乃至欧洲提供安全保障，干预中东和非洲局势等。

6 月 15 日，美国总统特朗普称，将把驻德国美军人数减至 2.5 万人，并指责德国在北约军费分担中贡献不足。特朗普当天在白宫对媒体说，驻德美军多年来帮助德国应对俄罗斯威胁，而德国却"拖欠"北约大量军费，"这不合理，所以我们要把驻军人数减少到 2.5 万人"。他同时说，德国还在贸易上"不公平"对待美国，并且每年斥巨资从俄罗斯进口能源。对此，德国驻美国大使埃米利·哈贝尔随后在一场智库活动上回应说，驻德美军不是为了保护德国而是为了跨大西洋安全，并用于美国在非洲和亚洲的力量投送。

6 月 24 日，美国总统特朗普表示，波兰提出希望增加驻波美军规模，美国可能会将部分从德国撤出的美军部署至波兰。波兰 1999 年加入北约，驻波兰美军现有约 4500 人，为轮替驻军。近年来美国与波兰防务合作紧密，波兰向美国购买大量先进军备并邀请美国在其境内永久驻军。特朗普当天与到访的波兰总统杜达在白宫举行会谈。特朗普在双方联合记者会上强调，波兰会承担驻军费用。特朗普说，期待美波两国签署防务合作协议。美方一名高级官员表示，两国正在敲定协议最终细节。杜达是新冠肺炎疫情暴发以来首位访美的外国元首。美国媒体报道说，鉴于波兰将于 28 日举行总统选举，谋求连任的杜达此访有选举方面的政治考量。特朗普 15 日表示将把驻德美军人数减至 2. 5 万人。美国防部 2020 年 3 月的数据显示，美军约有 3. 5 万人驻扎在德国。俄罗斯外交部发言人扎哈罗娃此前表示，美方提出减少驻德美军人数后，有相关方随即邀请美军转移至波兰，这让俄方感到警觉。

第二节　中欧地区主要恐怖袭击事件

2020 年中欧地区在新冠肺炎疫情和世界政治、经济和军事大格局背景影响下，反恐及安全依然为各国政府的首要任务，极右翼思想、反犹主义和种族主义的严重威胁此起彼伏，极端分子制造的暴力事件时有发生，“伊斯兰国”的恐怖活动大有卷土重来之势。由此引发的安全及恐怖威胁令民众担忧，部分国家居民的安全幸福指数有所下滑。

一、德国哈瑙市枪击案致死 9 人①

2 月 19 日，在德国西部城市哈瑙发生一起枪击事件，枪击案造成 9 死亡，另有 5 人受伤。

（一）事件背景

德国西部城市哈瑙 19 日晚发生枪击事件，哈瑙市位于法兰克福以东约 20 千米处，常住人口约 10 万。

① 《德国哈瑙市枪击案致死 9 人》，新华社、新华网，2020 年 2 月 20 日，http：//www. xinhuanet. com/。

（二）事件经过

根据当地警方发布的初步案情通报，枪击事件发生在当晚 10 时左右。警方已抓获一名男性嫌疑人，正在全力搜捕其他嫌疑人。目击者描述说，多名枪手在哈瑙市中心一家水烟馆射杀 3 人，此后驾车前往约 3 千米外的另一家水烟馆并射杀另外 5 人。后期，警方更新了伤亡人员数字，特勤人员发现嫌疑人的家中有一具遗体，警方在随后的声明中称目前没有迹象表明还有其他肇事者。

（三）事件影响

当地媒体援引一名警方发言人的话说，这起案件可能是“熟人作案或是不加选择的滥杀行为”。枪手的作案动机正在进一步调查中，该发言人没有透露受害者的身份信息。

二、维也纳发生枪击事件至少 7 人死亡①

11 月 2 日，奥地利首都维也纳晚间发生枪击事件，枪手被警方击毙前，在市中心 6 个不同地点开火，造成 7 人死亡，17 人受伤。奥总理库尔茨谴责这起事件是“卑劣的恐怖袭击”。

（一）事件背景

当晚 8 时左右，维也纳市中心一个犹太教堂附近发生一起枪击事件，造成至少 7 人死亡，其中包括 1 名警察，另有多人受伤。此次枪击事件的原因仍然不明，奥地利警方的行动仍在进行中。

（二）事件经过

当地时间 2 日晚 8 时许，维也纳市中心瑞典广场附近发生枪击事件，警方立即赶到现场，并与枪手交火。随后，警方大规模封锁街区，要求居民待在家中，在全城范围内展开追捕行动。

---

① 《维也纳发生枪击事件至少 7 人死亡》，新华网，2020 年 11 月 2 日，http：//www. xinhuanet. com/。

据维也纳警方发布的消息，当天实施袭击的枪手有多人，携有长武器，作案现场分布在瑞典广场附近 6 个地点。枪击事件已造成 1 人死亡，1 名枪手被击毙，伤者已被送往医院救治。目前，至少有 1 名枪手在逃。据当地媒体报道，多名枪手参与了袭击，其中一人在逃跑过程中被警方抓获。目前，警方已包围一家购物中心，枪手可能劫持了人质。

（三）事件影响

极端组织“伊斯兰国”随后宣称对此次行动负责。库尔茨当晚发表声明说，奥地利警方将对这一令人发指的恐怖袭击案采取坚决行动。“我们决不允许自己被恐怖主义吓倒，我们将采取一切可利用的手段，坚决打击这些袭击。”他随后对媒体表示，这起事件是恐怖袭击，作案者准备充分，武器精良。

联合国秘书长古特雷斯、欧盟委员会主席冯德莱恩等欧盟领导人及法国总统马克龙、英国首相约翰逊、意大利总理孔特、捷克总理巴比什、希腊总理米佐塔基斯等欧洲多国领导人纷纷谴责此次枪击事件，并表示与奥地利人民站在一起。此外，俄罗斯外交部发言人扎哈罗娃对事件受害者表示慰问。

三、德国柏林发生枪击案致 4 人重伤

12 月 26 日，德国柏林南部克罗伊茨贝格区清晨发生一起枪击案，造成 4 人重伤。柏林警方凶杀案件侦查委员会正在对此案进行调查。检方认为这是一起涉及有组织犯罪的枪击案件。

（一）事件背景

12 月 26 日是德国的圣诞假期，当天柏林市内几乎所有商业活动都已停止。根据柏林警方和检方当天共同通报的案情，在 26 日清晨 4 时左右，克罗伊茨贝格区施特雷泽曼街的住户报警称，他们在这一地区听到了枪声。

（二）事件经过

警方赶往案发现场后发现了 3 名受伤的男子，另有 1 名受伤的男子跳

入了附近的河道。救援人员随后将其救起。4 人中有 2 人 30 岁，其余 2 人分别为 39 岁和 42 岁。因伤势较重，警方已将 4 人送院治疗。

当局并未披露 4 名伤者在被警方带走时是否持有武器，以及他们在枪击案中扮演了何种角色。据柏林－勃兰登堡广播公司报道，案发现场毗邻德国执政党社民党的总部所在地维利·勃兰特大厦。在社民党总部大楼正对面的一处建筑大门上出现了弹孔，警方已封锁了周边的人行道。

（三）事件影响

柏林警方当天派出大批警力在案发现场附近实施戒备，并由特警对一处住宅进行了搜查。柏林警方凶杀案件侦查委员会正在持续对此案展开调查。警方表示，此案的背景和原因目前尚不清楚。

第三节　中欧地区主要反恐怖军事行动

为维护本国利益，中欧各国积极应对恐怖威胁和不稳定因素，积极应对极端主义，打击“伊斯兰国”恐怖活动，在反恐军事行动方面主要集中体现在如下几个方面。

一、德国外长指出伊拉克不能成为美国和伊朗冲突的战场①

1 月 6 日，德国广播电台播出了对德国外长马斯的专访。马斯呼吁应避免伊拉克成为美国和伊朗冲突的战场，欧盟将为防止中东再次陷入战乱而发挥作用。

（一）事件背景

美军 1 月 3 日空袭伊拉克首都巴格达国际机场，伊朗伊斯兰革命卫队下属“圣城旅”指挥官苏莱曼尼等人身亡。伊朗最高领袖哈梅内伊随后发表声明说，伊朗将进行“强硬复仇”。4 日，有美军驻扎的伊拉克萨拉赫丁

---

① 《德国外长指出伊拉克不能成为美国和伊朗冲突的战场》，新华网，2020 年 1 月 6 日，http：//www.xinhuanet.com/。

省拜莱德空军基地及美国驻伊使馆所在的巴格达“绿区”遭炮弹袭击。中东紧张局势骤然升级。

（二）事件经过

马斯认为，美国错误估计了杀害伊朗伊斯兰革命卫队下属“圣城旅”指挥官卡西姆·苏莱曼尼等人的后果。在当前形势下，必须利用所有机会寻求外交渠道缓解中东局势，必须防止中东燃起“大火”，只有这样才能确保欧洲安全。

为了及时讨论正在快速发展的局势，他呼吁将原计划本月晚些时候召开的欧盟外长会议提前到本周举行。对于伊拉克议会要求外国驻军撤离的决定，马斯说，近几年德国等国参与伊拉克重建，如今面临前功尽弃的危险。他担心没有反恐国际联盟的努力，伊拉克的不稳定因素将增加。

（三）事件影响

德国政府发言人赛贝特 1 月 6 日在例行记者会上说，总理默克尔已与伊拉克看守政府总理阿卜杜勒—迈赫迪通电话，就伊拉克局势交换了意见。赛贝特还宣布，默克尔将于 11 日访问莫斯科，将与俄罗斯总统普京就伊朗和伊拉克局势等热点问题进行磋商。

二、德军部分撤离伊拉克①

出于对伊拉克安全局势的担忧，德国着手将部分德军人员撤离伊拉克，转派中东地区其他国家。

（一）事件背景

德国在伊拉克派驻大约 120 名军人。随着伊拉克与美国矛盾升级、当地安全局势恶化，德军决定撤走大约 30 人，将他们转派到约旦和科威特。

（二）事件经过

美军 3 日在巴格达国际机场以空袭手段炸死伊朗伊斯兰革命卫队下属

---

① 《德军部分撤离伊拉克》，新华网，2020 年 1 月 7 日，http：//www. xinhuanet. com/。

“圣城旅”指挥官卡西姆·苏莱曼尼和伊拉克什叶派民兵武装“人民动员组织”副指挥官阿布·迈赫迪·穆汉迪斯。

德国政府 6 日向议会通报撤兵决定。德国政府说，撤走德军士兵的命令是由打击“伊斯兰国”国际联盟下达的。驻伊德军中，大约 90 人部署在伊拉克北部库尔德地区，基本不撤离；大约 30 人部署在伊拉克首都巴格达和塔季两座城市，是这次奉命撤离的主要对象。

（三）事件影响

伊拉克看守政府总理阿迪勒·阿卜杜勒－迈赫迪斥责美方搞“政治暗杀”。伊拉克议会 5 日通过决议，责成政府结束外国军队在伊拉克驻扎。不过，美方抛出种种理由表示驻伊美军“不能撤”。美国国防部长马克·埃斯珀说：“没有任何撤出伊拉克的决定。”

三、英德领导人通电话重申维护伊核协议①

1 月 12 日，英国首相鲍里斯·约翰逊与德国总理默克尔表示，两国致力于维护伊朗核问题全面协议的承诺不变。

（一）事件背景

2015 年 7 月，伊朗与美国、英国、法国、俄罗斯、中国和德国达成伊朗核问题全面协议。根据协议，伊朗承诺限制核计划，国际社会解除对伊制裁。2018 年 5 月，美国单方面退出协议，随后重启并新增了一系列对伊制裁措施。作为回应，伊朗自 2019 年 5 月起分阶段中止履行伊核协议部分条款。

（二）事件经过

英国首相府发言人说，两国领导人是在当日通电话时作上述表示的。约翰逊与默克尔认为，确保伊朗不拥有核武器符合英德两国利益。双方重申将继续致力于维护伊核协议。

---

① 《英德领导人通电话重申维护伊核协议》，新华网，2020 年 1 月 12 日，http：//www. xinhuanet. com/。

（三）事件影响

两国领导人在电话中还讨论了利比亚局势，强调通过对话缓解紧张局势的重要性，并表示支持联合国主导的解决利比亚危机进程。

四、德国科隆拆除一枚二战遗留炸弹①

1 月 21 日，德国西南部城市科隆，拆除一枚二战时期遗留的炸弹。为此约 1 万人从周边区域疏散，铁路和水运交通中断数小时。

（一）事件背景

二战已结束 70 多年，当时遗留在德国的未爆炸弹仍不时被发现。本月早些时候，德国西部城市多特蒙德为拆除几枚炸弹，疏散约 1.4 万人。

（二）事件经过

建筑工人 20 日晚在莱茵河岸附近的商业区施工时发现这枚炸弹，炸弹重 500 千克，据信是二战时美军投下的。

（三）事件影响

由于拆弹现场距离霍亨索伦铁路桥较近，致使当天周边的铁路火车大面积延误。拆弹工作持续近一小时。之后科隆市政府解除对附近区域的封锁。

五、波兰与美国签署购买 F-35 战机合同②

1 月 31 日，波兰与美国方面签署合同。波兰政府在位于登布林的波兰空军学院与美国签署了一项价值 46 亿美元的军购协议，根据协议，波兰将从美国

---

① 《德国科隆拆除一枚二战遗留炸弹》，新华网，2020 年 1 月 21 日，http://www.xinhuanet.com/。

② 《波兰与美国签署购买 F-35 战机合同》，新华网，2020 年 1 月 31 日，http://www.xinhuanet.com/。

洛克希德·马丁公司购买 32 架第五代 F-35 战斗机以及相应的配套设备及服务，首批飞机将于 2024 年交付波兰。这也是波兰历史上第二大军购协议。

（一）事件背景

波兰 1999 年加入北约。美国与波兰 2019 年 6 月达成协议，向波兰增派 1000 名美军，从而使驻波美军达到约 5500 人。

（二）事件经过

据波兰媒体报道，波兰购买的 32 架 F-35 战机中最早的一批将于 2024 年交付，但将留在美国用于培训波兰飞行员和工程师。F-35 战机是美国与部分盟国合作研制的第五代多用途作战飞机，配有新型航电设备，具备雷达隐身能力。

其实从波兰公布的购买协议细节中就能发现，波兰将此次军购拆分成了两个部分，目前签署的 49 亿美元只是 F-35 战斗机的购买费用以及飞行员和地勤人员的培训费用，并不包括 F-35 战斗机配套的武器费用，武器弹药的采购应该是另签合同购买。

（三）事件影响

签字仪式在波兰东部城市登布林的空军基地举行。波兰国防部长布拉什恰克在签字仪式上说，购买 F-35 战机能够大幅提高波兰军队的能力，波兰空军的发展由此进入全新阶段。

波兰计划用新型战斗机取代老旧的俄制米格-29 战斗机，而在新战机的项目采购上没有采用公开竞标的方式，而是直接向美国申请购买 F-35。这在波兰国内引起不小的争议，引发人们对于 F-35 战斗机售价过高的担忧。因此波兰政府拆分购买的方式，让单机的采购成本“降价”。

六、德法土三国领导人通电话讨论叙利亚局势[①]

2 月 21 日，德国总理默克尔、法国总统马克龙和土耳其总统埃尔多安

---

① 《德法土三国领导人通电话讨论叙利亚局势》，新华网，2020 年 2 月 21 日，http://www.xinhuanet.com/。

通电话，讨论叙利亚局势等问题。

（一）事件背景

叙利亚伊德利卜省与土耳其接壤，是叙反对派武装和极端组织在叙境内控制的最后一块主要地盘。叙政府军一直希望收复这一地区。2018 年 9 月，普京和埃尔多安在俄罗斯索契会晤，双方决定在伊德利卜省的叙政府军与反对派武装之间建立非军事区。根据协议，土方以监督停火的名义在伊德利卜设立 12 个观察点。近期，叙政府军和土军在伊德利卜爆发正面冲突，双方在交火中各有伤亡。

（二）事件经过

德国总理府当天发布消息说，三国领导人重点讨论了叙利亚尤其是叙西北部伊德利卜省局势，以及利比亚当前局势发展。

就伊德利卜省局势，三国领导人对当地民众正经历的人道主义灾难表示关切，对当地紧张局势有进一步升级的危险表示担忧。

（三）事件影响

三方同意，必须通过政治途径解决当前的叙利亚危机，认为在当前局势下及时举行包括俄罗斯总统普京在内的会谈是有帮助的。

另据土耳其阿纳多卢通讯社报道，埃尔多安在通话中说，应制止叙政府军及其支持者在伊德利卜省的军事行动，强调应提供强有力的支持和采取具体行动来阻止人道主义危机。

七、德国派军机赴意大利、法国接新冠肺炎重症患者到德国治疗[①]

据英国媒体报道，在新冠肺炎疫情肆虐欧洲之际，医疗资源相对丰富的德国开始派遣军机前往意大利和法国，将重症病患接到德国治疗。

---

① 参见《德派军机赴意、法接新冠肺炎重症患者到德国治疗》，中国新闻网，2020 年 2 月 30 日，http：//www. chinanews. com/。

（一）事件背景

当地时间 28 日，德国一架空军飞机降落在意大利北部的贝加莫，以运送 6 名意大利患者前往德国科隆接受治疗。德国空军能运送重症病人的空中巴士 A400M 型运输机，29 日也飞到法国东部疫情严重的阿尔萨斯（Alsace），载 2 名重症患者到德国南部治疗。

（二）事件经过

德国外交部指出，到目前为止已经有 30 位法国患者在德国接受治疗。未来几天，德国的医院可望接纳更多来自意大利的患者。德国国防部长康坎鲍尔（Annegret Kramp – Karrenbauer）强调，在最危急的时刻，协助朋友是理所当然的事，欧洲必须团结在一起。此前，因意大利北部伦巴底大区（Lombardia）疫情严重，医疗人力与呼吸器严重不足，意大利空军已将 6 名病患送到德国，目前在柏林、汉堡等地接受治疗。

（三）事件影响

意大利民防部门数据显示，截至当地时间 3 月 29 日 18 时，意大利累计确诊病例增至 97689 例，死亡病例累计达 10779 例。较 28 日 18 时新增确诊 5217 例，新增 756 例死亡病例。新增确诊病例继续呈下降趋势。

八、德国军队加大打击军中极端分子的力度①

3 月 3 日，德国国防部发布报告说，2019 年德国国防军加大了对军中极端分子的打击力度，共开除 49 名有极端主义过失的现役军人。

（一）事件背景

德国国防部当天在柏林发布军中极端主义情况年度报告。报告说，2019 年德国军事反谍局从现役军人中查出了 14 名极端组织成员，高于 2018 年的 8 人；482 名军人被认定有极端主义嫌疑，高于 2018 年的 377

---

① 参见《德国军队加大打击军中极端分子力度》，新华社、新华网，2020 年 3 月 3 日，http：//www. xinhuanet. com/。

人。现役军人若在网络社交媒体上发布仇外言论即可被认定有极端主义嫌疑。

（二）事件经过

2019 年德军查出的极端组织成员和极端主义嫌疑案例多于 2018 年，原因在于对极端主义言行的评判标准发生变化。报告表示，德国军队绝不姑息极端主义。

（三）事件影响

近年来，德国国防部积极清理军中纳粹残余元素，以防极右思想在部队中传播。

九、旧电脑里的军事秘密①

3 月 25 日，据“德国之声”报道，一名来自德国西部城市波琴的安全研究人员蒂姆·伯格霍夫在一家著名电子拍卖网站上买到了一台二手的德国国防军笔记本电脑。在电脑的数据中，伯格霍夫发现了德国国防军所使用导弹系统的一系列机密文件。

（一）事件背景

报道称，这台二手电脑在网站的公开出售价格仅为 90 欧元（约合人民币 680 元）。其数据文件中包括了德国现役移动防空导弹系统“黄鼠狼 -2”的使用说明和弱点分析。伯格霍夫随后告知德国国防部，称根据这些文件中的记录，可以找到如何操作“黄鼠狼 -2”的目标采集系统及其武器平台的信息，甚至包含战时如何快速彻底摧毁整个系统以防止被敌军缴获的使用说明。这些文件被标记为“专供官方使用”，属于机密的范畴。

（二）事件经过

伯格霍夫是德国一家数据公司的安全研究人员，他对“德国之声”透

---

① 参见《旧电脑里的军事秘密》，《中国国防报》，2020 年 3 月 25 日。

露，这台电脑重约 5 千克，非常坚固，具有防溅功能，专供野外使用，很有可能是在 21 世纪初制造的，与“黄鼠狼 – 2”防空导弹系统的初次部署时间接近，至今运转良好。

伯格霍夫称他和公司的其他安全人员一起拷贝了这台电脑的硬盘，“（从上面）获取信息很容易，电脑 Windows 系统的登录不需要密码，而其中包含武器系统文档的程序密码很容易破解，登录之后，就可以对这些文档自由浏览了”。

据报道称，这台笔记本电脑原本由德国宾根市的一家回收公司收购，并挂到电子拍卖网站上进行出售。从理论上讲，德国国防部在卖掉笔记本电脑之前，必须销毁其中的全部机密数据。

（三）事件影响

事实上，这种因为出售过时军用装备甚至“军事垃圾”而导致泄密的事情并不罕见。20 世纪 80 年代著名的“垃圾佬泄密案”就是典型代表。冷战期间，东德为了获取西德和北约的军事情报，曾利用一个名叫阿姆汉·施耐德的勤杂工。他在位于西德法尔茨的一处北约军火库工作，每天的主要工作就是在军火库旁捡垃圾，因此被当地人叫做“垃圾佬”。东德情报人员假扮成一名旧货商接近他，并用金钱和人身威胁的双重手段成功让施耐德成为一名间谍，直至 1983 年他被西德军方逮捕。在长达 12 年的时间里，施耐德源源不断地向东德提供北约方面的军事情报，其中大多数都是从军火库士兵丢弃的“破烂”里捡来的。有一次，他甚至在垃圾堆里找到了整整三大厚本美国新部署到联邦德国的“鹰式”地对空导弹说明书及维修指南。此外，施耐德还多次找到了北约在欧洲的军事部署、武器装备库存资料、美国在欧洲部署的导弹规格型号和作战方式等相关情报，几乎囊括了这座军火库的全部机密。

十、瑞士智库为组建网络预备役部队支招[①]

为维护网络安全并威慑潜在对手，不少国家在组建网络部队的同时，开始组建网络预备役部队。近日，瑞士苏黎世安全研究中心刊发一篇题为

① 参见《瑞士智库为组建网络预备役部队支招》，《中国国防报》，2020 年 4 月 20 日。

《网络预备役部队应用研究》的报告，指出网络预备役部队在组建和使用过程中存在的问题，并为如何组建一支灵活、经验丰富、技能高超的网络预备役部队提出建议。

（一）事件背景

报告指出，组建网络预备役部队不仅能解决军队无法招募足够多网络战人才的问题，而且能更好、更充分利用民间网络技术优势，以最低成本网罗一批经验丰富的高技术人才，同时与地方高技术企业、高等院校和研究机构建立密切联系，形成互促互进局面，推动本国网络技术优化发展。

英国国防部网络安全主管皮特·阿姆斯特朗认为，网络预备役部队是国家军事实力的重要组成部分，拥有现役部队无法比拟的职业素质。“与现役军人相比，预备役人员能够得到更好的训练，这对快速发展的网络安全行业来说至关重要。网络预备役人员平时在私营企业、高等院校或研究机构工作，有助于网络安全的宣传和后备人才的培养。”

（二）事件经过

报告对美国、法国、以色列等国网络预备役部队进行研究后发现，各国在该部队的组建和使用过程中普遍存在人员招募和管理等问题。报告指出，网络预备役人员的招募涉及军队的吸引力和相关制度的调整，不是一个简单的问题。近年来，西方多个国家军队不同程度地陷入“兵员荒”，很难招募足额适龄青年入伍，网络预备役人员招募也面临同样问题。那些有意愿加入预备役的网络人员，有很大一部分因身体状况、体能素质不达标被拒之门外。比如，大部分技术“宅男”的身体素质往往堪忧，走完 1 英里（约合 1.6 千米）都会气喘吁吁，更别提跑了。对他们来说达到军队规定的标准非常困难。

为招募更多的网络人才，很多国家开始有针对性地调整体能标准。报告认为调整的最终结果应是降低体能标准而非取消，“预备役人员也有上前线的可能，应具备必要的身体素质和军事技能。”

报告还指出，各国在网络预备役人员的管理和使用方面也存在缺陷。比如，千方百计招募人员却不懂如何培训，也不知道如何最大限度激励他们发挥聪明才智。管理上的教条、僵化压制了技术人员开放的天性。以美国为例，约有 40% 在微软、谷歌等公司有过工作经历的预备役人员声称无法适应军队管理。“他们正在失去克服新技术难题的兴趣，这将严重影响网络预备役部队作战能力的发挥”。

（三）事件影响

报告称，要激发网络预备役部队的活力，需从以下 3 个方面进行努力。

首先，应建立一套合理的人员招募、培训与保留机制。报告认为，网络预备役人员的招募以最大限度招人、留人为目标，不必设置过高技术门槛，可以对所有心怀热情且有一定知识储备的年轻人敞开大门。对网络预备役人员的培训，应依托民间组织、社会团体和私人公司，他们往往需要解决更多技术问题，在培训方面涉及范围更广、技术更复杂、研究更深入。在人员保留方面，网络预备役部队不仅应为所属人员提供更多福利待遇，还应建立相应“退役人员联络机制”，组建庞大的人才库。

其次，网络预备役部队应与地方相关部门、私营企业特别是高等院校建立合作伙伴关系，以便在技术与人员方面建立良好的沟通渠道。报告称目前法、美等国在进行这方面尝试，并取得初步成效。“这种伙伴关系不仅能促进网络技术的发展和进步，而且有助于建立一套顺畅的军民转换与合作机制。在良好沟通基础上，预备役人员转入现役执行任务会更加高效便捷。”

最后，应建立一套灵活而有弹性的预备役人员转入和转出现役机制。“这主要涉及到与预备役人员及其原单位的沟通、良好的转入和转出保障、顺畅的人员流动机制以及依据实际情况随时调整的准入门槛（指加入现役的标准）等。如果预备役与现役人员之间的转入转出过于僵化，将影响网络行动的反应速度”。另外，网络预备役部队不应人为设置男女比例，“如果重男轻女，网络预备役部队可能将永远处于人手不足的状态”。

十一、埃及购自德国的第三艘 209 型潜艇正式入列海军①

5 月 5 日，埃及军方发表声明说，埃及从德国购买的第三艘 209 型潜

---

① 参见《埃及购自德国的第三艘 209 型潜艇正式入列海军》，新华网，2020 年 5 月 5 日，http：//www. xinhuanet. com/。

艇经过 20 天航行后，当天抵达埃及亚历山大海军基地，正式入列埃及海军，舷号为 S43。

（一）事件背景

埃及于 2011 年和 2014 年分两批向德国订购 4 艘 209 型柴电潜艇，其中首艘和第二艘潜艇分别于 2016 年 12 月和 2017 年 8 月交付埃及海军，舷号分别为 S41 和 S42。

（二）事件经过

据埃及媒体报道，209 型潜艇的航程约为 1.1 万海里，水下航速可达 21.5 节，装备有导弹和鱼雷等。

（三）事件影响

埃及购买德制潜艇的目的是"增强海军防御能力和作战效率，实现海上安全，维护埃及在红海和地中海的经济利益"。这笔订单还反映了埃德两国海军之间的密切合作关系，体现了埃及海军的转型。

十二、俄罗斯演习应对波兰核部署计划[①]

5 月 22 日，俄罗斯《独立报》网站报道，俄罗斯国防部长绍伊古宣布筹备出动波罗的海舰队和俄军第 6 集团军进行演习，此举与北约 6 月举行"盟军精神"演习有关。美国和其他北约国家的演习将在波兰进行。美国有可能会把战术核武器从德国转移到波兰。

（一）事件背景

绍伊古日前表示，"西部战略方向仍是对俄军事安全最有威胁的方向。为消除正在出现的威胁，正在落实 2019—2025 年行动计划所规定的一揽子措施"。军事专家涅特卡切夫表示，在欧洲部署美国战术核武器的情况下，如果开战这类武器预计将被摧毁。

---

① 参见《俄演习应对波兰核部署计划》，《参考消息》，2020 年 5 月 24 日，http：//www.cankaoxiaoxi.com/。

（二）事件经过

美国驻波兰大使莫斯巴赫上周末在社交网络上说："如果德国想降低北约的核能力并削弱北约，那么可能可以将核武器部署在波兰。"根据公开信息来源，美国的 20 枚 B61 战术核弹部署在德国的比歇尔空军基地。德国不久前对存放美国核武器问题的争论表明，许多德国人对此表示反对。

（三）事件影响

涅特卡切夫认为，装备"伊斯坎德尔"战役战术系统和"口径"海基巡航导弹的波罗的海舰队和第 6 集团军可能演练这种行动。

十三、驻德美军将削减近万人①

6 月 5 日，美国官员披露，总统唐纳德·特朗普已经下令美军从德国撤出 9500 名驻军人员，其中部分转移部署到波兰等盟国。

（一）事件背景

一名不愿公开姓名的美国官员告诉路透社，这一决定与特朗普和德国总理安格拉·默克尔的"紧张关系"无关，是美军参谋长联席会议主席马克·米利近几个月的"工作成果"。

（二）事件经过

一名知情官员说，美方 2019 年 9 月着手撤军计划，最近敲定细节；从德国撤走的 9500 人，其中部分将被部署到波兰和其他盟国，其余人回国。这名官员称，美方从德国撤军的原因是：北约防务开支增加，"不再需要这么多美军留在德国"。白宫 5 日晚些时候说，对此没有声明要发表，总统"持续评估美军的最佳部署安排"。

---

① 参见《驻德美军将削减近万人》，新华网，2020 年 6 月 7 日，http：//www. xinhuanet. com/。

（三）事件影响

白宫国家安全委员会发言人约翰·尤利奥特说，美国依旧致力于与德国在防务等事宜上合作。美军现阶段在德国驻军3.45万人；撤军后，人数将减至2.5万人。路透社报道，美军据信在德国部署有核弹头。

十四、美国计划在9月前撤走近万名驻德美军，将带来新变数①

美国计划在9月前撤走近万名驻德美军，欲盖弥彰的外交辞令难掩美国政府的复杂动机，“釜底抽薪”带来新变数。

（一）事件背景

近日，据美国媒体报道，美国总统特朗普已下令在9月前，将驻德美军减少约9500人，并将留驻德国的美军人数上限设定为2.5万。美国这一大规模军力调整计划，备受国际社会关注。

美国目前在德国保持着第二大海外驻军，规模仅次于驻日美军，存放有相当数量的战术核武器，且是驻欧美军的“大脑”和“中枢”：美军欧洲、非洲司令部总部都设在德国斯图加特，驻欧美空军司令部则位于德国拉姆施泰因基地。二战后至今，驻德美军身兼多重战略职能，如捍卫“战后秩序”，为德国乃至欧洲提供安全保障，干预中东和非洲局势等等。

（二）事件经过

驻德美军地位重要而敏感，其调整动向背后的战略考量备受关注。美方给出的理由是“北约盟国的防务开支已经增加，欧洲防务不再需要这么多美军”，并强调“与默克尔决定不参加在华盛顿主办的七国集团峰会无关”，但如此外交辞令只会欲盖弥彰，难以掩盖美国政府的复杂动机。

敲打德国。特朗普政府上台后，美德在伊朗核问题、“北溪-2”天然气管道项目以及北约军费分摊等多个领域龃龉不断，默克尔政府缓和乃至拉近德俄关系的努力令美国颇为不满。在北约与俄罗斯关系依然吃紧的大

---

① 参见《美国计划在9月前撤走近万名驻德美军　将带来新变数》，《解放军报》，2020年6月11日，http://www.xinhuanet.com/。

背景下，美国意在以撤军的方式“釜底抽薪”，让德国直面来自俄罗斯的安全压力，逼德国“改弦易辙”。

减轻军费压力。美国每年要为欧洲防务花费巨资，对此特朗普一直表示不满。据路透社日前报道，一名知情官员表示，从德国撤走的美军部分将被部署到波兰等盟国，部分将返回美国本土。波兰早已承诺愿自掏20 亿美元腰包扩建基地，接纳美军进驻。

配合美国全球战略转型。美国正转向“大国竞争”战略，对其认定的首要战略重点地区不断加大投入。这从特朗普政府处理驻德、驻韩美军问题的不同政策中即可见一斑：尽管其就增加驻韩美军费用分摊额度向韩国极限施压，并开出“比 2019 年增加 49%”的高价码，却从未就“从韩国撤军”动真格。因此，正如一些分析人士所指出：从德国撤出的美军，会有相当部分回国“过渡”一阵后，再部署到印太地区。

（三）事件影响

驻德美军变动将掀起新一轮“蝴蝶效应”，为国际和地区安全形势带来诸多新变数。

首先是某些国际热点问题可能会升温。未来撤出的驻德美军无论向何方投送，都将是美国干预他国事务、遏制竞争对手的有力棋子。

其次是美俄关系转圜更加扑朔迷离。一些美国高官认为这是“给普京的礼物”，是一直谋求“与普京握手”的特朗普“危险的短视之举”。美德两大北约盟国的分歧公开化，也的确是俄罗斯所乐见的。鉴于波兰较落后的基础设施和避免过分刺激俄罗斯，美国短期内只会履行 2019 年 6 月达成的向波兰增兵 1000 人的协议。不过，波兰总理闻讯后迅速发出积极信号，邀请驻德美军前往“落户”，“盛情难却”之下的美军在波兰扩建永久性驻扎基地是大概率事件。这些楔在俄罗斯家门口的“钉子”，是美俄改善关系时难以回避的伏笔。

最后是美欧“伙伴”关系愈加弱化。在欧洲盟国因担心俄罗斯军力复兴而纷纷响应北约“四个 30”战备倡议之际，特朗普的撤军决定将给盟国留下“美国难以信赖”的印象，令其失望感大增。长远来看，美国乃至北约的战略稳定将受到影响。

十五、波兰"特朗普堡"美军基地计划黄了①

6 月 10 日，知情人士告诉路透社，波兰 2018 年提议美国增加在波军事存在的"特朗普堡"计划因牵涉问题过于复杂，似乎告吹。

（一）事件背景

波兰政府先前提议美国在波永久驻军，波兰将为此新建一处以美国总统唐纳德·特朗普命名的军事基地。这一私下被称为"特朗普堡"的计划因双方无法解决多项争议而难以推进。

（二）事件经过

一名美方官员甚至称根本"没有'特朗普堡'"，波方的设想行不通。特朗普 2019 年 6 月 12 日与波兰总统安杰伊·杜达在白宫达成一致，宣布向波兰增派 1000 名驻军，以巩固两国关系，对抗所谓的俄罗斯威胁。在那之后不久，波兰为美方增派驻军兴建一处新军事基地的想法便被叫停。

路透社报道，如今一年过去，两国政府官员就经费、驻军地点和美军法律地位等问题仍然谈不拢。波兰希望美军驻扎在邻近白俄罗斯的东部边界地带，美国则希望驻扎在波兰境内更西一点的地方。美国副总统迈克·彭斯 2019 年 9 月访问波兰首都华沙时，双方曾敲定 6 处候选地点，但特朗普下令国防部分管政策的副部长约翰·鲁德离职后，两国原定 2020 年 3 月就相关事务举行的高级别磋商取消。

美国要求波兰承担 20 亿美元以上的驻军军费分摊额度，这让经济本就因新冠肺炎疫情承受压力的波兰难以接受。

首次在波兰永久驻扎的美军法律地位问题也有争议。美方希望美军人员一旦在波境内犯法，能受到更大法律免责保护，未获波兰政府许可。目前在波美军大约 4500 人，依据北大西洋公约组织驻军轮换机制部署。波兰外交部副部长帕维尔·雅布隆斯基承认波美谈判"进程非常复杂"，认为

---

① 参见《波兰"特朗普堡"美军基地计划黄了》，新华网，2020 年 6 月 12 日，http：//www. xinhuanet. com/。

双方能作出最终决策，“但需要一些时间”。

（三）事件影响

按照欧洲动态网的说法，波兰政府一直希望美国增加在该国的军事存在。美国媒体上周爆料，特朗普打算削减驻德美军规模，从现有的3.45万人中撤出9500人。波兰总理马泰乌什·莫拉维茨基很快宣称，希望美军把部分撤离人员重新部署到波兰，但“决定权眼下在美国”。美国一些官员上月还提议，应考虑把波兰作为美国在欧洲储藏核武器的地点。当时德国社会民主党重启“是否应让德国继续接受美方核保护”的讨论。

十六、特朗普称驻德美军将大幅减员①

6月15日，美国总统特朗普称，将把驻德美军人数减至2.5万人，并指责德国在北约军费分担中贡献不足。

（一）事件背景

特朗普当天在白宫对媒体说，驻德美军多年来帮助德国应对俄罗斯威胁，而德国却“拖欠”北约大量军费，“这不合理，所以我们要把驻军人数减少到2.5万人”。他同时说，德国还在贸易上“不公平”对待美国，并且每年斥巨资从俄罗斯进口能源。

（二）事件经过

对此，德国驻美国大使埃米利·哈贝尔随后在一场智库活动上回应说，驻德美军不是为了保护德国而是为了跨大西洋安全，并用于美国在非洲和亚洲的力量投送。

美国防部2020年3月的数据显示，约有3.5万名现役美军驻扎在德国。美国《华尔街日报》本月5日报道说，特朗普已要求五角大楼在9月前从德国撤出9500名美军，同时将限定任何情况下在德美军人数不得超过2.5万人。对此，德国政府官员8日说，美方没有向德方确认将减少驻德

① 参见《特朗普称驻德美军将大幅减员》，新华网，2020年6月15日，http://www.xinhuanet.com/。

美军。本月9日，22名共和党众议员致信特朗普，反对他的撤军计划，称此举有损美国国家安全和北约团结，并有利于俄罗斯。

（三）事件影响

特朗普政府此前要求北约成员国将各自的军费开支增至本国GDP的2%。德国近年来已多次承诺大幅增加军费，2020年的军费预计将提高到约503亿欧元，占GDP约1.42%。此外，特朗普就任美国总统后，美德关系受到冲击，两国在伊核问题、俄罗斯向德国输气管道项目“北溪－2”等问题上有不小分歧。

德国媒体认为，特朗普与德国总理默克尔一向不睦。此前特朗普曾表示，考虑于本月底在白宫召开七国集团峰会，但德国方面表示，鉴于当前新冠肺炎疫情，默克尔不会前往美国参会。

自特朗普政府上台后，美国与德国等传统欧洲盟友的关系出现倒退，美欧在国防开支、伊朗核问题、经贸问题、俄欧合作开展的“北溪－2”天然气管道项目及如何对待国际组织等问题上存在很大分歧，双方裂痕日渐加深。默克尔曾多次呼吁，欧洲不能再依赖美国的保护，需要将命运掌握在自己手中。

此外，2020年是美国的大选年，特朗普近期有多个外交表态，从削减驻德美军人数，到进一步从阿富汗撤军，再到计划未来数月减少驻伊美军规模，都明显有选举的政治考量，特朗普是在试图兑现他让“美国军人回家”和“不做世界警察”的选举承诺。

美方有关人士担心，驻德美军减员将影响美国的全球力量投送能力和欧洲地缘政治走向，削弱美国在全球范围内给盟友提供“保护伞”的可信度。

美国国会22名共和党籍众议员本月早些时候联名致信特朗普，称对驻德美军数量设限将影响美军和盟国军队开展演习训练，并显著影响美军向全球部署的能力，造成严重后勤补给挑战。

戈登说未经计划的单方面撤军是灾难性的，将给盟友和对手传递出美国不再致力于欧洲防务的信号。

十七、美国增兵波兰计划引起俄罗斯高度戒备[①]

6 月 25 日，俄罗斯《观点报》网站报道，特朗普违背北约对叶利钦的承诺，计划增兵波兰。

（一）事件背景

二战结束 75 年后，部分驻德美军要撤离了，但这些军人和装备将被部署到波兰，也就是俄罗斯国界附近。这种调遣粗暴践踏了叶利钦时代签署的俄罗斯－北约基本文件。然而，该文件未必能阻止美国推行其计划。

（二）事件经过

俄副外长亚历山大·格鲁什科 25 日警告说，如果华盛顿将驻德美军调至波兰，这会违反俄罗斯－北约基本文件。他提醒称，这份由时任俄罗斯总统叶利钦和北约秘书长索拉纳在 1997 年签署的文件，重点包括北约不得在俄罗斯国界附近“部署永久性战力”。他补充说，俄方将密切监视美军在欧洲的最终部署情况，将在必要时采取一切措施保护俄罗斯合法利益。

俄罗斯联邦委员会国际事务委员会主席康斯坦丁·科萨切夫在脸书上写道，北约实际上一直在违反 1997 年文件，“频频在北约新成员国境内部署先进武器和军队”，例如“在波兰和罗马尼亚部署反导系统”，并计划在欧洲部署中短程导弹。

瓦尔代国际辩论俱乐部专家斯坦尼斯拉夫·特卡琴科也认为，北约自 2014 年乌克兰危机爆发以来一直在公然践踏 1997 年基本文件。特卡琴科回忆说：“北约已经将部署在西方国家的部分军力调遣到波罗的海国家。”但北约辩解称，上述军队 3 个月轮调一次，所以没违反文件规定。

特卡琴科认为，在波兰设立新的美军基地也许会彻底给 1997 年基本文件画上句号，但特朗普可能不会走到这一步。他预测美国人很可能将调遣的军队分派到波兰。

俄外交和国防政策委员会主席费奥多尔·卢基扬诺夫也提到了美国或

---

① 参见《美增兵波兰计划引俄高度戒备》，《参考消息》，2020 年 6 月 27 日 http：//www.cankaoxiaoxi.com/。

将采用“军事诡计”伪装自己没有违反 1997 年基本文件。他说：“可能仿效在 2014 年后向波罗的海国家和波兰驻军 3 个月轮调一次的做法——表面上没有永久性驻军。”

另外，卢基扬诺夫指出，特朗普的声明还不应被视为最终决定，“他在与波兰总统会晤后的表态很简略，最终决定如何以及怎样落实目前还不清楚”。

（三）事件影响

卢基扬诺夫表示，即便五角大楼将部分驻德美军调到波兰，此举也是象征意义大于实际内容，因为俄在加里宁格勒的“拳头很硬”。

特卡琴科也相信，如果美军当真部署到靠近俄国界的地区，俄将“以眼还眼”。

美国与波兰总统的谈判结果显示，特朗普准备减少驻德国的美军并向波兰部署更多兵力。他在与波总统杜达共同举行的新闻发布会上说，美国很快将与波兰签署防御领域的新协议。据波兰多家媒体日前报道，协议内容涉及美国把约 2000 名军人从德国转移到波兰并在波兰部署约 30 架 F－16 战机等。

俄军事专家尤里·涅特卡乔夫少将认为：“俄罗斯西部军区拥有多个配备现代化第四代战机的航空团。但这些航空团的战机总数远低于数年之后可能部署在波兰境内的战机数量。北约的空军力量总体上说强于俄罗斯，而且未来数年还将大幅增加，这要求俄罗斯采取增加战机等具体行动来巩固本国的西部防线。”

十八、德国精锐特种部队或面临解散①

7 月 8 日，德国将对联邦国防军 KSK 特种部队进行整顿。德国国防部长卡伦鲍尔表示，由于遭到右翼极端主义思想渗透，KSK 特种部队第二联队将被解散。

① 参见《德精锐特种部队或面临解散》，《中国国防报》，2020 年 7 月 8 日。

（一）事件背景

20世纪90年代，刚经历冷战和重新统一的德国，其安全政策构想发生本质变化。1994年7月12日，德国联邦宪法法院作出裁决，授权联邦国防军可在北约领土以外进行人道主义和军事行动。同年，11名德国公民在卢旺达被劫持，为营救人质德国不得不向比利时求助，这进一步坚定德国联邦国防军组建特种部队的决心，KSK特种部队应运而生。

（二）事件经过

KSK特种部队一直被视为德国联邦国防军精锐作战力量之一，其诞生和发展具有典型的“德国色彩”，是联邦国防军在后冷战时代转型的一个缩影。

成立之初，KSK特种部队仅拥有两个连队的行动部队。时至今日，通过数次改组和强化，KSK特种部队已具备独立完整的架构，设立指挥、行动、支援和训练等多个部门，其中担负直接作战任务的行动部门设有6个连队，包含4个作战连、1个特种连和1个侦察连，总计约1600名官兵，大部分驻扎在位于德国南部卡尔夫的齐柏林伯爵基地。

在德国历年的海外军事行动中，都有KSK特种部队的身影，从南联盟、科索沃，到伊拉克、阿富汗，KSK特种部队屡次充当先锋，成为闻名的劲旅。

作为德国联邦国防军中的特殊存在，近几年KSK特种部队数次被曝出存在右翼极端主义倾向。据报道，2018年KSK特种部队部分官兵在聚会上播放带有右翼极端主义色彩的摇滚音乐，还向其指挥官行纳粹军礼。2019年在搜寻萨克森州一名KSK特种部队士兵的私人物品时发现大量来路不明的弹药、爆炸物、AK－47突击步枪和反宪法印刷物。

鉴于对KSK特种部队的指控越来越多，2020年5月29日，卡伦鲍尔特别责成军事保卫局成立专门小组跟进对KSK特种部队的调查。6月30日，卡伦鲍尔收到完整报告，报告显示KSK特种部队内部遭右翼极端主义思想严重渗透。

卡伦鲍尔在随后的公开讲话中表示，长久以来，KSK特种部队内部不断有右翼极端主义思想滋生，在部队主官和相当部分士官阶层的包庇纵容下，这一危险思潮被包装成“团队精神”存在于部队内部。

让德国联邦国防军高层更为担忧的是，与此同时，KSK 特种部队大量武器装备和军用爆炸物不翼而飞。根据调查报告，KSK 特种部队的装备管理存在很大漏洞，截至目前，共有 4.8 万发弹药和 62 千克爆炸物下落不明。如果这些危险品落入持有危险思想又深谙特种作战的军人手中，后果不堪设想。

（三）事件影响

考虑到 KSK 特种部队在德国联邦国防军的影响力和调查结果显示的严重性，卡伦鲍尔称已制定相关措施予以应对。

首先，解散被右翼极端主义思想侵蚀严重的第二连队，连队成员经过甄别后，没有问题的士兵归入其他连队，有右翼极端主义行为的士兵面临退役或军法处分。其次，暂停 KSK 特种部队海外行动并进行整顿，海外任务暂时交由陆军常规部队执行，KSK 特种部队日常管理和训练纳入陆军指挥。最后，KSK 特种部队内部指挥人员任期将受限制，服役年限和在岗时间不能过长，期间需要进行轮岗。

以上措施将在未来 4 个月内推广执行，4 个月后，德国国防部将对执行情况进行评估，如果届时 KSK 特种部队右翼极端主义问题没有好转，“不排除解散整支部队的可能性”。

十九、恐袭后“亡羊补牢”奥地利自查监狱体系①

11 月 7 日，奥地利司法部证实正在全国范围自查监狱，以避免出现类似维也纳恐怖袭击凶手获保释的漏洞。

（一）事件背景

司法部说，自查行动涉及监狱囚室和工厂，主要针对 229 名因恐怖主义罪名入狱或显现极端倾向的囚犯。检查人员在 12 座监狱发现可疑物品，大多数是暗示极端主义背景的手写文件。

① 参见《恐袭后“亡羊补牢” 奥地利自查监狱体系》，新华网，2020 年 11 月 8 日，http://www.xinhuanet.com/。

（二）事件经过

一名持枪男子 2 日晚在奥地利首都维也纳市中心朝人群射击，致 4 人死亡，包括一名警察在内的 23 人受伤，袭击者本人被击毙。奥地利警方确认，袭击者是有奥地利和北马其顿双重国籍的库伊蒂姆·法伊楚莱。

法伊楚莱因企图前往叙利亚加入极端组织“伊斯兰国”，2019 年 4 月在奥地利被判 22 个月监禁。他后来参加一个去极端化项目，继而获保释。奥地利内政部长卡尔·内哈默承认，法伊楚莱愚弄了去极端化项目的执行人员。奥地利总理塞巴斯蒂安·库尔茨说，释放法伊楚莱“显然错误”，“如果他没被放出来，恐袭根本不会发生”。

（三）事件影响

维也纳恐袭发生后，奥地利警方拘押 10 多名据信是袭击者同伙的嫌疑人。德国联邦刑事警察局 6 日证实，警方在德国三个州搜查与法伊楚莱有关联 4 人的住所和办公地点。就维也纳恐袭瑞士检察机关同样展开调查，已逮捕两名男子，分别为 18 岁和 24 岁。

二十、德国将培养更多本国伊斯兰教职人员以防宗教极端化①

11 月 10 日，德国联邦内政部长泽霍费尔表示，在该部门支持下开设的用德语培养伊斯兰教职人员的课程为预防极端化作出了贡献，有利于社会团结。他表示，当天开幕的德国伊斯兰会议的核心议题便是如何扩大德国国内的教职人员培养、克服对外国的从属性。

（一）事件背景

德国联邦内政部表示，为实现上述目标，近年来在其参与下实现了两项进展。第一是从 2020 年起在全国范围内开展了一个示范项目，开始用德语培养伊斯兰教社区的教职人员。第二是德国成员人数最多的伊斯兰教团体“土耳其伊斯兰宗教机构联盟”（DITIB）从 2020 年 1 月起开始用德语

---

① 参见《德国将培养更多本国伊斯兰教职人员以防宗教极端化》，中新网，2020 年 11 月 11 日，http：//www.chinanews.com/。

在德国境内自主培养教职人员，从而替代由土耳其派遣的教职人员。

（二）事件经过

泽霍费尔当天在向德国伊斯兰会议发表视频致辞时作出上述表示。他表示，在当前的危机时期更应该克服宗教差异，团结一致。“正因如此，我们正在促进根植于我们社会的伊斯兰教共享德国《基本法》当中的价值、尊重这个国家的生活方式。德国伊斯兰会议的核心议题便是扩大德国国内教职人员的培养、克服对外国的从属性。”

（三）事件影响

谈及近日发生在法国和奥地利等邻国的恐袭事件，泽霍费尔表示，这是对“我们共同生活基础的威胁”，他谴责袭击者企图“毁灭我们开放社会的核心”。他同时强调德国打击的不是伊斯兰教，而是恐怖分子和极端主义者。他认为德国目前最大的威胁仍是种族主义者和极右翼分子。

二十一、奥地利维也纳恐袭有两名嫌犯被捕，其中一人为奥地利人①

12 月 20 日，据法新社报道奥地利检察官表示，又逮捕了 2 名涉嫌参与 11 月 2 日维也纳恐袭事件的嫌犯。

（一）事件背景

检察官办公室的一名女发言人表示，嫌犯为 2 名男子，他们于当地时间 12 月 18 日被捕。其中一人 26 岁，是阿富汗裔奥地利人。不过，该发言人拒绝透露另一名嫌犯的国籍。

（二）事件经过

当地时间 11 月 2 日晚，奥地利维也纳发生恐袭事件，造成包括袭击者在内的 5 人死亡，23 人受伤，部分人员伤势严重。警方随后展开搜捕行动。此前，奥地利当局逮捕了与维也纳恐袭有关的 16 人；瑞士也逮捕了与

---

① 参见《奥地利维也纳恐袭有两名嫌犯被捕，其中一人为奥地利人》，法新社，2020 年 12 月 20 日。

此次袭击有关的两名男子。

（三）事件影响

报道称，该发言人表示，将于当地时间 12 月 20 日晚些时候提出一项要求，以将嫌犯关押到接受审判时为止。

2020 年中欧地区遭受恐怖袭击次数及伤亡人数

时间		1 月	2 月	3 月	4 月	5 月	6 月	7 月	8 月	9 月	10 月	11 月	12 月	合计
德国	袭击次数		2											2
	伤亡人数		44											44
奥地利	袭击次数											1		1
	伤亡人数											17		17
瑞士	袭击次数												1	1
	伤亡人数												2	2
全年，中欧地区遭受的恐怖袭击集中发生在德国、奥地利和瑞士，共遭受袭击 4 次，伤亡 63 人														

第七章／2020年南欧地区*反恐怖军事行动

第一节　南欧地区反恐怖军事行动综述

2020 年，南欧地区受新冠肺炎疫情和周边国家安全局势影响，恐怖袭击有所下降，但面临的恐怖威胁依然存在。最为直接的威胁源来自恐怖组织和各国内部分裂的现实难题，为应对此类威胁，南欧地区各国必须联手从政治、军事、经济、法律以及网络等领域打击恐怖主义。

一、南欧地区面临的主要恐怖威胁

受新冠肺炎疫情、地缘政治、难民危机、恐怖组织等多重因素影响，南欧地区安全形势虽然有所好转，但不容乐观。随着各国政府对恐怖活动防范手段的不断加强，恐怖分子的施恐方法也在不断翻新、变化，传统、简单、高效的袭击手段被恐怖分子频繁反复使用，随着恐怖组织及“圣战”组织不断向全欧洲渗透，给欧洲整个社会带来了极度恐慌与不安。恐怖分子的有生力量及生存空间逐步缩小，为保存实力，他们的恐怖袭击方式也悄然发生变化。

---

* 南欧包括 16 个国家：罗马尼亚、保加利亚、塞尔维亚、马其顿、阿尔巴尼亚、希腊、斯洛文尼亚、克罗地亚、波斯尼亚和墨塞哥维那、意大利、梵蒂冈、圣马力诺、马耳他、西班牙、葡萄牙、安道尔。

（一）恐怖组织依然是最大的源头威胁

极端恐怖组织的影子无处不在，其对东欧、整个欧洲乃至全球的影响较为深远，仍旧是最大的源头性威胁。虽然受到多方打击，但其奋力反击的可能性极大。

（二）难民遣返政策促生极端暴力犯罪

为避免大量难民涌入，各国拒收遣返难民，收紧边界管控、多国设置接收难民数量，致使大量难民滞留边境。由于长时间滞留以及缺少生活必需食品和医药物资品，加之希望渺茫等因素的影响，部分难民开始占据相关道路并试图推翻边境铁线网墙，甚至与警方发生冲突。

（三）暴力恐怖袭击刺激民众敏感神经

复杂多变的社会生态环境和大量难民涌入，使排外思潮持续高涨，个人极端行为不断涌现，使本就脆弱的社会安全多了一份动荡。社会极端个人和团体参与恐怖袭击的事件在逐步增多，恐怖组织不再为个别恐怖袭击事件负责，足以说明有个人或团体行为因素存在。

（四）民族和国家分裂势力威胁依然存在

民族分裂主义和国家分裂势力主要通过政治诉求、暴力活动甚至武装对抗手段达到其政治目的。民族分裂主义直接危害国家安全。是破坏民族团结、社会稳定和国家统一的最大危险，是影响少数民族和民族地区发展进步的最大障碍，民族分裂主义既不是民族问题，也不是宗教问题，而是违法犯罪行为，民族分裂主义的本质是分裂国家，破坏各族人员团结。

二、南欧国家的反恐怖军事对策

南欧国家已召开联合会议以应对恐怖威胁和难民问题，将会在经济、军事、法律、区域政策等方面叠加用力，治标与治本同步进行，以求取得有效的打击效果。面对诸多的恐怖威胁和突如其来的地区矛盾，打击和解决恐怖威胁必须加强多边合作，共同发力合作制胜。

（一）加强国际合作，严厉打击暴力恐怖活动

反恐问题一直以来都是全球性的共同课题，唯有通过加强国际合作，寻求解决办法。同时，在应对难民危机问题上，国际社会或欧盟必须有一致的准则。

（二）加强信息研判，精准打击暴力恐怖活动

切实加强社会层面的整体防控，对各方汇总情报信息进行精准分析研判，通过大数据和人工智能分析，通过网络数据和重点人员信息比对，通过重点人员资金流分析，通过物资采购数据分析，找出恐怖袭击的蛛丝马迹。为精准打击恐怖分子和制止恐怖活动于萌芽状态具有重要意义。

（三）加强边境管控，重拳打击暴力恐怖组织

尽管不是所有难民都是恐怖分子，但难民确已被恐怖组织所利用，并有不断扩大延展的趋势，控制好难民的数量和可疑人员的涌入可有效减少防恐压力。

（四）加大打击力度，剔除影响社会动荡因素

严厉打击恐怖势力和极端行为是确保社会安全稳定的重要保障，南欧各国为消除民众恐慌情绪和社会动荡影响，加大了打击恐怖分子和极端行为的力度，维护社会安全稳定。

（五）加大网管力度，严控恐怖主义传播途径

加强网络监管和数据分析，严防恐怖主义传播。网络已成为人类生活的重要组织部分，与此同时恐怖组织利用网络施恐、宣恐、招募的信息也在肆意传播，必须加强监控和控制，防止其成为恐怖分子施暴工具。

第二节　南欧地区主要恐怖袭击事件

2020 年新冠肺炎疫情肆虐全球，南欧地区各国受地缘政治、难民危机、恐怖组织等多重因素影响，反恐压力依旧，在各国政府和国际间合作

的共同努力下，南欧没有发生大规模恐怖袭击事件，社会面基本稳定，疲于应对新冠肺炎疫情。

一、克罗地亚一军用直升机坠海致 1 人死亡 1 人失踪①

1 月 27 日，克罗地亚国防部说，该国空军一架载有 2 人的军用直升机当天坠入亚得里亚海，造成 1 人死亡、1 人失踪。

（一）事件背景

据报道，2016—2017 年，美国向克罗地亚捐赠了 16 架二手“基奥瓦”军用直升机。此次事故发生后，克罗地亚国防部下令在事故原因调查清楚前，停飞所有该型号直升机。

（二）事件经过

克罗地亚国防部说，当地时间 10 时 30 分，克空军两架直升机开始飞行训练。约一小时后，其中一架 OH－58 型“基奥瓦”直升机在克海滨城市希贝尼克附近低空飞行时突然坠入亚得里亚海，机上 2 名飞行员中 1 人被附近渔民救起后不治身亡，另外 1 人下落不明。

（三）事件影响

事发后，克罗地亚有关部门出动海警巡逻船和直升机等前往事发海域进行搜救，在水下 30 米处发现了直升机残骸，但尚未找到失踪飞行员。

二、克罗地亚空军一小型飞机坠毁两人遇难②

（一）事件背景

5 月 7 日，克罗地亚空军一架小型飞机在该国沿海城市扎达尔附近坠

---

① 参见《克罗地亚一军用直升机坠海致 1 人死亡 1 人失踪》，新华网，2020 年 1 月 28 日，http：//www. xinhuanet. com/。

② 参见《克罗地亚空军一小型飞机坠毁两人遇难》，新华网，2020 年 5 月 7 日，http：//www. xinhuanet. com/。

毁，机上 2 人全部遇难。

（二）事件经过

据克罗地亚国防部消息，失事飞机为捷克产“兹林”小型教练机，事发时机上有 1 名教官和 1 名学员，正在进行常规飞行训练。

（三）事件影响

这是克罗地亚空军 2020 年以来发生的第二起严重坠机事故。1 月 27 日，克罗地亚空军一架美制“基奥瓦”直升机在海滨城市希贝尼克附近低空飞行时坠入亚得里亚海，机上 2 名飞行员遇难。

三、克罗地亚政府大楼附近发生枪击①

10 月 12 日，克罗地亚首都萨格勒布市中心发生一起枪击事件，一名警察受伤，一名枪手自杀身亡。事发地距离克罗地亚政府大楼仅几步之遥。

（一）事件背景

据美联社报道，枪击发生在萨格勒布老城区圣马可广场，中央政府和议会坐落在那里。警方说嫌疑人行凶后逃离，后来自杀。

（二）事件经过

警方说，嫌疑人 22 岁，男性，克罗地亚人，没有犯罪前科。尚不清楚他的作案动机。当地电视台报道，嫌疑人用一把自动武器行凶。受害者是一名 31 岁的警察，他身中 4 枪，已经接受手术，情况稳定。

（三）事件影响

克罗地亚总理安德烈·普连科维奇说，眼下掌握的信息太少，不确定这是否是一起孤立事件。警方已经封锁广场及附近区域，政府取消了所有

---

① 参见《克罗地亚政府大楼附近发生枪击》，新华网，2020 年 10 月 13 日，http：//www.xinhuanet.com/。

原定在广场举行的活动。

第三节　南欧国家主要反恐怖军事行动

受地缘政治影响、难民危机、恐怖组织、新冠肺炎疫情等多重因素影响，恐怖分子施恐方法也在不断翻新、变化，传统、简单、高效的袭击手段被恐怖分子频繁反复使用，南欧各国积极应对，采取各项举措消除社会和民众的恐慌与不安。

一、葡萄牙海军训练舰重启麦哲伦环球之旅①

1月5日，为纪念葡萄牙航海家麦哲伦首次环球航行500周年，葡萄牙海军训练舰“萨格里什”号5日从首都里斯本出发，正式开启为期371天的航程。

（一）事件背景

1519年，麦哲伦率领一支由5艘帆船组成的舰队，从西班牙起航，开始人类历史上首次环球航行。“萨格里什”号是葡萄牙海军著名的帆船训练舰，从1962年服役至今。

（二）事件经过

“萨格里什”号搭载144名船员，将沿麦哲伦环球路线航行，经欧洲、非洲、亚洲和美洲的19个国家和地区，中途停靠包括中国上海在内22个港口，总航程约4.1万海里，计划于2021年1月返回里斯本。根据行程安排，“萨格里什”号还将作为葡萄牙形象大使在2020年奥运会期间停靠日本东京，向世人展示葡萄牙历史和文化。

---

① 参见《葡萄牙海军训练舰重启麦哲伦环球之旅》，新华网，2020年1月6日，http://www.xinhuanet.com/。

（三）事件影响

葡萄牙总统德索萨在启航仪式上说，本次航行具有重要意义，感谢船员和他们的家庭为传播葡萄牙文化作出的贡献。

二、希腊拟采购 F-35 战斗机加强空军力量①

1 月 9 日，希腊国防部长尼科斯·帕纳约托普洛斯在雅典接受希腊媒体采访时说，希腊计划在未来几年里从美国引进一支 F-35 战斗机中队以加强希腊空军力量，使希腊能够在与土耳其可能出现的对峙中重获空中优势。

（一）事件背景

帕纳约托普洛斯表示，该中队的 24 架 F-35 战斗机计划于 2024 年列装完毕。他同时说，希腊很快将开始升级现有的 F-16 战斗机为 F-16V，预计 7—8 年完成。

（二）事件经过

帕纳约托普洛斯说，希腊对于侵犯希腊领土主权的行为将做出回应，并指责土耳其与利比亚对于海上边界的划定侵犯了希腊主权。希腊《每日报》报道说，引进一支装备 24 架 F-35 战斗机的作战中队及配套基础设施，预计花费超过 30 亿欧元。

（三）事件影响

F-35 战机是美国与部分盟国合作研制的第五代多用途作战飞机，配有新型航电设备，具备雷达隐身能力，是目前世界上最先进的战机之一。

三、“意念控制”距离战场很近②

1 月 21 日，西班牙媒体发表文章称，近日盘点 2019 年最具创新性的

---

① 参见《希腊拟采购 F-35 战斗机加强空军力量》，新华网，2020 年 1 月 10 日，http://www.xinhuanet.com/。

② 参见《“意念控制”距离战场很近》，《中国国防报》，2020 年 1 月 21 日。

军备研发项目，其中包括美国防部高级研究计划局进行的脑控无人机。据介绍，该项目旨在通过人的意念控制无人机，目前已经开发出人脑与计算机之间的非手术神经接口系统。这条新闻让意念控制技术再度受关注。

（一）事件背景

“意念控制”经常出现在科幻电影中，给观众带来新奇的观影体验，但这一技术原理不难解释：通过对脑电信息的提取、分析和解读，再经过一定技术处理，将其转变为控制机器的信号，进而驱动外置机械运动。实现“意念控制”的技术难点是通过脑机接口技术实现对脑电信号的“捉”和“转”，进而在人脑与计算机之间建立直接的交流和控制通道，利用该通道，实现通过大脑表达想法或操纵设备的目的。

（二）事件经过

脑机接口技术被公认为新一代人机交互和人机混合智能的关键核心技术，也是美国商务部限制对外出口的技术之一。该技术的实现途径分四步：第一步是脑电波采集，第二步是脑电波解读，第三步对脑电波进行信息编码，第四步是将信息编码结果反馈给外接设备。在脑电波采集中，可分为非植入式和植入式两类。非植入式主要通过头皮脑电实现，植入式则是将电极植入颅内，采集颅内脑电信号，这一步的技术难点是研制性能先进的神经接口元器件。目前美国一些研究机构已开发出“神经尘埃”“神经蕾丝”等具有突破性的接口器件。

（三）事件影响

近些年，各国军队纷纷加入对意念控制技术的研究中。其中，美军在这方面投资巨大，相关在研项目繁多且涉及多种功能。

据报道，在伊拉克和阿富汗战场上，共有36万美军士兵出现大脑受损情况。研究人员试图依托“大脑损伤区域植入体修补”项目，研发出可植入大脑表皮的电极或光纤，读取大脑神经元发出的电信号，并发送光脉冲，刺激“失联”的大脑区域，用新型的大脑植入物替代受损的大脑灰质皮层。这种可长期植入的微型无线神经装置有望帮助头部受伤失忆的士兵，读取他们在作战时脑部记录的各种信息。

2018年7月，英国《每日邮报》刊文称，美国国防部高级研究计划局正推进“非植入式神经技术”项目，目标是搭建起“人与机器之间的一座桥梁”。该项目通过开发能够让军人使用脑电波发送和接收信息的系统，使他们可以用意念控制无人机等装备。项目负责人称，“非植入式神经技术”项目研发出的神经接口系统，能够迅速从大脑多个点读取信息并写入信息。

除此之外，美军还在开发各种仿生肢体，如仿生眼、仿生腿等。这些仿生肢体通过人的意念直接控制，且具备特殊功能，例如仿生眼具备一定的夜视功能，仿生腿能够承担更重载荷。另外实验已经证明，人的记忆与电脑计算具备相同原理，因此用计算机模拟出有记忆的大脑，理论上是可行的。据报道，瑞士科学家正计划打造“人造脑”，研究人员分析脑细胞间的数十亿个连接，然后将这些连接输入电脑。研究人员称，随着电脑速度的提高，他们能在硅和金属上模拟人类的精神活动，包括记忆和情感。这样看来，“人造脑”可能在不远的将来成为现实。

四、西班牙空军一训练机坠海飞行员丧生①

（一）事件背景

2月27日，西班牙空军一架型号为C－101的训练机在该国南部穆尔西亚自治区附近海域坠毁，机上1名飞行员丧生。

另据西班牙《国家报》报道，这名39岁的飞行员经验丰富，是一名空军指挥官，其飞行总时长已超过2300小时。

（二）事件经过

西班牙空军在社交媒体上发布消息说，这架飞机当天训练时坠毁在穆尔西亚自治区附近海域，搜救队找到部分飞机残骸，目前“宣布飞行员已死亡”。

（三）事件影响

据悉，失事飞机隶属于西班牙空军航空学院。这是西班牙空军航空学院自2019年8月以来的第三次飞行事故，前两次事故共造成3人死亡。

---

① 参见《西班牙空军一训练机坠海飞行员丧生》，新华网，2020年2月28日，http：//www.xinhuanet.com/。

C－101 型飞机是西班牙空军使用了近 40 年的官方训练机，按计划应在 2020—2021 年退役。

五、中塞在困难时期铸就“钢铁”友谊[①]

3 月 27 日，塞尔维亚国防部长武林说，在塞尔维亚最困难时期，中国都和塞尔维亚站在一起，铸就了两国钢铁般的友谊。

（一）事件背景

1999 年 5 月 7 日深夜，参与北约轰炸南联盟行动的美军用导弹袭击了中国驻南联盟大使馆。2009 年 5 月 7 日，贝尔格莱德市政府在中国使馆旧址前竖立纪念牌，缅怀在北约轰炸中牺牲的 3 位中国烈士。

（二）事件经过

武林当天和中国驻塞尔维亚大使陈波、中国赴塞尔维亚抗疫专家医疗组 6 名成员一起前往中国驻南斯拉夫联盟大使馆旧址凭吊，并向纪念碑敬献花圈。武林对记者说，1999 年，北约轰炸南联盟时，中国人民和塞尔维亚人民站在一起，如今中国人民也同塞尔维亚人民一起抗击新冠肺炎病毒。“塞尔维亚人民知道中国人民是我们的好朋友，在困难时期铸就了钢铁般的友谊。”

（三）事件影响

塞尔维亚卫生部公布的数据显示，截至当地时间 27 日 15 时，该国累计新冠肺炎确诊病例数达 528 例，其中死亡 8 例。

六、北约直升机在希腊附近海域坠毁[②]

4 月 29 日，一架北约直升机在希腊以西的地中海支海爱奥尼亚海

① 参见《中塞在困难时期铸就“钢铁”友谊》，新华网，2020 年 3 月 29 日，http://www.xinhuanet.com/。

② 参见《北约直升机在希腊附近海域坠毁》，环球网，2020 年 4 月 30 日，http://www.huanqiu.com/。

坠毁。

（一）事件背景

报道称，这架直升机当时正在参加北约海军联合演习，该直升机所在部队隶属于一支北约快速反应部队，该部队通常由4—6艘驱逐舰或护卫舰组成。

（二）事件经过

报道援引希腊国防部消息人士的话说，坠毁的这架CH-124“海王”直升机是从一艘加拿大护卫舰上起飞，在希腊领海以西约20千米海域坠毁。机上有3—6人，目前下落不明。

（三）事件影响

目前，北约的搜救部队正在科法洛尼亚岛以西海域进行搜救。另据希腊网站militaire. gr 4月30日的最新报道，机身残骸已经找到，机上当时共6人，其中1人确认死亡。

七、希腊发现失事加拿大军机残骸[①]

4月30日，希腊军方人员确认，已经找到前一天在希腊附近海域参与演练失事的加拿大军用直升机残骸，地点位于希腊与意大利之间的海域。

（一）事件背景

一架加拿大CH-148“旋风”直升机当天在地中海上空执行北大西洋公约组织任务时坠海。这架直升机部署在“弗雷德里克顿”号“哈利法克斯”级护卫舰上，事发时正在希腊附近海域参与北约演练，离舰执行巡航任务时失联。来自意大利、土耳其、希腊和加拿大四国的护卫舰参加了这次演练。

---

① 参见《希腊发现失事加拿大军机残骸》，新华网，2020年5月1日，http：//www. xinhuanet. com/。

（二）事件经过

希腊军方一名不愿公开姓名的官员告诉法新社记者，在地中海爱奥尼亚海水域发现一些残骸碎片，确认属于加拿大失事军机。希腊国家广播和电视公司报道，搜救人员 4 月 29 日晚在希腊凯法利尼亚岛附近的公海发现部分飞机残骸和 1 名遇难人员遗体。加拿大军方暂时没有确认找到失事军机残骸，也没有说明机上人员数量，但称已经联系军机失踪人员的家属。

美联社先前报道，这架加拿大军用直升机当时搭载 4 名机组成员、1 名战术操作员和 1 名传感器操作员。希腊国家电视台报道，意大利和北约舰艇一同参与搜救，土耳其方面称，一艘土方护卫舰也参与其中。报道说，搜救行动当前仍在继续。北约下辖的欧洲盟军最高司令部一名女发言人 4 月 29 日证实，北约指挥的一艘舰艇上直升机发生事故，已经开展搜救，并通知相关国家。

（三）事件影响

“旋风”直升机由美国飞机制造商西科尔斯基公司设计生产，广泛用于反潜、监控和搜救，通常部署于海军舰只。美联社报道，加拿大军方原定 2008 年 11 月接收 28 架“旋风”直升机，但首架“旋风”2015 年 6 月才交付，且交付时缺少关键设备和软件，只能用于训练。直到 2018 年年底，加拿大军方才让“旋风”直升机投入执行任务。

八、希腊斥土耳其军机“骚扰”防长①

5 月 3 日，希腊谴责土耳其飞机在爱琴海一座小岛上空对希腊国防部长和陆军参谋长进行了所谓的“骚扰”。

（一）事件背景

据希腊雅典通讯社报道，在直升机起飞后，2 架土耳其喷气式飞机以 3500 英尺（约合 1000 米）的高度飞越了这个小岛，然后又以 1700 英尺

① 参见《希腊斥土耳其军机“骚扰”防长》，《参考消息》，2020 年 5 月 5 日，http://www.cankaoxiaoxi.com/。

（约合 500 米）的高度飞越了另一座希腊岛屿阿加索尼西。据一名军方消息人士透露，事件发生前不久，希腊飞机拦截了据希腊官员称侵犯了该国领空的土耳其飞机。

（二）事件经过

据希腊国防部门消息人士说，在这一事件发生前，希腊喷气式飞机曾拦截土耳其飞机。这两个北约盟国拦截对方飞机的操作很常见，但偶尔也会出现“危险”。

希腊国防部长尼科斯·帕纳约托普洛斯和陆军参谋长康斯坦丁诺斯·弗洛罗斯将军在视察了靠近土耳其边境的前沿基地后，乘坐直升机从伊努塞斯小岛起飞。

（三）事件影响

希腊外交部“坚决谴责此次骚扰”，并敦促土耳其“与该地区其他国家一样”尊重既定规则，而不是“一而再、再而三地违反规则”。

九、克罗地亚副总理兼国防部长宣布辞职[①]

5 月 7 日，克罗地亚副总理兼国防部长克尔斯蒂切维奇为当天发生的军机坠毁事件举行记者会并宣布辞职。

（一）事件背景

克罗地亚空军一架小型教练机 7 日下午在该国沿海城市扎达尔附近坠毁，机上 2 人全部遇难。据克罗地亚国防部消息，失事飞机为捷克产“兹林”小型教练机，事发时机上有 1 名教官和 1 名学员，正在进行常规飞行训练。

（二）事件经过

克尔斯蒂切维奇在记者会上表示，坠机事件“对克罗地亚军队来说是

---

① 参见《克罗地亚副总理兼国防部长宣布辞职》，新华网，2020 年 5 月 8 日，http：//www.xinhuanet. com/。

个巨大的损失”，他向遇难者表示哀悼，向遇难者家属和克罗地亚空军表示慰问，并宣布辞去副总理和国防部长职务。克尔斯蒂切维奇现年 50 岁，自 2016 年起担任克罗地亚副总理兼国防部长。

（三）事件影响

这是克罗地亚空军 2020 年以来发生的第二起严重坠机事故。1 月 27 日，克罗地亚空军一架美制“基奥瓦”直升机在海滨城市希贝尼克附近低空飞行时坠入亚得里亚海，机上 2 名飞行员遇难。目前，两起坠机事故的原因均在调查中。

2020 年南欧地区遭受恐怖袭击次数及伤亡人数

时间	克罗地亚		西班牙		希腊		罗马	
	袭击次数	伤亡人数	袭击次数	伤亡人数	袭击次数	伤亡人数	袭击次数	伤亡人数
1 月								
2 月								
3 月								
4 月								
5 月								
6 月								
7 月								
8 月								
9 月								
10 月	1	2						
11 月								
12 月								
合计	1	2						
全年，南欧地区共遭受恐怖袭击 1 次，伤亡 2 人。								

第八章／2020年北欧地区*反恐怖军事行动

第一节　北欧地区反恐怖军事行动综述

2020 年北欧深受新冠肺炎疫情疫情影响，相对于欧洲整体安全形势较好，反恐压力较小。针对“伊斯兰国”和难民问题，为稳定民众和社会恐慌情绪，北欧各国分别采取措施保证本国安全。

一、北欧地区面临的恐怖威胁

北欧地区恐怖威胁主要来自于恐怖组织策划、地方帮派争斗、情绪化难民施恐等，在新冠肺炎疫情的影响下，没有发生造成北欧民众和社会恐慌事件，但人们在新冠肺炎疫情和反恐双重压力下，民众和社会依然为安全形势担忧。

（一）恐怖组织影响依然存在，是威胁社会稳定的主导因素

自 2014 年“伊斯兰国”极端组织号召支持者攻击西方国家的公民，并教导他们如何在没有军事配备的情况下，使用石头或刀子展开攻击，或开车冲撞人群后，欧洲已有多地发生车辆冲撞事件。

---

* 北欧包括 6 个国家和地区：芬兰、瑞典、挪威、冰岛、丹麦、法罗群岛（丹）。

（二）地方帮派争斗冲突不断，是影响社会安全的次要因素

家族黑帮控制城市、帮派火并、枪击砍人、殴打证人、蔑视警察，瑞典已经沦为黑手党的天堂，而一切的“恶果”似乎却来自于瑞典人自己。中东难民组成的黑手党帮派正在接管瑞典的城市。这些难民黑帮在城市设置路障，准备火并，毫不畏惧警方的追捕。

（三）难民很容易情绪化施恐，成为恐怖袭击的直接参与者

当前北欧面临的最直接恐怖威胁来自于“独狼”式恐怖分子和受极端恐怖主义煽动的小型恐怖团伙。难民在各国难民政策影响下极易情绪化施恐，已成为影响地区安全稳定的长期性危险因素。

二、北欧国家的反恐怖军事对策

2020 年北欧地区国家针对可能发生的恐怖威胁积极采取军事应对措施。通过加强移民立法、建立预警机制、加强教育引导、重视国际合作、收紧难民政策予以应对，确保了社会面基本稳定。

（一）建立预警机制，采取措施防患于未然

瑞典等国加强对国内外形势的分析研判，适时出台分析报告，做好应急准备及动员，立法加强难民、移民管控及融入机制，各国政府为防止恐怖事件发生，加强执法力度，以强化公共安全。

（二）搞好引导教育，注重公共安全

瑞典政府积极防范极端主义与种族主义思潮在学校传播，在教育机构开展培训消除种族主义思想传播途径。情报机构将与移民局共享情报，及时甄别具有恐怖主义和极端主义倾向的高风险人员。

（三）重视国际合作，实现互助共赢

加强反恐领域国际合作，作为一项必要的反恐手段，一直以来备受国际社会认可。北欧各国在新冠肺炎疫情的影响下，在恐怖主义和极端势力的威胁下，更加注重相互合作，确保社会安全稳定。

（四）加强边境管控，难民政策收紧

发生在欧洲地区的一系列恐怖袭击表明，恐怖组织有可能利用申根区边境管控上的漏洞，实施越境恐怖袭击，边境管控压力增大。

第二节　北欧地区主要恐怖袭击事件

2020年没有检索到关于北欧地区恐怖袭击事件。

第三节　北欧国家主要反恐怖军事行动

在新冠肺炎疫情、国内安全形势和大国力量角逐的影响下，北欧地区各国为维护本国利益，积极应对恐怖威胁和不稳定因素，其军事行动集中体现在以下几个方面。

一、美国对波兰密集军售，一个愿打一个愿挨①

3月11日，中国《国防报》援引美国国防部安全合作局的报道称，近日美国务院已批准再向波兰出售价值1亿美元的“标枪”反坦克导弹系统。声明中称“美国务院决定批准向波兰出售180枚‘标枪’反坦克导弹和79部发射装置以及相关设备，预计总价值为1亿美元”。美方称这笔交易将帮助波兰提高其长期防御力，以保护该国的主权和领土完整。

（一）事件背景

2014年克里米亚危机的爆发助推了波兰与美国的军事合作。2015年美国向波兰特种部队赠送45辆装甲车。2016年美国开始进行部署在波兰的陆基“宙斯盾”反导系统的基础建设。2018年，美国与波兰签署“爱国者”防空

① 参见《美对波密集军售，一个愿打一个愿挨》，中国新闻网，2019年3月11日。

导弹系统的采购合同，同时波兰邀请美军常驻，并表示愿为此支付 20 亿美元。2020 年 1 月 31 日，波兰与美国签署价值 46 亿美元的军购协议，向美国购买 32 架 F－35 战斗机、33 台普惠 F－135 发动机还有相关电子战系统。

（二）事件经过

波兰不遗余力地向美国靠近是因为与俄罗斯的宿怨。历史上波兰曾三度被邻国瓜分，沙俄都参与其中。二战前，苏联与纳粹德国签订《秘密附加议定书》，波兰被苏德分割占领，二战结束后波兰成为苏联的“卫星国”。这些历史让波兰对俄罗斯充满警惕。原本波兰的两大倚仗分别是欧盟和北约，但自 2015 年波兰法律与公正党执政后，波兰与欧盟渐行渐远。加上美国退出《中导条约》，欧盟内部在对俄态度上更加分裂，法德等国主张与俄缓和关系，而俄的近邻国家则持相反意见。在这种情况下，波兰担心自己可能成为欧盟的弃子，加紧向美国示好。

（三）事件影响

对美国而言，波兰地处北约和欧盟前沿，一直是美国中东欧战略实施的重点对象之一。冷战结束后，美国利用东欧各国渴望融入西方和寻求美国保护的心理，以波兰作为美国欧洲地缘政治外交的战略支轴，企图遏制俄罗斯。面对西方挤压，俄罗斯周边安全形势更加严峻，东欧一些国家正加紧“去俄化”。俄罗斯不得不另辟蹊径，一方面在叙利亚等地区加大介入力度；另一方面与乌克兰改善关系，但波兰与美国在军事上的频繁互动，无疑在俄罗斯西大门埋下巨大隐患。另外，美波走近还将进一步分裂欧洲。如今，法德领导人正在积极倡导“欧洲防务独立”，主张排除美国影响，由欧洲人保卫欧洲。波兰“甘愿将自己绑在美国的战车上”的做法，无疑会使“欧洲防务独立”更难实现。

二、北约在冰岛海岸启动水下军演①

6 月 29 日，联盟的潜艇、战舰在冰岛海岸外开始大型水下作战演习。

---

① 参见《北约在冰岛海岸启动水下军演》，《参考消息》，2019 年 7 月 2 日，http：//www.cankaoxiaoxi. com/。

盟国警告说，在这个地区俄罗斯正在变得更加强势。这个联盟说，在北约的“活力猫鼬”演习中，美国、加拿大、法国、德国、挪威以及英国6个盟国正在测试水下作战技能以及船员躲避侦察的能力。

（一）事件背景

美国海军驻欧洲和非洲司令詹姆斯·福戈上将曾说，莫斯科已经“对北极采取强势态度”，重新占领旧的苏联基地并部署防空系统。福戈在日前为国际战略研究所发表的线上讲话说：“我们在北极看到海上竞争的新区域。需要强大的海军来保护共同利益，并确保贸易的及时流动。”美国还担心俄罗斯军队可能破坏在美国和欧洲之间传输大部分电子数据的海底电缆。

（二）事件经过

北约海上指挥中心在一份声明中说：“每艘水面舰艇都将有机会进行各种潜艇战行动。这些潜艇将轮流搜寻和被搜寻，与空中和水面参与者密切协调行动。”海上巡逻机也将参加演习。美国海军此次派出了“罗斯福”号导弹驱逐舰、“印第安纳”号核潜艇以及2架P-8A“海神”海上巡逻机参加演习。此次演习正值北约加大对北极和北大西洋的关注之时，盟国称在这两个地区，俄罗斯一直在加强存在，而且融化的海冰将令商船和军舰在未来更容易开展行动。

（三）事件影响

虽然参与“活力猫鼬”演习的指挥官并未回应这种担忧，但官员们说，此次演习旨在为“高端”战斗做准备。北约盟军海上司令部的负责人基思·布朗特中将在一份声明中说：“今天的演习抓住了为北约和盟国提供的机会，通过关注包括反潜战在内的高端能力来提高作战技能。‘活力猫鼬’将确保我们在和平、危机以及冲突中为行动做好准备。”演习将于7月10日结束。

三、美国撤走在挪威大部分驻军①

8 月 8 日，美国将从挪威撤出让俄罗斯恼火的驻军。这支驻军虽然规模并不大，约 700 人，但曾令俄罗斯非常恼火。不过，白宫的上述决定与莫斯科的担忧无关，只是为了夯实它在亚洲的军力。包括挪威本地的《晚邮报》和“巴伦支观察者”组织网站在内，已有若干媒体报道了撤军的新闻。700 名左右的美军士兵将离开这个北欧国家，仅有 20 人会继续驻扎，为将来在挪举行的北约军事演习提供保障，他们还留下了部分武器装备。

（一）事件背景

美国海军陆战队自 2017 年开始驻守挪威。二战结束以来，这是外国军人首次常驻该国。奥斯陆因于 1949 年加入北约，曾单方面承诺在和平年代不在本国境内设立外国军事基地，意在避免与苏联的冲突。然而，挪威政府因乌克兰问题与俄罗斯产生龃龉，加上莫斯科在北极积极开展军事活动，挪威遂向美国发出协助巩固其国防的请求。当然，奥斯陆也强调，这并非设立基地，也不是长期驻扎，而是在远离挪俄边境的地区设军营、进行士兵轮转。

（二）事件经过

挪威国防部说，北约部队将在演习期间驻守该国，人数甚至多过现在的美国驻军。首场演习定在 2021 年 1 月，预计将由来自美国及北约其他成员国的逾千名士兵参加。当然，“巴伦支观察者”组织网站也写道，奥斯陆强调未来演习而非美军行将撤出的事实，“试图给华盛顿这一决定的意义降温”。

（三）事件影响

但无论挪方如何解释，美军在挪威的长期存在还是令莫斯科非常恼火。俄外交部新闻司副司长扎伊采夫说，尽管美国宣布压缩常驻挪威海军

---

① 参见《美撤走在挪威大部分驻军》，《参考消息》，2019 年 8 月 9 日，http：//www. cankaoxiaoxi. com/。

陆战队的规模，但不能就此认为美国的军事活跃度会因此下降，不排除美国人会打着联合军演的借口，大举强化在挪威北部的军力。不过，从美国及挪威媒体的报道来看，华盛顿的这一决定与俄罗斯的担忧并无关联，而与美国近来压缩在欧存在、增兵亚洲的举措相关，它希望在亚洲对抗北京日益增长的影响力。所以，我们不必将从挪威撤军视为对俄罗斯意愿的迎合。

第九章╱2020年东欧地区*反恐怖军事行动

第一节　东欧地区反恐怖军事行动综述

2020 年，东欧地区的安全形势总体趋于缓和，但由于以美国为首的北约持续加大对俄军事围堵力度，双方战略博弈持续升温，东欧地区作为北约围堵俄罗斯的桥头堡，地缘因素决定了其地区安全取决于大国政治。乌克兰东部地区武装冲突虽有所降温，但在大国博弈的战略背景下，随时可能再燃战火。加之土耳其入局乌克兰，西方势力渐进渗透白俄罗斯等因素影响，东欧地区安全形势仍不容乐观。

一、东欧地区面临的恐怖威胁

2020 年，俄罗斯和乌克兰关系趋于缓和，但俄罗斯和白俄罗斯关系日渐微妙，东欧其他国家安全形势同样受北约和俄罗斯之间战略博弈的影响，从目前来看，东欧安全局势主要取决于俄罗斯和北约对抗的激烈程度，乌克兰、白俄罗斯局势发展及其与周边国家关系发展和利益分割。

（一）北约加紧推进对俄军事围堵，直接威胁东欧地区安全

以美国为首的北约通过强化军事合作、展开示强行动和密切盟友关系

---

* 东欧包括 7 个国家：爱沙尼亚、拉脱维亚、立陶宛、白俄罗斯、俄罗斯、乌克兰、摩尔多瓦。俄罗斯反恐怖形势已在第三章作了具体分析，所以本章内容不包括俄罗斯部分。

等方式，持续加大对俄军事围堵力度。一是向乌克兰出售武器装备。美国批准向乌克兰出售 16 艘巡逻艇、32 套“海鹰” A2 式 30 毫米火炮系统、40 门 MK44 型 30 毫米机关炮、20 套前视红外雷达系统和 16 套敌我识别系统等。二是向爱沙尼亚进驻无人机。美驻欧空军将 MQ－9“死神”无人机从波兰西北部的米罗斯拉维耶茨空军基地转移至俄邻国爱沙尼亚，以支持情报搜集任务。三是展示前沿力量存在。6 月 17 日，美国海军阿利·伯克级“波特”号导弹驱逐舰穿过博斯普鲁斯海峡进入黑海，与美国在该地区的北约盟国伙伴举行联合演习。除美国外，一些欧洲国家近期也动作频频，针对俄罗斯的意图十分明显。英国设立“抗俄预算”，将原对外援助款项 140 亿英镑（约合 1248 亿元人民币）用于对抗俄罗斯。

在以美国为首的北约持续加大对俄军事围堵力度的背景下，双方的战略博弈恐将持续升温。一方面，北约或将对俄罗斯展开更加绵密的军事围堵。结合近期动向不难看出，北约在保持对俄高强度军事施压的同时，更加注重在波兰、波罗的海国家、乌克兰和爱沙尼亚等俄周边邻国构筑更为灵活、更具威慑、更加强大的前沿部署力量。未来，北约或将继续以“小步快走”的方式，打着“优化军力部署”“提升快反能力”的幌子，绵密细致地强化在俄周边国家的军力部署，加速提升对俄战略威慑能力。另一方面，俄罗斯的军事回应或将更加激进难料。面对北约近期咄咄逼人的军事围堵行动，俄罗斯的反应愈发激烈，双方“脸贴脸”演习、“面对面”部署的频次和强度与日俱增。在双方战略互信严重缺失、军事对抗日趋激烈的情况下，北约下一步的军事示强举动，尤其是在俄周边陆海空域的挑衅行为，可能迫使俄采取更为有力、更难预料的反击行动。所有军事对抗一旦擦枪走火，必将引起地区安全局势急剧动荡，给恐怖分子渗透提供可乘之机。

（二）土耳其入局乌克兰，给东欧地区安全带来不稳定因素

2020 年 2 月，土耳其和乌克兰签署联合声明，重申对乌克兰主权与领土完整的坚定支持。并签订多项合作文件，其中包括土耳其向乌克兰提供价值 2 亿里拉（约合 3325 万美元）的军事援助。土耳其如此高调援助乌克兰，背后有多重考量。首先，在克里米亚问题上，土耳其始终秉持支持乌克兰的立场，以取悦国内的鞑靼人。土耳其为了争取鞑靼人的支持，一直力挺乌克兰对克里米亚的主权诉求。其次，土耳其此时向正面临俄罗斯

军事压力的乌克兰提供军事援助，也暗含不希望俄乌两国过快走近的意愿。从能源角度出发，俄乌关系不和有利于土耳其。克里米亚危机后，俄乌“斗气”不断，俄罗斯方面开始寻求绕开乌克兰向欧洲供应能源。2020年1月8日，建设了两年多的“土耳其溪”天然气管道正式启用，这更加强化了土耳其“能源枢纽”的地位。然而，随着近来俄乌关系变暖，两国在恢复供气问题上也逐步达成了协议，这无疑会降低“土耳其溪”的重要性，对土耳其的地缘战略也会造成一定冲击。这次土耳其高调援助乌克兰，也可谓是给乌克兰“打气”，意在使其面对俄罗斯时可以更强硬一点，以达成土耳其打的“小算盘”。一旦土耳其进一步以军事援助方式影响和渗透乌克兰，引起乌克兰东部地区军事冲突升级，必将引发地区动荡，威胁地区安全形势。

（三）白俄罗斯抗议示威活动一旦升级，可能引发区域局势动荡

8月9日，白俄罗斯举行总统选举，卢卡申科再次以高票连任总统，选举结果引发民意反弹，爆发抗议示威活动，引发骚乱。骚乱中有130名执法人员受伤，3名抗议者死亡，6700多名抗议者被拘留。

在骚乱的背后，西方势力的影子随处可见，8月14日，欧盟各外长，一致决定对白俄罗斯负责“镇压抗议”的官员实施制裁，8月15日，美国国务卿蓬佩奥在波兰表示，将和欧洲伙伴协商，以“尽我们所能帮助白俄罗斯人民获得主权和自由”。白俄罗斯作为俄罗斯与西方的战略缓冲，一旦陷入国家动荡，将直接威胁俄罗斯的战略安全，俄罗斯必将不惜一切代价维护白俄罗斯的国家安全。白俄罗斯作为东欧地区的一个新的地区安全局势爆发点，一旦政府失去对国内形势的控制，必将引发新一轮的地区局势动荡，进而升级为暴力恐怖活动。

二、东欧国家的反恐怖军事对策

东欧地区面临的恐怖威胁主要来自北约和俄罗斯博弈而带来的地区危机，其安全局势直接决定于美俄欧博弈的结果，平衡区域内各方力量，维持该区域的战略平衡，有助于稳定其安全生态环境，最重要的是加强周边国家合作及对话、妥善处理域内纷争、弱化相互敌对态势，才能有效维护地区稳定。

（一）乌克兰与美国深化国防安全领域合作

1 月 31 日，乌克兰总统泽连斯基在基辅表示，美国是乌克兰的关键盟友，乌方准备在国防和安全领域与美方发展新的伙伴关系，并考虑从美方购买武器装备。乌克兰准备在国防和安全领域与美方发展新的伙伴关系，并考虑采购美制“标枪”反坦克导弹系统，通过购买必要武器装备加强乌海军力量并与美方积极合作推动国防工业改革。希望美方加大对乌投资力度。邀请美国企业来乌参与铁路建设以及天然气和石油开发。蓬佩奥表示，乌克兰是“欧洲地理中心”和“东欧门户”，“掌管着欧洲的能源管道”，美方支持乌方的承诺不会改变。2014 年乌克兰东部冲突爆发后，美国政府加大对乌克兰的援助力度，包括提供武器装备。俄罗斯方面多次警告美国不要向乌方提供致命性武器，认为此举无助于乌东部冲突的解决。

（二）乌克兰问题三方联络小组就乌东冲突调解新机制达成一致

3 月 11 日晚，乌克兰问题三方联络小组（俄罗斯、乌克兰及欧洲安全与合作组织）在白俄罗斯首都明斯克举行例行会谈，就乌克兰东部冲突调解新机制达成一致。欧安组织特别代表海迪·格劳在会谈后的新闻发布会上说，三方联络小组安全工作组在会谈中主要讨论确定更多撤军地点问题，商定将在一周内就可能达成的妥协方案表达各自立场。人文工作组主要讨论在押人员交换问题，商定将在一周内提交新一批在押人员交换名单并在两周内最终协调这一问题，各方还原则同意开设两个新的通行站。三方联络小组其他工作组讨论了保障乌东部冲突区供水和通信及乌东部地区特殊地位问题等。格劳强调，俄罗斯总统办公厅副主任德米特里·科扎克和乌克兰总统办公室主任安德里·叶尔马克参加本次会谈，这是各方做好准备支持三方联络小组调解努力的重要表现。

（三）东欧多国增购无人机保护边境

随着俄罗斯在波罗的海和黑海的军事活动给北约东翼带来的压力越来越大，一些东欧国家正在制订为其军队采购无人机的计划。考虑到俄罗斯对东欧地区的军事化仍在密集持续下去，各国希望通过采购新无人机来加强军方的监视、侦察和情报能力，以确保该国武装部队能够有效监控本国边境。

第二节　东欧地区主要恐怖袭击事件

一、乌克兰客机被伊朗伊斯兰革命卫队击落

（一）事件背景

1 月 8 日清晨，乌克兰国际航空公司一架波音 737 型客机从德黑兰霍梅尼国际机场起飞前往乌克兰首都基辅，但起飞后不久坠毁，机上 167 名乘客和 9 名机组人员无一生还。伊朗民航组织 9 日公布初步调查报告说，失事的客机因“技术问题”坠毁。

（二）事件经过

在飞机失事后，伊朗方面发布的最初消息称，可能是引擎故障等技术原因导致的乌航飞机失事，乌克兰驻伊朗大使馆也表示，乌航失事是由技术故障导致的，但随后更改了声明，称一切以最终调查结果为准。1 月 11 日，伊朗军方称“无意”中击落了该客机，并称这是美国的冒险主义引发的“人为错误”。

（三）事件影响

1 月 3 日，美军对伊拉克巴格达国际机场发动袭击，造成包括伊朗伊斯兰革命卫队下属“圣城旅”指挥官卡西姆·苏莱曼尼等在内至少 8 人死亡，伊朗随后誓言报复。据伊朗媒体报道，伊朗伊斯兰革命卫队 8 日凌晨向驻有美军的两个伊拉克军事基地发射了数十枚导弹。随后，伊朗伊斯兰革命卫队空天部队司令哈吉扎德在 11 日发表声明说，在美国宣称将报复打击“52 处伊朗目标”后，革命卫队一直处于“高度戒备状态”。事发时，导弹操作员误认为乌克兰客机是“巡航导弹”。操作员只有 10 秒钟时间决定是否发射，加上通信故障等问题，操作员不幸最终做出了错误决定。声明称，失事客机被伊朗军方“非故意”击落，事故是“人为错误”导致。

二、乌克兰东部发生交火，政府军士兵 1 死 1 伤

（一）事件背景

2014 年 4 月，乌克兰东部顿巴斯地区（包括顿涅茨克州和卢甘斯克州）爆发乌政府军和民间武装间的大规模冲突。经国际社会斡旋，冲突双方分别于 2014 年 9 月和 2015 年 2 月在明斯克达成停火协议，此后大规模武装冲突得到控制，但小规模交火时有发生。2020 年 7 月 22 日，乌克兰问题三方联络小组（乌克兰、俄罗斯、欧洲安全与合作组织）与顿巴斯地区民间武装代表举行视频会议，各方一致决定自 7 月 27 日零时起，顿巴斯地区实施全面停火。9 月 6 日，乌克兰政府军位于顿涅茨克州和卢甘斯克州的两处阵地当天遭到袭击，造成 1 人死亡、1 人受伤。

（二）事件经过

2020 年 9 月 6 日，乌克兰东部民间武装同时向位于卢甘斯克州普里切皮洛夫卡附近的政府军阵地和位于顿涅茨克州克拉斯诺戈罗夫卡附近的政府军阵地发动袭击，政府军士兵 1 人重伤身亡、1 人受伤，乌克兰政府军进行了还击，对方的伤亡情况尚不清楚。

（三）事件影响

这是自 7 月 27 日乌克兰东部实施全面停火以来乌方首次出现人员伤亡情况。但据欧安组织驻乌克兰观察团 9 月 3 日发布的报告，自 7 月 27 日乌克兰东部实施停火以来，共记录了 908 起违反停火的事件，报告没有提及人员伤亡情况。

三、其他恐怖袭击事件

6 月 21 日，乌克兰首都一居民楼爆炸致 2 人死亡，部分楼层严重损毁，另有 3 名受困人员被救出，21 名居民被紧急疏散。

9 月 25 日，乌克兰东北部哈尔科夫州发生的军用飞机坠毁事故，造成 25 人死亡，2 人重伤。

第三节　东欧国家主要反恐怖军事行动

为维护本国利益，东欧地区各国积极应对地域安全挑战，通过加深国与国之间战略合作，希望维持新的战略平衡，达到保护地区安全的目的。

一、乌克兰与美国深化国防安全领域合作

1 月 31 日，乌克兰总统泽连斯基在基辅表示，美国是乌克兰的关键盟友，乌方准备在国防和安全领域与美方发展新的伙伴关系，并考虑从美方购买武器装备。

（一）行动背景

2014 年乌克兰东部冲突爆发后，美国政府加大对乌克兰援助力度，包括提供武器装备。

（二）行动概况

乌克兰准备在国防和安全领域与美方发展新的伙伴关系，并考虑采购美制“标枪”反坦克导弹系统，通过购买必要武器装备加强乌海军力量并与美方积极合作推动国防工业改革。希望美方加大对乌投资力度，邀请美国企业来乌参与铁路建设以及天然气和石油开发。

（三）行动评析

蓬佩奥表示，乌克兰是“欧洲地理中心”和“东欧门户”，“掌管着欧洲的能源管道”，美方支持乌方的承诺不会改变。俄罗斯方面多次警告美国不要向乌方提供致命性武器，认为此举无助于乌克兰东部冲突的解决。

二、土耳其和乌克兰签署联合声明，重申对乌克兰主权与领土完整的坚定支持

（一）行动背景

在克里米亚问题上，土耳其始终秉持支持乌克兰的立场，以取悦国内的鞑靼人。首先，土耳其为了争取鞑靼人的支持，一直力挺乌克兰对克里米亚的主权诉求。在克里米亚的归属问题上，土方直言不讳地表示："我们将继续维护乌克兰的领土主权完整，我们不承认俄罗斯对克里米亚的非法吞并。克里米亚居住的鞑靼人，对维护土耳其与乌克兰之间的亲密关系起着重要作用，我们将会继续监测其状况。"其次，土耳其此时向正面临俄罗斯军事压力的乌克兰提供军事援助，也暗含不希望俄乌两国过快走近的意愿。从能源角度出发，俄乌关系不和有利于土耳其。克里米亚危机后，俄乌"斗气"不断，俄罗斯方面开始寻求绕开乌克兰向欧洲供应能源。2020年1月8日，建设了2年多的"土耳其溪"天然气管道正式启用，这更加强化了土耳其"能源枢纽"的地位。然而，随着近来俄乌关系变暖，两国在恢复供气问题上也逐步达成了协议，这无疑会降低"土耳其溪"的重要性，对土耳其的地缘战略也会造成一定冲击。

（二）行动概况

土耳其和乌克兰签署联合声明，并签订多项合作文件，其中包括土耳其向乌克兰提供价值2亿里拉（约合3325万美元）的军事援助。土耳其此时向正面临俄罗斯军事压力的乌克兰提供价值2亿里拉（约合3325万美元）军事援助，以加强乌政府军应对乌克兰东部地区武装冲突能力。

（三）行动评析

这次土耳其高调援助乌克兰，也可谓是给乌克兰"打气"，意在使其面对俄罗斯时可以更强硬一点，以达成土耳其打的"小算盘"。另外，目前土俄关系正处于一种比较微妙的状态。由于在选择购买俄罗斯S-400反导系统以及"中东和平新计划"等一系列问题上，土耳其与美国继续僵持不下，致使未来土俄在大战略上还会采取合作的态度，但在具体地区事务中，土俄两国的分歧并不少。此前在叙利亚，俄叙联军空袭了伊德利卜

市，使土耳其支持的反对派感受到空前的压力，土耳其为此已多次抗议，土叙军队之间还“互殴”了一番，双方各有伤亡。在利比亚，俄罗斯支持的“国民军”几乎已经把与土耳其签订协议的民族团结政府逼到了墙角。显然，面对俄罗斯的“挤压”，土耳其是牢骚满腹，此次签署联合声明也是从侧面表达对俄罗斯的不满，以期莫斯科在相关地区事务中能有所克制，更多地考虑土耳其的利益诉求。

三、乌克兰问题三方联络小组就乌东冲突调解新机制达成一致

3 月 11 日晚，乌克兰问题三方联络小组（俄罗斯、乌克兰及欧洲安全与合作组织）在白俄罗斯首都明斯克举行例行会谈，就乌克兰东部冲突调解新机制达成一致。

（一）行动背景

2014 年 4 月，乌克兰东部顿巴斯地区（包括顿涅茨克州和卢甘斯克州）爆发乌政府军和民间武装间的大规模冲突。经国际社会斡旋，冲突双方分别于 2014 年 9 月和 2015 年 2 月在明斯克达成停火协议。此后，大规模冲突得到控制，但小规模交火事件仍时有发生。

（二）行动概况

欧安组织特别代表海迪·格劳在会谈后的新闻发布会上说，三方联络小组安全工作组在会谈中主要讨论确定更多撤军地点问题，商定将在一周内就可能的妥协方案表达各自立场。人文工作组主要讨论在押人员交换问题，商定将在一周内提交新一批在押人员交换名单并在两周内最终协调这一问题，各方还原则同意开设两个新的通行站。三方联络小组其他工作组讨论了保障乌东部冲突区供水和通信及乌东部地区特殊地位问题等。

（三）行动评析

俄罗斯总统办公厅副主任德米特里·科扎克和乌克兰总统办公室主任安德里·叶尔马克参加本次会谈，这是各方做好准备支持三方联络小组调解努力的重要表现。

四、其他反恐怖军事行动

5 月 9 日，白俄罗斯在首都明斯克举行盛大阅兵式，隆重纪念卫国战争胜利 75 周年。

5 月 22 日，白俄罗斯对美国决定退出《开放天空条约》表示遗憾。

6 月 17 日，美海军阿利·伯克级“波特”号导弹驱逐舰穿过博斯普鲁斯海峡进入黑海，与美国在该地区的北约盟国伙伴举行联合演习。

6 月 17 日，俄罗斯针对北约在波罗的海举行的大规模军演，组织其南部军区出动十余架苏 –24、苏 –27、苏 –30 战斗机、米 –24 武装直升机，对北约舰船动向进行全面监视，并进行针对性较强的军事演习，以及时应对黑海水域可能发生的紧急情况。

6 月 20 日，为期 7 天的“海上微风 –2020”多国联合军演由乌克兰和美国主导，于 20 日在黑海海域开始举行。来自乌克兰、美国、土耳其等北约成员国及其伙伴国的约 2000 名军人、20 多艘军舰和 19 架飞机参加。

7 月 29 日，白俄罗斯逮捕 33 名企图在白总统选举前进行破坏活动的俄罗斯籍武装人员。

2020 年东欧地区遭受恐怖袭击次数及伤亡人数

时间		1 月	2 月	3 月	4 月	5 月	6 月	7 月	8 月	9 月	10 月	11 月	12 月	合计
乌克兰	袭击次数	1			1		1			1				4
	伤亡人数	176			2		2			27				207
全年，东欧地区遭受的恐怖袭击集中发生在乌克兰，共遭受袭击 4 次，伤亡 207 人。														

第十章／2020年南亚国家及阿富汗*反恐怖军事行动

第一节　南亚国家及阿富汗反恐怖军事行动综述

2020 年，阿富汗及南亚各国的反恐形势空前紧张，一方面是受国际局势影响；另一方面与当年暴发新冠肺炎疫情有关，由于经济衰退，社会不稳定因素加剧，政府和军队疲于应对，不得不将主要精力集中在疫情防控和人流管控上，使其在反恐政策上有所松懈。恐怖组织和极端势力浑水摸鱼，得到了一定时间的喘息，并趁此期间加强培训与准备，伺机发动恐怖袭击。另外，印巴冲突不断升级，安全局势依然严峻。

一、南亚国家及阿富汗面临的恐怖形势

2020 年，南亚及阿富汗恐怖活动与上一年相比虽有所减少，但恐怖袭击仍然持续不断，甚至在有些地区有抬头之势。仅阿富汗上半年就有 1282 名平民在各类武装冲突中丧生，2176 名平民受伤，阿富汗仍然是武装冲突造成平民伤亡人数最多的国家。阿富汗、巴基斯坦、印度都在受恐怖主义影响最大的十个国家之列，南亚地区仍是受恐怖主义影响最大的区域。

---

* 南亚包括的国家有：尼泊尔、不丹、孟加拉国、印度（包括锡金区）、巴基斯坦、斯里兰卡、马尔代夫七个国家。因中东地区不包括阿富汗，所以前面未对阿富汗反恐怖形势做一分析；又因阿富汗与巴基斯坦境内都是塔利班在作乱，所以将阿富汗并入南亚地区一并进行分析。

（一）疫情下塔利班攻势不断

一方面，阿富汗塔利班与美国在 2 月底签署和平协议以来，发动袭击次数增加 70%，并试图利用新冠肺炎疫情影响，加强对农村的控制。路透社引用两组数据，一组来自西方军界消息人士，一组由一个独立机构提供。两组数据显示，3 月 1 日至 4 月 15 日，塔利班在阿富汗发动超过 4500 次袭击，相比 2019 年同期增加 70%。阿富汗政府数据显示，超过 900 名阿富汗士兵在此期间丧生，相比 2019 年同期增加大约 380 人。另一方面，由于美国和阿富汗政府军减少攻击，塔利班这一时期死亡人数从 2019 年大约 1660 人大幅减至 610 人。阿富汗新冠肺炎疫情最严重的 4 个省份，与最近数周受塔利班袭击最多的地区吻合，塔利班武装人员没有袭击大的政府中心或城市，他们瞄准赫拉特省、喀布尔省、坎大哈省和巴尔赫省的村庄，那里报告的新冠肺炎病例最多。塔利班试图逐步削弱政府对农村地区的影响。7 月 27 日，联合国阿富汗援助团发布报告说，尽管 2020 年上半年的平民伤亡数字比上年同期减少了 13%，但阿富汗仍然是武装冲突造成平民伤亡人数最多的国家。58% 的平民伤亡由反政府武装组织的行动造成，其中塔利班的行动造成 580 名平民死亡、893 名平民受伤，占平民伤亡总数的 43%。

（二）极端组织“伊斯兰国”死而不僵

一方面，“伊斯兰国”利用地区动乱和新冠肺炎疫情冲击之机不断复苏，发动夜间袭击、绑架、自杀式炸弹袭击等行动。另一方面，“伊斯兰国”也在利用当地失业、贫困、饥饿、疾病、压迫等状况发展力量。报告显示，“伊斯兰国”依然保留着筹融资渠道，具有支持恐怖袭击的财力。与此同时，地区形势的发展变化也给了“伊斯兰国”死灰复燃的机会，“伊斯兰国”在阿富汗及南亚地区不断渗透，建立新的分支。10 月 24 日，喀布尔西部考萨尔达尼什地区一所私营教育中心外发生自杀式炸弹袭击，造成 24 人死亡、57 人受伤，死伤者均为平民。11 月 2 日，位于阿富汗首都的喀布尔大学遭到武装分子袭击。袭击造成包括 3 名袭击者在内的至少 25 人死亡、22 人受伤。极端组织“伊斯兰国”宣称对两起袭击负责。喀布尔大学恐怖袭击事件对阿富汗整体安全形势影响非常严重，“伊斯兰国”成为阿富汗境内主要恐怖活动的策源地，这对阿富汗政府提出了新的考验。种种迹象表明，“伊斯兰国”的恐怖活动并未销声匿迹，其结构依旧完整，仍然能够协调发动攻势或分散作乱，并企图借全球受到新冠肺炎疫情冲击之机积蓄力量、卷土重来。

（三）外部干预和平进程难推进

美国政府与阿富汗塔利班签署和平协议仅 4 天，驻阿美军就再次对塔利班在阿富汗南部赫尔曼德省的目标实施空袭，以报复塔利班在和平协议签署后对阿富汗安全部队发动的密集袭击。美军此番行动不但将进一步加深国际社会对和平协议执行前景的疑虑与担忧，更凸显了阿富汗国内局势的复杂与动荡，看似曙光初现的和平进程可能因此陷入停滞不前的境地。与此同时，塔利班武装主动“认领”了针对阿富汗安全部队发起的一连串高密度袭击。相关数据显示，仅 3 月 3 日当天，塔利班就对赫尔曼德省的多座阿富汗安全部队检查站发动 43 次袭击。美塔和平协议墨迹未干之际战火再起，充分表明围绕协议本身及阿富汗国内和平进程的诸多矛盾依旧突出，远未达到彻底解决的地步。美国介入阿富汗局势使得本地区更加不稳定，美国发动战争的目的就是搅乱这个地区。美国政府撇开阿富汗政府、单方面与塔利班进行谈判，并对后者作出重大让步，进而直接引发阿富汗政府和塔利班双方的纷争，给阿富汗国内和平进程埋下重大安全隐患，和平协议前景黯淡。

二、南亚国家及阿富汗的反恐怖军事对策

2020 年，受新冠肺炎疫情的影响，阿富汗及南亚各国的应对政策也有所调整，在积极推进和平谈判进程的同时，持续用力有效应对地区安全威胁和挑战。

（一）积极推进和平谈判进程

2 月，美国和阿富汗塔利班签署了旨在结束阿富汗战争的和平协议，双方开始交换战俘和释放所关押人员。阿富汗政府和塔利班方面表示，他们已经达成了推进和平谈判的初步协议，将就未来全面停火的谈判制订规则和程序。5 月 24 日，阿富汗政府宣布将释放 2000 名塔利班在押人员，作为对塔利班宣布开斋节期间停火的回应。5 月 28 日，阿富汗塔利班宣

布，当天分两批释放了80名阿富汗政府在押人员，作为对阿富汗政府此前释放该组织在押人员的回应。同时塔利班宣布，将在7月31日至8月2日期间在阿富汗全国实施为期3天的停火。阿富汗总统加尼随后对塔利班的这一声明表示欢迎，并指示阿富汗安全部队遵守停火协议，只有在受到攻击时才可以还击。8月3日，阿富汗塔利班组织分管政治事务的领导人阿卜杜勒·加尼·巴拉达尔与美国国务卿蓬佩奥举行视频会谈，就启动阿富汗内部谈判等事宜进行了磋商。9月12日，阿富汗政府、塔利班以及该国其他派别在卡塔尔首都多哈开始和平谈判。阿富汗政府代表团由前情报局长穆罕默德·马苏姆·斯塔尼克扎伊、阿民族和解高级委员会主席阿卜杜拉·阿卜杜拉、代理外交部长穆罕默德·哈尼夫·阿特马尔等组成。塔利班代表团由宗教学者谢赫·阿卜杜勒·哈基姆、塔利班分管政治事务的领导人阿卜杜勒·加尼·巴拉达尔等共21名成员组成。卡塔尔副首相兼外交大臣穆罕默德·本·阿卜杜勒拉赫曼·阿勒萨尼、美国国务卿蓬佩奥出席谈判启动仪式。卡塔尔副首相兼外交大臣穆罕默德·本·阿卜杜勒拉赫曼·阿勒萨尼在讲话时强调，停火和开启对话是结束阿富汗冲突的唯一途径，此次谈判对结束阿富汗战争、实现该国和平非常重要。卡塔尔外交部发表声明说，这次由阿富汗各派别参加的直接谈判，是阿富汗在持久和平道路上迈出的积极和重要的一步。

（二）持续用力开展反恐行动

2020年，巴基斯坦恐怖袭击频发。不论是安全部队还是宗教学校，均成为恐怖分子的袭击目标。针对恐怖主义活动增多的态势，巴基斯坦国家反恐局10月发布恐袭预警，提醒人们在举行政治和宗教集会活动时加强安全防范。与此同时，巴基斯坦安全部队和警方也积极开展反恐活动，并在俾路支省与阿富汗接壤的部落地区打击恐怖分子。巴基斯坦北瓦济里斯坦地区与阿富汗接壤，经常被恐怖分子作为藏身之处。巴基斯坦采取军事行动清除了藏匿在这一地区的绝大多数恐怖组织，但当地仍有残余恐怖分子不时向巴安全部队发动袭击。3月18日，巴基斯坦安全部队在该国西北部北瓦济里斯坦地区展开反恐行动，打死7名恐怖分子。4月20日，巴基斯坦安全部队在该地区与恐怖分子交火，打死5名恐怖分子。4月25日，巴基斯坦安全部队在该地区展开反恐行动，打死9名恐怖分子。10月4日，巴基斯坦安全部队在该地区展开反恐行动，打死2名恐怖分子、逮捕1人。

（三）加速撤军计划危及反恐大局

美国与塔利班签署和平协议后，美国在阿富汗驻军规模从现在约 1.3 万人降至约 8600 人，剩余的美军和北约联军士兵将在 14 个月内撤离阿富汗。塔利班则承诺不再让阿富汗成为恐怖分子的庇护所，并要求外国军队彻底撤离阿富汗，但是美国以打击“伊斯兰国”等极端组织为由，坚持要求在阿富汗保留一定数量的驻军。据阿富汗媒体报道，第一批美军部队将从位于阿富汗南部赫尔曼德省的军事基地撤出。此前，北约驻阿联军共有约 1.6 万名士兵，其中包括约 1.3 万名美军士兵，主要负责为阿富汗安全部队提供支持。美国加速撤军可能会对阿富汗内部和谈带来负面影响。塔利班与阿富汗政府之间在和谈的很多关键性议题上未能达成共识，和解前景遥不可及。这种谈判原本就是建立在脆弱的军事平衡上。虽然塔利班温和派仍寄望于美国政府继续执行美塔协议，但并不排除该组织的强硬分子在美军撤离后对阿安全部队采取更加猛烈的攻势。此前美政府一再宣称，阿富汗的安全应主要由阿富汗政府来负责，这实际上是将阿富汗局势置于极大的不确定性之中。同时，美国加速从阿富汗撤军的决定，会动摇美国的北约盟友继续在阿驻军的决心。美国的北约盟友主要负责训练阿安全部队，很大程度上需要由美军提供后勤支持和安全保护。美加速撤军的决定，很可能使北约其他国家以安全为由撤离阿富汗。北约秘书长斯托尔滕贝格发出警告称，任何过早撤军都可能是危险的开始，将危及阿富汗反恐大局。

第二节　南亚国家及阿富汗主要恐怖袭击事件

一、阿富汗安全部队频繁遭袭多人伤亡

4 月 19 日夜间，阿富汗北部塔哈尔省发生一起武装袭击事件，造成阿安全部队 18 名士兵死亡、3 人受伤。4 月 21 日至 5 月 3 日，塔利班在多地对阿富汗安全部队进行袭击，造成多名安全部队士兵和警察伤亡。

（一）事件背景

2 月 29 日，美国政府与阿富汗塔利班签署和平协议。根据协议，塔利班承诺不允许其成员以及包括“基地”组织在内的其他组织成员利用阿富汗国土威胁美国及其盟友的安全。然而，塔利班近来加大了对阿安全部队的袭击力度，争取在战场上取得更多战果，并试图利用新冠肺炎疫情加强对农村的控制，以便在与政府的对话中占据主动。

（二）事件经过

4 月 19 日夜间，十多名塔利班武装分子对该省哈贾加尔地区警察局和附近一座军营发动袭击，企图占领警察局并控制该地区。阿安全部队予以还击，挫败袭击者企图，塔利班武装分子也有伤亡。21 日夜间，塔利班武装分子袭击了阿北部萨尔普勒省数个安全检查站，造成 11 名安全部队士兵死亡、19 人受伤。在阿富汗东部卢格尔省，塔利班武装分子袭击了位于艾纳克铜矿的安全检查站，造成 8 名警察死亡。随后，阿富汗北部昆都士省达什特阿奇地区的安全部队遭武装分子袭击，双方发生交火，10 名武装分子死亡。在邻近的扎勒堡地区，4 名安全部队士兵遇袭丧生，另有 3 人受伤。在南部乌鲁兹甘省，武装分子对该省安全部队发动袭击，4 名安全部队士兵及另外 20 人受伤。在南部坎大哈省和加兹尼省，又有 2 名安全部队士兵遇袭死亡。5 月 3 日晚，南部赫尔曼德省发生一起汽车炸弹袭击事件，造成 5 名安全部队士兵死亡。一辆载有炸弹的汽车向纳赫里萨拉季地区的一座军营靠近。安全部队在车辆无视安全警示后开火，恐怖分子随后在军营附近引爆了车上的炸弹，造成人员伤亡。

（三）事件影响

针对频繁的恐怖袭击，阿富汗政府认为，塔利班与其他武装组织联手，试图在阿富汗国内营造恐怖主义抬头的氛围，阻挠阿富汗和平进程。5 月 13 日，阿富汗总统加尼与安全顾问举行会晤后发表电视讲话，下令阿富汗安全部队改变防御性姿态，并恢复对包括塔利班在内的武装组织发动进攻。针对和平协议签署后阿富汗国内冲突频发的情况，国际分析人士表达了对阿富汗和平前景的谨慎甚至忧虑态度。

二、其他恐怖袭击事件

1 月 1 日，阿富汗北部多地安全部队遭塔利班武装人员袭击，共造成 30 名安全部队成员死亡。阿富汗塔利班发言人扎比胡拉 · 穆贾希德在社交媒体上承认，该组织对上述几起袭击事件负责。

1 月 7 日，巴基斯坦安全部队车辆在奎达市遭炸弹袭击，造成 2 人死亡、18 人受伤。

1 月 10 日当晚，巴基斯坦西南部俾路支省首府奎达的一座清真寺发生爆炸，造成至少 14 人死亡、20 人受伤。极端组织“伊斯兰国”宣称制造了这起袭击。

1 月 11 日，一美军车辆在阿富汗南部坎大哈省遭路边炸弹袭击，造成 2 名美军士兵丧生，另有 2 名美军士兵受伤。阿富汗塔利班发言人扎比胡拉 · 穆贾希德在社交媒体上证实，该组织武装人员发动了这起袭击事件。

1 月 27 日，阿富汗塔利班武装击落一架隶属于美国中央情报局（CIA）的飞机，大量美军士兵死亡，死者中包括 CIA 高级官员。

2 月 8 日，阿富汗东部楠格哈尔省希尔扎德地区发生枪战，造成 2 名美军士兵丧生，另有 6 人受伤。

2 月 11 日，阿富汗内政部证实，阿首都喀布尔西部当天发生一起自杀式袭击，造成包括袭击者在内 6 人死亡、12 人受伤。

2 月 26 日下午，阿富汗警方首都喀布尔第六警区发生一起炸弹袭击事件，造成 10 人受伤。

3 月 2 日，阿富汗东部霍斯特省发生一起炸弹袭击事件，造成 3 名平民死亡，11 人受伤。

3 月 6 日上午，阿富汗首都喀布尔西部发生的集会遇袭事件，造成至少 27 人死亡，另有 29 人受伤。

3 月 6 日晚，阿富汗西部赫拉特省发生一起袭击事件，造成 7 名平民死亡，另有 17 人受伤。

3 月 20 日，阿富汗南部查布尔省一处军营发生“内鬼”袭击事件，造成 14 名国民军士兵和 10 名警察死亡。

4 月 1 日，阿富汗南部赫尔曼德省发生路边炸弹爆炸袭击，至少 7 人在袭击中丧生，另有 2 人受伤。

4月12日，印度和巴基斯坦军队在克什米尔实际控制线附近发生交火，造成3名印度平民死亡。

4月16日，阿富汗以北的巴格拉姆空军基地外发生一起针对客运汽车的袭击，造成5名阿富汗人死亡，另有4人受伤。

5月2日，阿富汗东部拉格曼省首府米特拉姆发生一起炸弹袭击事件，造成3人死亡、4人受伤。

5月12日，阿富汗发生两起袭击事件，共造成42人死亡、数十人受伤。

5月14日，阿富汗东部帕克蒂亚省首府加德兹一处军方建筑遭遇汽车炸弹袭击，造成至少5人死亡，数十人受伤。塔利班发言人扎比乌拉·穆贾希德在社交媒体发布声明，“认领”袭击。

5月18日，阿富汗东部加兹尼省首府加兹尼市的一座国家安全局的营地遭汽车炸弹袭击，造成7人死亡，40人受伤。阿富汗塔利班宣布制造了这起袭击事件。

5月24日，阿富汗北部塔哈尔省发生一起武装冲突，造成10人死亡、4人受伤。

5月28日，阿富汗东部帕克蒂亚省一个边境检查站遭遇塔利班武装人员袭击，阿安全部队随后与武装人员发生激烈交火并击退武装人员，14名安全部队士兵在交火中身亡，另有3人受伤。

5月30日下午，阿富汗首都喀布尔发生一起路边炸弹袭击事件，造成2人死亡、4人受伤。

6月2日，阿富汗首都喀布尔一座清真寺当晚发生一起自杀式袭击，造成2人死亡、2人受伤。

6月3日，阿富汗南部坎大哈省发生一起路边炸弹袭击事件，造成9名平民死亡、5人受伤。

6月12日，巴基斯坦东部旁遮普省拉瓦尔品第市一市场晚间发生爆炸事件，造成1人死亡、11人受伤。

6月12日，阿富汗首都喀布尔一座清真寺遭炸弹袭击，造成至少4人死亡、8人受伤。

6月18日，阿富汗北部塔哈尔省一所宗教学校遭到炸弹袭击，致7人死亡、8人受伤。

6月23日，阿富汗北部朱兹詹省发生一起路边炸弹袭击事件，造成6

名平民死亡，其中包括3名儿童和2名成年女性。

6月28日，阿富汗南部赫尔曼德省和北部朱兹詹省分别发生爆炸袭击事件，共造成9名平民死亡、2人受伤，死者中包括妇女和儿童。当天上午，3名平民在该省曼加杰克地区一条道路上触发了一枚地雷，造成3人当场死亡，其中包括2名儿童。

6月29日，4名武装人员袭击了位于巴基斯坦南部城市卡拉奇的巴基斯坦证券交易所大楼，导致至少5人死亡、6人受伤。

6月29日，一伙塔利班武装分子对该省卡尔金地区的一个安全检查站发动袭击，阿富汗安全部队随后反击，打死35名武装分子，迫使其撤退。阿富汗扎尔说另有25名武装分子在冲突中受伤。阿安全部队有2人死亡、3人受伤。

7月4日，阿富汗东部帕克蒂亚省和帕克提卡省各发生一起炸弹爆炸事件，造成6名塔利班武装分子死亡。当天凌晨，一伙塔利班武装分子正在帕克蒂亚省一个地区埋设路边炸弹，试图对阿富汗安全部队发动袭击，但炸弹提前爆炸，造成4人当场死亡。

7月12日，阿富汗中部代孔迪省发生一起武装袭击事件，造成4名警察死亡、1人受伤，另有12名塔利班武装人员被打死。

7月22日，阿富汗南部乌鲁兹甘省发生一起路边炸弹袭击，造成7名阿安全部队士兵死亡。

7月23日，巴基斯坦西北部开伯尔－普什图省巴勒吉纳尔地区一市场发生爆炸，造成至少20人受伤。

7月24日，阿富汗北部巴格兰省首府普勒胡姆里发生一起路边炸弹爆炸事件，造成4名平民死亡、1人受伤。

7月30日，阿富汗东部卢格尔省首府普勒阿拉姆市当晚发生一起汽车炸弹袭击，造成至少38人伤亡。

8月2日，阿富汗东部楠格哈尔省首府贾拉拉巴德市的楠格哈尔省监狱遭到恐怖分子袭击，造成13名平民和3名袭击者死亡。

8月13日，阿富汗南部坎大哈省发生一起路边炸弹袭击，造成5名平民死亡，死者均来自同一家庭。

8月14日，即将与塔利班对话的阿富汗政府谈判人员法齐娅·库菲遭遇枪击，右手受伤。

8月18日，阿富汗首都喀布尔遭到火箭弹袭击，造成10人受伤。当天，喀布尔正在举行纪念独立日的活动。上午 9 时 30 分左右，两辆分别位于第 8 警区和第 17 警区的轿车共向市中心发射了 14 枚火箭弹。大部分火箭弹击中居民区住宅，造成 10 人受伤。袭击发生后，警方在第 17 警区逮捕了 2 名嫌疑人。

8 月 23 日，阿富汗东部加兹尼省和北部朱兹詹省各发生一起路边炸弹袭击事件，共造成 10 名平民死亡。一辆载有平民的旅行车在该省贾哈托地区触发一枚路边炸弹，造成包括 3 名妇女和 2 名儿童在内的 7 人死亡。

8 月 25 日，阿富汗北部巴尔赫省发生一起汽车炸弹袭击事件，造成 6 人死亡，32 人受伤。当地时间上午 8 时 45 分，一名塔利班武装分子驾驶载有炸弹的汽车在巴尔赫省巴尔赫地区一家兽医院外引爆了炸弹。爆炸造成袭击者、2 名阿富汗士兵和 3 名平民死亡，另有 6 名阿富汗士兵和 26 名平民受伤，周围多栋建筑损毁。塔利班随后宣布制造了这起袭击事件。

8 月 28 日，阿富汗南部坎大哈省发生一起路边炸弹爆炸袭击事件，导致包括 6 名儿童在内的 13 名平民丧生。

9 月 11 日凌晨，阿富汗东部楠格哈尔省一所安全部队检查站遭塔利班武装分子袭击，造成 6 名安全部队士兵死亡，5 人受伤。

9 月 16 日夜间，阿富汗东部楠格哈尔省和西部巴德吉斯省爆发阿富汗安全部队与反政府武装分子的冲突，共有 20 名阿富汗安全部队士兵和 29 名武装分子在冲突中丧生，另有 16 名士兵和 20 名武装分子受伤。胡吉亚尼和谢里菲均指责塔利班发动了这些袭击，塔利班方面承认在巴德吉斯省发动袭击，但对楠格哈尔省的冲突未予回应。

9 月 30 日晚，阿富汗南部赫尔曼德省的一个安全检查站遭汽车炸弹袭击，造成 5 名阿安全部队士兵和 4 名平民死亡。

10 月 3 日，阿富汗东部楠格哈尔省发生一起汽车炸弹袭击，造成 15 人死亡、42 人受伤。

10 月 15 日，巴基斯坦发生两起恐怖袭击事件，共造成 20 人死亡。巴基斯坦三军新闻局当晚发表声明说，由安全人员护送的巴基斯坦石油天然气发展有限公司车队当天计划前往卡拉奇市，在行驶至西南部俾路支省奥尔马拉镇沿海公路时遭遇大批恐怖分子袭击。7 名巴基斯坦边防部队士兵和 7 名安保人员在交火中身亡，恐怖分子也遭受重大损失。另外，恐怖分子在西北部北瓦济里斯坦地区勒兹默格镇附近用简易爆炸装置袭击了巴军车队，造成 6 名军人死亡。巴基斯坦塔利班已宣称制造了这起袭击事件。

10 月 15 日，阿富汗南部查布尔省一个警察营地当天遭到塔利班武装袭击，交火中 15 名塔利班武装人员丧生，另有 26 人受伤，其中包括 6 名警察。

10 月 17 日，巴基斯坦安全部队一支巡逻队当天在西南部俾路支省遭恐怖分子袭击，造成 1 名士兵死亡、3 名士兵受伤。

10 月 18 日，阿富汗西部古尔省首府菲罗兹山的古尔省警察局办公楼外发生汽车炸弹爆炸，造成至少 16 人死亡、90 人受伤。

10 月 20 日，巴基斯坦南部港口城市卡拉奇一辆巴士遭到爆炸袭击，导致至少 6 人受伤，其中 3 人伤势严重。

10 月 20 日，阿富汗东部瓦尔达克省发生两起路边炸弹袭击事件，造成 5 名平民死亡，9 人受伤。

10 月 21 日，阿富汗北部塔哈尔省一个检查站遭塔利班武装人员袭击，25 名警察在冲突中丧生。

10 月 24 日，阿富汗东部加兹尼省发生两起路边炸弹爆炸事件，导致 9 名平民死亡、2 名警察受伤。

10 月 24 日下午，阿富汗首都喀布尔一所教育中心发生自杀式炸弹袭击，造成包括袭击者在内的 11 人死亡，另有 20 人受伤。

10 月 29 日，阿富汗东部加兹尼省和南部查布尔省分别发生一起汽车炸弹袭击事件，共造成 32 人死亡，44 人受伤。当地时间 29 日清晨，查布尔省议会议长阿塔·詹·哈克巴延一行乘坐的车辆在查布尔省首府卡拉特市遭遇汽车炸弹袭击，造成 2 人死亡，23 人受伤。死者分别是哈克巴延的一名保镖和一名行人。另外当地时间 29 日上午 7 时 40 分左右，加兹尼省首府加兹尼市的一座军营遭汽车炸弹袭击，造成 30 名阿富汗安全部队士兵死亡，另有 21 人受伤。

11 月 12 日，一系列火箭弹袭击了阿富汗首都喀布尔，造成 1 人死亡，1 人受伤。

11 月 13 日，阿富汗首都喀布尔发生一起袭击议员车辆的爆炸事件，造成 2 人死亡、2 人受伤，议员本人因不在车上幸免于难。

11 月 13 日，巴基斯坦旁遮普省拉瓦尔品第市的一个市场发生爆炸事件，造成至少 15 人受伤。

11 月 13 日，阿富汗东部楠格哈尔省胡吉亚尼地区发生一起路边炸弹袭击事件，造成 4 名平民死亡。

11 月 15 日，阿富汗喀布尔省副省长马赫卜卜拉·莫西比及其秘书乘坐的车行驶在喀布尔第 9 警区，附着在车上的一枚简易爆炸装置发生爆炸，造成莫西比及其助手当场死亡，2 名保镖受伤。

11 月 16 日凌晨，阿富汗北部巴格兰省的一座军事基地遭塔利班武装分子袭击，造成 13 人死亡、5 人受伤。

12 月 13 日，塔利班武装人员在阿富汗东部加兹尼省卡拉巴格区袭击了一处在检查站执行任务的国民军士兵，造成大约 20 多名国民军士兵死亡。塔利班发言人扎比乌拉·穆贾希德声称对此次袭击事件负责，塔利班武装人员以渗透的方式发动了袭击。

12 月 20 日上午，阿富汗首都喀布尔发生一起爆炸袭击，造成 8 名平民死亡。爆炸发生在喀布尔第 5 警区，还造成包括妇女和儿童在内的 15 人受伤。

12 月 22 日上午，阿富汗首都喀布尔发生一起炸弹袭击，造成 5 人死亡、2 人受伤。

12 月 23 日，阿富汗首都喀布尔一处公路上发生爆炸事件，造成至少 1 名警察丧生，另有 2 人受伤。

12 月 26 日，阿富汗首都喀布尔发生 4 起爆炸袭击，造成 4 人死亡、4 人受伤。

12 月 27 日，巴基斯坦西南部俾路支省的一个安全检查站遭武装分子袭击，7 名安全部队人员死亡。

第三节　南亚国家及阿富汗主要反恐怖军事行动

一、阿富汗安全部队在多地展开行动打死 107 名武装分子

美国与塔阿富汗利班 2 月底签署和平协议以来，塔利班发动超过 3800 次袭击，致死 420 人、致伤 906 人。斋月期间，至少 146 名阿富汗平民死于塔利班发动的袭击，大约 430 人受伤。自 6 月 27 日起，阿富汗安全部队在多地展开军事行动，打死至少 107 名武装分子，打伤 70 多人。

（一）行动背景

阿富汗塔利班开斋节前曾宣布实施为期 3 天的停火。但随着开斋节结束，塔利班武装人员恢复了对阿富汗安全部队的袭击，阿安全部队也加大了对塔利班武装的打击力度。阿富汗政府认定首都喀布尔一家妇产医院和楠格哈尔省一处葬礼现场 5 月遇袭与塔利班有关，随后下令安全部队对塔利班采取“攻击”态势。

（二）行动概况

6 月 27 日，阿富汗安全部队在西部古尔省莎加尔地区对塔利班展开清剿行动，打死 14 名武装分子、打伤 15 人。28 日，阿富汗安全部队战机当天在阿富汗东部加兹尼省代赫亚克地区对一场塔利班集会活动实施空中打击，打死 10 名武装分子、打伤 6 人。同一天，安全部队位于东部帕克蒂亚省的一处哨所遭塔利班武装分子袭击。安全部队随后展开清剿行动，打死 13 名武装分子。安全部队还在东部卡皮萨省打死 7 名武装分子、打伤 7 人。29 日下午，一伙塔利班武装分子对阿富汗北部朱兹詹省卡尔金地区的一个安全检查站发动袭击，阿安全部队随后反击，打死 35 名武装分子，另有 25 名武装分子在冲突中受伤。29 日晚，阿安全部队战斗机对该省哈姆阿卜地区的塔利班藏身处发动空袭，炸死 13 名武装分子，另有 17 人受伤。30 日凌晨，200 多名塔利班武装分子计划对阿富汗东部帕尔万省萨菲山地区的安全检查站发动袭击，阿安全部队在接到情报后对其发动空袭，17 名武装分子当场死亡，并迫使其撤退。

（三）行动评析

继 2020 年 2 月底美国和阿富汗塔利班达成和平协议后，武装冲突频繁爆发，内部和谈进展缓慢，阿富汗安全形势未见好转。根据美塔和平协议，驻阿美军人数在 2020 年 6 月减至约 8600 人，美军和北约联军在 14 个月内撤离阿富汗。塔利班承诺不允许其成员及包括“基地”组织在内的其他组织成员利用阿富汗国土威胁美国及其盟友安全。然而，过去一个月，美军数次在阿富汗赫尔曼德省等地区发动空袭，并称是为支援遭到塔利班袭击的阿富汗安全部队。对此，美塔各执一词，相互指责对方违反和平协议。美国的干预，塔利班和阿富汗政府、军警之间的暴力冲突，仍然是影响阿富汗安全形势的关键因素。

二、其他反恐怖军事行动

1 月 5 日，阿富汗安全部队对阿北部昆都士省的塔利班武装分子藏身地发动空袭，打死 5 名武装分子。这 5 人中包括一名负责为塔利班生产爆炸装置的当地头目，另有 3 名武装分子受伤。

1 月 6 日，69 名塔利班武装分子向阿富汗政府缴械投降，国民军还根据武装分子交代的线索发现了塔利班武装的一处弹药库。阿富汗国民军过去一周在该省沙赫拉克地区展开清剿行动，并包围了 300 余名塔利班武装分子。

1 月 17 日，阿富汗安全部队分别在西部尼姆鲁兹省和东部霍斯特省发动空袭，击毙 5 名塔利班武装分子。

1 月 20 日，阿富汗政府称，阿安全部队日前在多个省份与塔利班武装分子交火，双方均有人员伤亡。阿安全部队自 19 日起在 11 个省发起 14 次清剿行动，共打死 18 名塔利班武装分子，摧毁一处存有爆炸装置的仓库，缴获了大量武器弹药和车辆。安全部队还发现并拆除了 10 枚路边炸弹。

1 月 21 日，40 名塔利班武装分子向阿富汗政府缴械投降。2020 年以来，阿富汗全国向政府投降的塔利班武装分子已有 350 多名。

2 月 5 日，阿富汗政府证实，在过去 24 小时内，阿富汗安全部队在多个省份发动空袭，打死 26 名武装分子，另有 7 名武装分子被打伤。

2 月 29 日，美国和阿富汗塔利班在卡塔尔首都多哈签署了旨在结束阿富汗战争的和平协议。根据协议，美国将开始逐步减少其在阿富汗的驻军，驻扎在阿富汗的外国军队有望在 14 个月内全部撤出。塔利班则承诺不再让阿富汗成为恐怖分子的庇护所。

3 月 4 日，美国政府与阿富汗塔利班在卡塔尔多哈签署和平协议三天后，驻阿富汗美军空袭塔利班武装在阿南部赫尔曼德省目标，以报复后者在协议签署后频繁袭击阿安全部队。

3 月 18 日，巴基斯坦安全部队在该国西北部北瓦济里斯坦地区展开反恐行动，7 名恐怖分子被打死，4 名安全部队人员在交火中丧生。

3 月 25 日，阿富汗政府与阿富汗塔利班当天就双方相互释放被关押人员达成一致。卡塔尔、美国和红十字国际委员会方面也参加了谈判。根据协议，塔利班将从 3 月 10 日起与阿富汗各方举行阿人内部对话，阿政府将在会谈前释放大约 5000 名塔利班在押人员，塔利班释放大约 1000 名阿政府方面人员。

3 月 27 日，阿富汗国家和平事务部发表声明说，阿政府组建了一个 21 人的代表团，将与塔利班举行直接对话，讨论如何为阿富汗局势找到政治解决方案。

4 月 1 日，阿富汗国民军在阿南部坎大哈省打死 12 名塔利班武装人员、打伤 3 人。

4 月 4 日，印军和武装分子在古尔加姆地区发生的交火持续了一整天。4 名武装分子被击毙，印军方面无人伤亡。

4 月 5 日，印军和武装分子在库普瓦拉地区发生交火，5 名武装分子被击毙，印军方面 1 人死亡、2 人受重伤。印度军方表示，被击毙的武装分子是当地激进组织成员。

4 月 20 日，巴基斯坦军安全部队在该国西北部地区与恐怖分子交火，打死 5 名恐怖分子。

4 月 25 日晚，巴基斯坦安全部队在该国西北部北瓦济里斯坦地区展开反恐行动，打死 9 名恐怖分子。巴安全部队获得可靠情报后在恐怖分子藏匿的地区展开搜索行动，并与恐怖分子发生激烈交火。9 名恐怖分子在冲突中被打死，1 名恐怖分子被逮捕。2 名安全部队人员在交火中身亡，另有 5 人受伤。

5 月 6 日，美国政府阿富汗和解事务特别代表扎尔梅·哈利勒扎德在卡塔尔首都多哈与阿富汗塔利班组织分管政治事务的领导人阿卜杜勒·加尼·巴拉达尔进行了会面。哈利勒扎德在社交媒体上表示，双方会面的目的是争取在一些问题上取得进展，包括阿富汗政府和塔利班尽快释放在押人员、制止暴力行为、实现停火、加快阿富汗内部谈判进程等。

6 月 4 日夜间，驻阿富汗美军飞机在阿西部法拉省对塔利班武装分子发动空袭，16 名塔利班武装分子在空袭中死亡，另有 5 名武装分子受伤。

6 月 29 日，阿富汗安全部队在全国多地与塔利班武装发生冲突，共打死 65 名该组织武装分子。

8 月 21 日，巴基斯坦发布针对阿富汗塔利班成员的金融制裁措施，包括塔利班首席和平谈判代表阿卜杜勒·加尼·巴拉达尔以及多名隶属“哈卡尼网络”武装组织的成员。

9 月 2 日，阿富汗政府又释放了 200 名塔利班在押人员，以尽快促成政府与塔利班之间的和谈，实现持续的全国性停火。

9 月 12 日，阿富汗政府、阿富汗塔利班以及该国其他派别在卡塔尔首都多哈开始和平谈判。

9 月 19 日，阿富汗安全部队在北部昆都士省对塔利班武装人员发动空袭，造成 30 多名武装人员死亡、8 人受伤。

9 月 24 日，一伙塔利班武装分子试图攻占帕克蒂卡省一个地区的警察总部，阿富汗安全部队予以击退，并从空中和地面发动反攻，打死了至少 68 名武装分子，打伤 35 人。

10 月 4 日，巴基斯坦安全部队在该国西北部北瓦济里斯坦地区展开反恐行动，打死 2 名恐怖分子、逮捕 1 人。

10 月 25 日，阿富汗安全部队击毙了“基地”组织高级头目阿布·穆赫辛·马斯里。马斯里是埃及人，据信是“基地”组织二号人物。

11 月 2 日，3 名武装分子在阿富汗喀布尔大学校园持枪扫射并制造爆炸，造成包括 3 名袭击者在内的至少 25 人死亡。

11 月 19 日，巴基斯坦总理伊姆兰·汗在阿富汗首都喀布尔表示，巴基斯坦支持阿富汗的包容性和平进程，将竭尽所能协助阿实现和平。

12 月 2 日，阿富汗政府和塔利班方面表示，已经达成了推进和平谈判的初步协议，这是双方自 19 年战争以来达成的第一个书面协议。

2020 年南亚及阿富汗地区遭受恐怖袭击次数及伤亡人数

时间	阿富汗		巴基斯坦		印度	
	袭击次数	伤亡人数	袭击次数	伤亡人数	袭击次数	伤亡人数
1 月	2	32	2	54		
2 月	3	36				
3 月	4	118				
4 月	5	129			1	3
5 月	8	163				
6 月	8	78	1	12		
7 月	5	59	1	20		

续表

时间	阿富汗		巴基斯坦		印度	
	袭击次数	伤亡人数	袭击次数	伤亡人数	袭击次数	伤亡人数
8 月	7	99				
9 月	3	105				
10 月	8	361	3	30		
11 月	6	46				
12 月	5	46	1	7		
合计	64	1272	8	123	1	3
全年，南亚及阿富汗地区共遭受恐怖袭击 73 次，伤亡 1398 人。						

第十一章 ／2020年东南亚地区*反恐怖军事行动

第一节　东南亚地区反恐怖军事行动综述

2020 年，东南亚地区共遭受恐怖袭击 14 次，伤亡 309 人。尽管 2020 年全球遭到新冠肺炎疫情的影响，加大了对社会面的管控，但恐怖组织及恐怖活动并未因此而消停。“伊斯兰国”的极端思想仍然在东南亚地区以多种形式进行传播，影响仍在继续。东南亚地区的恐怖组织在组织形式和袭击手段上也在逐渐适应疫情影响下的社会现状，并企图借疫情而扩大势力范围图谋发展壮大。

一、东南亚地区恐怖主义新态势

2020 年以来，受到新冠肺炎疫情冲击的影响，东南亚各国加强了对本国各地区的管控，以控制疫情蔓延，同时，各国强力部门也借此机会加强了对原恐怖活动猖獗的地区进行打击，恐怖袭击事件暂时呈下降趋势。

（一）东南亚地区恐怖主义国际化程度在不断加深

据联合国 2020 年发布的一份报告，目前在伊拉克和叙利亚的“伊斯兰国”残余势力仍多达 1.8 万人。报告显示，“伊斯兰国”依然保留着筹

---

* 东南亚地区总共有 11 个国家：越南、老挝、柬埔寨、缅甸、泰国、马来西亚、新加坡、印度尼西亚（简称印尼）、菲律宾、文莱和东帝汶，其中东帝汶是经全民公决后，于 2002 年 5 月 20 日从印尼独立出来的，是东南亚最年轻的国家。

融资渠道，具有支持恐怖袭击的财力。种种迹象表明，“伊斯兰国”的恐怖活动并未销声匿迹，还企图借全球受到新冠肺炎疫情冲击之机积蓄力量、卷土重来。有媒体报道称，“伊斯兰国”结构依旧完整，仍然能够协调发动攻势或分散作乱。“伊斯兰国”在不断向东南亚地区进行渗透过程中，进一步促进了东南亚地区恐怖主义国际化；“伊斯兰国”通过宗教极端思想的传播、恐怖分子的招募、对东南亚恐怖组织的整合，完成了“全球圣战”的范式转化，对东南亚地区恐怖组织的整合更强有力，东南亚已有超过60个恐怖组织宣誓效忠“伊斯兰国”；同时，“伊斯兰国”还通过任命地区“领导人”、提供爆炸培训和资金的方式整合地区恐怖组织网络。据印尼媒体报道，11月27日，该国中苏拉威西省西吉县（Sigi）一村庄发生凶杀惨案，4名村民遭残杀，其中1人遭斩首，3人被割喉，7座村民房屋被烧毁。当地警方现场勘察后认定凶案为“东印尼圣战组织”（MIT）成员所为。该组织为印尼境内宣誓效忠于“伊斯兰国”的恐怖组织。

（二）东南亚地区恐怖组织的活动网络隐蔽化、人员来源广泛化、信息传播网络化、恐怖组织领导结构扁平化趋势愈加明显

通讯技术的发展与普及，增强了恐怖组织线上教化、招募动员、计划与协调、募集资金、资料探勘与操弄等动员、组织和协调能力。与“基地”组织不同的是，“伊斯兰国”依靠网络和社交媒体等现代技术，在推介自己、招募成员、筹措资金方面进展顺利，促进了网络极端主义在东南亚地区的发展。这降低了东南亚地区的恐怖分子对恐怖组织的依赖程度，其通过“伊斯兰国”宣传的网络资料能够实现“自我激进化”，从而使发动恐怖袭击的门槛大大降低。10月10日，菲律宾军方发表声明说，当天早些时候，菲律宾军方与地方执法部门在苏禄省霍洛市实施的联合行动中抓捕3名女性嫌疑人。军方在现场查获装有爆炸装置的背心，这些装置如被引爆，将导致重大人员伤亡。

（三）宗教极端思想尤其是国际伊斯兰极端主义对东南亚恐怖主义的影响增强

“国际伊斯兰极端主义”是影响东南亚恐怖主义发展的重要外部因素，其通过宗教动员试图挑起不同族群和文明的冲突。如在马拉维恐怖袭击中，“伊斯兰国”的领导人希望把马拉维塑造成为在菲律宾抵抗“天主教国家”的典型，就像在黎凡特地区的武装分子那样，马拉维的恐怖分子也要为殉难和丰厚的回报而战。东南亚地区的菲律宾、泰国、马来西亚、印度尼西亚、缅甸等国恐怖袭击频发，原因在于许多东南亚的恐怖组织都接受了“伊斯兰国”的宗教极端思想，其宗教极端程度加深，而某种思想一旦被接受后就很难摆脱。因此接受了宗教极端思想的东南亚恐怖组织仍然具有发动恐怖袭击的可能性。尤其是在 2020 年 9 月 19 日 18 时左右，菲律宾海岸警卫队在霍乐岛再次发现了爆炸物，这表明盘踞在该地区的“阿布沙耶夫”等恐怖组织仍然具有再次发动恐怖袭击的可能。

（四）东南亚恐怖主义活动的多样性明显

一方面，东南亚恐怖主义与暴力活动的合流进一步加剧。东南亚许多国家都存在诸多形式的暴力活动，域内外恐怖组织选择那些具有明显政治倾向的暴力活动，并将这些暴力活动转化为针对平民目标、特定宗教信众、特定宗教目标的恐怖主义活动。另一方面，东南亚恐怖袭击的参与者也呈现多样化发展趋势。妇女与儿童参与恐怖主义活动、“独狼”式恐怖主义活动以及家庭式恐怖主义活动在东南亚地区不断涌现。2 月 8 日，泰国东北部呵叻府发生枪击事件，据报道，一名泰国士兵从呵叻府一个军事基地偷出武器，开枪打死自己的长官和另外 2 人后，驾车逃到一家大型商场附近，朝人群开火。枪击事件已造成 25 人死亡、63 人受伤。

二、东南亚国家的反恐怖军事对策

因为新冠肺炎疫情，东南亚地区恐怖主义活动出现了一段时间的平静期，但并不意味着恐怖组织活动的停止，它们蛰伏待机，试图在安全措施薄弱的环节和地方发动新的恐怖袭击，这些地区主要分布在菲律宾、泰国、马来西亚、印度尼西亚、缅甸等国。同时，恐怖袭击形式的多样化，也促使东南亚各国在现有的地区反恐合作机制基础上，仍需要继续扩大地区反恐合作，增强地区反恐合作的效果。

（一）网络反恐合作机制正在建立

后“伊斯兰国”时期，宗教极端思想在网络上泛滥，已经成为东南亚地区恐怖组织和恐怖分子线上联络、线下发动恐怖袭击的重要方式。以印尼为例，网络恐怖主义已经存在多年，恐怖组织“伊斯兰祈祷团”从 2013 年就开始用“Telegram”软件在网络上招募恐怖分子。2014 年年底加入“伊斯兰国”的印尼人巴赫伦·纳伊姆是圣战社区的社交媒体名人，他在“脸书”和“推特”上与数百名追随者互动，并运营一个网站，定期发布炸弹制造指令，赞扬印尼成功的恐怖袭击，鼓励追随者自己发动圣战。“伊斯兰国”出现后，印尼恐怖组织的网络恐怖主义已经发展为在线招募人员的自上而下的模式。类似的情况在马来西亚、泰国等国也出现过。因此，东南亚各国在反恐合作上正在谋求建立相应的网络反恐合作机制。

（二）国际性去激进化反恐合作策略持续参与

新加坡、印尼、菲律宾等国采取了“宗教康复”“监狱去极端化”“社区去极端化”等措施；这些措施的共同点是通过倡导不同宗教与文明之间的对话，消解恐怖主义存在的社会基础。比如新加坡发布了《宗教和谐声明》和《宗教和睦宣言》，明确倡导不同宗教间的和睦共处，反对宗教排他主义和极端主义；印尼政府也发布了《预防宗教主义蓝图》，确立了预防、去极端化和保护三大战略支柱。未来，东南亚国家之间，甚至是与域外其他国家（如中东伊斯兰国家、中国等国）之间的合作，可以增强东南亚国家去极端化的效果。

（三）刚性的军事反恐与柔性的去极端化措施齐头并进

东南亚国家的反恐和“去极端化”工作基本上是独立开展的，两个工作之间的沟通与协调相对缺乏。当前东南亚国家的反恐和去极端化措施，体现出了较强的刚柔相济的治理理念、防范和干预并进的治理方式；对于在军事反恐中抓获的恐怖分子实施“去极端化”项目，其产生的社会效果和示范效应可能会更明显。因此在对少数极端主义、恐怖分子采取严厉的军事打击的同时，也要对极端化程度有限的一些极端分子和恐怖分子进行再教育，促使其“去极端化”。7 月 3 日，菲律宾政府证实，总统杜特尔特当天签署了《2020 年反恐怖主义法》，以强化打击恐怖主义力度。该法规定，除实施恐怖主义行为属违法之外，任何提议、煽动、密谋及参与恐怖主义计划、训练、准备和宣传工作，以及向恐怖分子提供物质支持或协助招募恐怖组织成员也属违法行为。同时，新反恐法授权菲律宾政府成立反恐委员会，以承担领导制定和实施具体反恐措施的职能，特别授权该委员会在没有司法逮捕令的情况下拘留恐怖主义嫌疑人，期限最长 24 天。

第二节　东南亚地区主要恐怖袭击事件

2 月 8 日，泰国东北部呵叻府发生枪击事件，目前已造成 20 人死亡、31 人受伤。泰国特种部队进入枪手藏身的商场，商场内大批民众被疏散，但枪手所处位置尚不清楚。据报道，一名泰国士兵当日从呵叻府一个军事基地偷出武器，开枪打死自己的长官和另外 2 人后驾车逃到一家大型商场附近，朝人群开火。枪手随后进入商场，将 16 名人质困在商场的四楼，与警方形成对峙。在多次试图击毙枪手未果后，泰国特种部队于当日深夜进入商场内，疏散了商场内大批民众，但仍未找到枪手。[①]

2 月 9 日上午，泰国安全部队在东北部呵叻府发生枪击案的商场内将枪手击毙。据报道，枪击事件已造成 25 人死亡、63 人受伤。

2 月 24 日，泰国南部宋卡府发生一起爆炸袭击事件，包括当地政府官员在内的 8 人在袭击中受伤。据泰国媒体报道，一辆汽车遭预置炸弹爆炸袭击，包括宋卡府沙波俞区副区长在内车上 5 人及附近 3 名民众受伤。伤者已被送往医院接受救治。事发后，宋卡府警方迅速封锁现场，增设检查站以追查凶手，并加大宋卡与北大年、那拉提瓦和也拉三府交界区域的安保力度。

3 月 2 日，菲律宾首都马尼拉地区一家商场发生一名持枪者劫持人质事件，造成 1 人受伤，约 30 名人质遭劫持，商场工作人员告诉在现场的新华社记者，被劫持人质全部为菲律宾人，商场现已被封锁，马尼拉特警在商场外待命。当天中午，劫持者向警方投降，约 30 名人质均安全获救。

3 月 17 日，泰国南部也拉府发生两起汽车炸弹爆炸袭击，造成至少 25 人受伤。据当地媒体报道，当日上午 10 时 30 分左右，位于也拉府的泰南边疆府治理行政中心前发生两起爆炸事件。不法分子将炸弹藏在一辆停在该行政中心外的白色皮卡车内并引爆，随后同一团伙又在行政中心外实施了第二次汽车炸弹爆炸袭击。两次爆炸袭击造成包括行政中心工作人员、

---

① 参见《泰国发生枪击事件 20 人死亡》，新华网，2020 年 02 月 09 日，http：//www. xinhuanet. com/。

警察、军人和 5 名媒体记者在内的 25 人受伤。

4 月 17 日，菲律宾军方说，菲政府军当天与极端组织阿布沙耶夫武装在南部苏禄省交火，造成至少 11 名政府军士兵死亡，14 名士兵受伤。菲军方西棉兰老岛司令部司令西里利托·索贝哈纳说，当地时间 15 时许，政府军士兵在苏禄省西部与约 40 名阿布沙耶夫武装分子遭遇并交火，战斗持续约 1 小时，最终将武装分子击退。

5 月 14 日，菲律宾军方证实，菲政府军日前与反政府武装“新人民军”在菲南部持续 3 天发生军事冲突，有 15 名“新人民军”武装人员在冲突中死亡。菲律宾军方说，冲突发生在菲南部东米萨米斯省欣奥奥格市。政府军 10 日向盘踞在当地的约 80 名武装人员发起进攻，共打死 10 人，又在随后两天的追击战中打死 5 人。菲军方未透露政府军的伤亡情况。①

6 月 6 日，印度尼西亚军方证实，一架军用直升机当天在中爪哇省坠毁，机上 9 名军人中 4 人丧生、5 人受伤。

7 月 30 日，菲律宾军方说，政府军日前在菲南部棉兰老岛与一股反政府武装交火，2 名政府军士兵和 10 名武装分子在交火中死亡，另有 13 人受伤。菲律宾陆军第六师发言人阿蒂拉诺说，该师一部 29 日在棉兰老岛马京达瑙省与一伙约 50 人的武装分子发生交火，战斗持续约 6 个小时。武装分子隶属于“邦萨摩洛伊斯兰自由战士组织”。菲军方称，目前在马京达瑙省的菲政府军已进入高度警戒状态，并派出部队对该组织武装分子进行追击。

7 月 31 日，菲律宾军方说，政府军与极端组织阿布沙耶夫武装当天在菲南部苏禄省交火，导致 6 名武装分子死亡，政府军方面也有 3 人死亡、3 人受伤。菲律宾军方说，交火发生在苏禄省帕蒂库尔一座村庄。当天 11 时许，正在巡逻的政府军与盘踞当地、数量不明的阿布沙耶夫武装分子展开遭遇战，交火持续约 40 分钟。

8 月 9 日，菲律宾军方证实，菲政府军与反政府武装“新人民军”近两日在该国北部南伊罗戈省发生数次冲突，已造成 6 人死亡、5 人受伤。菲律宾军方在一份报告中说，军方 8 日接报，“新人民军”在南伊罗戈省

---

① 参见《菲政府军与反政府武装冲突致 15 人死亡》，新华网，2020 年 05 月 15 日，http://www.xinhuanet.com/。

坎东市附近一个乡镇活动，军方随后赶到现场。当地时间8日下午至9日上午，政府军与“新人民军”武装人员发生3次交火，造成至少5名“新人民军”武装人员和1名政府军士兵死亡，另有5名政府军士兵受伤。

8月24日下午，位于菲律宾南部苏禄省霍乐岛苏禄省（Sulu）首府霍乐（Jolo）的Barangay Walled地区发生了两起恐怖袭击事件，造成15人死亡，其中5名为政府军士兵，4名平民，另有70多名人员受伤。

9月3日，菲律宾军方说，政府军与反政府武装“新人民军”当天在该国西南部巴拉望省发生交火，造成6人死亡，其中包括一名海军陆战队士兵。菲律宾海军陆战队第三旅旅长内斯托尔对当地媒体说，军方数日前接报称有约25名“新人民军”武装分子在巴拉望省一处密林中活动，海军陆战队随即派遣一支特别行动小分队前往侦察。3日6时许，小分队与“新人民军”武装人员遭遇并交火约10分钟，造成5名“新人民军”武装分子和一名海军陆战队士兵死亡。

9月19日，菲律宾海岸警卫队在霍乐岛再次发现了爆炸物，这表明盘踞在该地区的阿布沙耶夫等恐怖组织仍然具有再次发动恐怖袭击的可能。

12月1日，由印尼国民军总司令哈迪上将指派的一批特种部队士兵，从首都雅加达哈利姆空军基地出发前往该国中苏拉威西省，协助反恐警察追捕涉嫌残杀4名当地村民的恐怖分子。据印尼媒体报道，11月27日，该国中苏拉威西省西吉县（Sigi）一村庄发生凶杀惨案，4名村民遭残杀，其中1人遭斩首，3人被割喉，7座村民房屋被烧毁。有多名目击者称犯罪分子约10人，其中有数人携带步枪和手枪等武器。当地警方现场勘察后认定凶案为“东印尼圣战组织”（MIT）成员所为。该组织为印尼境内宣誓效忠于“伊斯兰国”的恐怖组织。①

12月7日，6名据称是印尼伊斯兰激进组织“捍卫伊斯兰阵线”（FPI）支持者在阻碍警方办案并袭击警察时被当场击毙，另有4人逃离。7日上午，办案警察乘坐的车辆在雅加达与西爪哇省芝甘北（Cikampek）高速公路50千米处受到2辆车辆的包围和撞击，有10名“捍卫伊斯兰阵线”支持者使用枪支、刀械等武器试图攻击6名办案警察。法迪尔称“警察在生命受到威胁时”开枪击毙了6名袭击者，另有4名袭击者逃离。

---

① 参见《印尼发生恐怖袭击，总统佐科称对恐怖主义不留余地》，中新网，2020年12月01日，http：//www. chinanews. com/。

第三节　东南亚国家主要反恐怖军事行动

1月14—16日，为深化海上合作伙伴关系，中国、菲律宾海警海上合作联合委员会第三次会议在菲律宾马尼拉召开。中国海警局局长王仲才、菲律宾海岸警卫队司令加西亚共同主持会议。此次会议期间，中国海警5204舰随陆地代表团一同访问菲律宾，与菲律宾海岸警卫队舰艇成功开展海上联合搜救及灭火演练，为深化两机构海上执法务实合作、增进友好互信提供了新的机遇。通过联委会下设各工作组，会议讨论并确定了下一步开展的合作项目及新增合作领域，以增进双方互信并确保双方海上行动共赢。

2月11日，菲律宾外交部宣布，菲律宾已于当天正式决定终止与美国签署的《访问部队协议》。菲外交部发表声明说，终止该协议的决定出自菲总统杜特尔特的命令。菲律宾外交部长洛钦表示，美国驻菲使馆相关负责人已经收到了菲律宾方面关于决定终止该协议的外交照会。杜特尔特此举的导火索是美国政府在2020年1月以“侵犯人权”为由拒绝了菲律宾一位现任国会参议员的赴美签证。杜特尔特曾公开表示，如果美国不做出改变，菲方将会在一个月内终止《访问部队协议》。①

3月4日，“金色眼镜蛇”联合军演人道主义救援减灾实兵演练在泰国北柳府国家减灾训练中心举行，来自中国、美国和泰国等7国的200余人参加此次演练。演练模拟的是泰国南部遭遇台风和暴雨，导致严重的洪灾、泥石流和建筑物倒塌等次生灾害，人员伤亡和财产损失严重；中美等国迅速向受灾地区部署力量实施救援；多国部队根据受灾国意愿，组成协调中心，指挥各国救援力量。数日来，官兵们围绕不同的灾害类型，对空中及地面搜索、水上打捞、现场医疗急救等课目进行联合编组强化训练，联合救援能力得到进一步提高，也增强了参演国间重大自然灾害救援响应的良性互动和交流合作。②

---

① 参见《菲律宾决定终止与美国的〈访问部队协议〉》，新华网，2020年02月12日，http：//www. xinhuanet. com/。

② 参见《中美泰等国军人完成“金色眼镜蛇”演习人道主义救援演练》，新华网，2020年03月05日，http：//www. xinhuanet. com/。

3月15日，“金龙—2020”中柬两军联合训练在柬埔寨贡布省王家军某训练场举行开训仪式。柬埔寨王家军总司令冯批森上将、中国驻柬埔寨大使王文天、13国驻柬武官以及两国军队800余名参训官兵出席开训仪式。据中方指导组组长张体任大校介绍，此次联训以联合打击恐怖主义势力为背景，出动装备力量多元，空地一体联合协同，聚焦反恐贴近实战。联训分两个阶段实施：第一阶段组织混编同训，主要进行轻武器使用、徒手格斗、爆炸物搜排、步战车登车协同、机降等课目训练；第二阶段组织反恐综合演练，中柬双方组建联合反恐大队，重点演练侦察渗透、火力突击、区分清剿等多个内容。联训期间，双方官兵还将共同开展人道主义援助，组织向当地村民、学生开展巡诊送药、赠送物资等活动。

3月18日，菲律宾政府宣布单方面停火，同时呼吁反政府武装“新人民军”予以响应，以对抗“共同的敌人”——新冠肺炎疫情。菲律宾总统杜特尔特下令军队和警察19日开始停止进攻“新人民军”，停火至4月15日。内政部长阿诺下令警察转入防守态势。总统发言人帕内洛说，政府希望停火期间防疫人员和物资能顺利工作和运输。

3月24日，缅甸宣传部发布的消息称，缅甸内政部及反恐中央委员会23日分别发布公告，将武装组织若开军定为非法组织和恐怖组织。缅甸内政部的公告说，总统认为若开军及其附属组织和相关人员对缅甸法律秩序、国家和平稳定及公共安全造成威胁，因此根据相关法律将其定为非法组织。缅甸反恐中央委员会的公告说，若开军通过恐吓的方式，组织若开北部平民，还以当地百姓为掩护，袭击军队、警察部队和哨所。此外，他们扣押、虐待并杀害村民，还在村内开枪、埋设地雷。若开军还对已登记注册的船只、飞机及其他机动车辆进行恐怖袭击，因此将其定为恐怖组织。

3月27日，菲律宾军方证实，因新冠肺炎疫情，菲律宾与美国原定今年5月举行的2020年度“肩并肩”联合军事演习取消。菲律宾军方表示，基于目前菲律宾乃至全球的新冠肺炎疫情，菲美双方均认为如果按照原定计划举行联合军事演习将会有较大风险。美国驻菲律宾使馆当天也确认了这一军演取消的消息。“肩并肩”是菲美年度常规联合军事演习。据了解，2020年度“肩并肩”联合军演原定5月4—15日在菲律宾举行，预计有1.1万名军事人员参加。2020年2月，菲律宾正式决定终止同美国签署的《访问部队协议》，协议内容中就包括了以

“肩并肩”联合军演为代表的双方举行军演的相关规定。按照约定，该协议在任何一方以书面形式通过外交渠道通知另一方的 180 天之后自动终止。因此，原定在“过渡期”之内举行的这一军演被视为很可能是两国间最后一次“肩并肩”联合军演。

5 月 9 日，缅甸国防军宣布，为了应对新冠肺炎疫情，也为了缅甸的永久和平，缅甸从 5 月 10—8 月 31 日实施停火。缅甸国防军总司令部发布公告说，停火范围包括按照国际标准被缅甸认定为恐怖组织所在地区以外的缅甸全境。根据公告，停火期间，民族武装组织需遵守国防军总司令提出的 6 项和平方针中的以下 4 条：遵守协议、不从和平协议中牟利、不增加当地民众负担、遵守国家颁布的现行法律。公告要求民族武装组织避免相互争斗，不压迫民众，不破坏各级政府的行政机制、交通和人民的生命财产。如有违反，缅甸国防军将采取相应措施。①

5 月 14 日，菲律宾军方证实，菲政府军日前与反政府武装“新人民军”在菲南部持续 3 天发生军事冲突，有 15 名“新人民军”武装人员在冲突中死亡。菲律宾军方说，冲突发生在菲南部东米萨米斯省欣奥奥格市。政府军 10 日向盘踞在当地的约 80 名武装人员发起进攻，共打死 10 人，又在随后两天的追击战中打死 5 人。

5 月 20 日下午，中国国务委员兼国防部长魏凤和同菲律宾国防部长洛伦扎纳通电话。魏凤和说，以习近平同志为核心的党中央团结带领全国人民，经过艰苦卓绝努力，有力扭转控制了疫情局势，维护了人民生命安全和身体健康。中方将秉持构建人类卫生健康共同体理念，同国际社会一道遏制疫情蔓延。两军应加强沟通协调，推进务实合作，共同维护南海地区和平稳定。洛伦扎纳说，菲律宾高度评价中国抗击疫情取得的积极成效，感谢中方提供防疫支持援助，愿同中方进一步加强两军交流合作，为维护南海稳定共同努力。

6 月 20 日，据《日本经济新闻》报道，近期东南亚国家压缩防卫经费，开始把财政资金用于新冠肺炎疫情防控。

7 月 3 日，菲律宾政府证实，菲总统杜特尔特当天签署了《2020 年反恐怖主义法》，以强化打击恐怖主义力度。菲律宾总统发言人哈里 · 洛克

---

① 参见《缅甸国防军宣布停火以应对新冠疫情》，新华网，2020 年 5 月 10 日，http://www.xinhuanet.com/。

说，长期以来，恐怖主义给菲律宾人民带来了无法估量的悲伤和恐惧，签署新反恐法表明了国家对恐怖主义绝不姑息的态度。他认为，新反恐法将有效提高菲律宾打击恐怖主义的能力。据了解，菲律宾国会参众两院此前已分别通过这一新反恐法。该法规定，除实施恐怖主义行为属违法之外，任何提议、煽动、密谋及参与恐怖主义计划、训练、准备和宣传工作，以及向恐怖分子提供物质支持或协助招募恐怖组织成员也属违法行为。同时，新反恐法授权菲律宾政府成立反恐委员会以承担领导制定和实施具体反恐措施的职能，特别授权该委员会在没有司法逮捕令的情况下拘留恐怖主义嫌疑人，期限最长 24 天。①

10 月 10 日，菲律宾军方宣布，军方与地方执法部门当天在南部苏禄省挫败一起恐袭图谋，并抓捕 3 名嫌疑人。菲律宾军方发表的声明说，当天早些时候，菲军方与地方执法部门在苏禄省霍洛市实施的联合行动中抓捕 3 名女性嫌疑人。在现场查获装有爆炸装置的背心，这些装置如被引爆，将导致重大人员伤亡。

11 月 3 日，菲律宾军方宣布，菲政府军当天凌晨在南部苏禄省附近海域阻击了一艘极端组织阿布沙耶夫武装的快艇，艇上 7 名武装分子被击毙。菲律宾军方联合特遣部队苏禄地区司令冈萨雷斯说，有情报说一伙阿布沙耶夫武装分子企图前往菲南部棉兰老岛实施绑架，军方动用了直升机和多用途攻击舰实施阻击，整个交火过程持续近 25 分钟。

12 月 22 日，印尼官方安塔拉通讯社报道称，2020 年该国警方共逮捕了 228 名恐怖犯罪嫌疑人。据印尼国家警察总署署长伊达姆通报，该国警察总部 88 反恐部队在 2020 年成功预防了印尼的恐怖主义行动，并逮捕了 228 名恐怖犯罪嫌疑人。其中有 23 名涉及公众关注案件的嫌疑人是在 11—12 月期间被捕的，包括恐怖组织“伊斯兰团”成员尤皮克·拉万加（Upik Lawanga）和祖尔卡纳恩（Zulkarnain）。

---

① 参见《菲律宾总统签署新反恐法强化打击恐怖主义力度》，新华网，2020 年 07 月 04 日，http：//www. xinhuanet. com/。

2020 年东南亚地区遭受恐怖袭击次数及伤亡人数

时间		1 月	2 月	3 月	4 月	5 月	6 月	7 月	8 月	9 月	10 月	11 月	12 月	合计
菲律宾	袭击次数			1	1	1		2	2	2				9
	伤亡人数			1	25	15		35	96	6				178
泰国	袭击次数		2	1										3
	伤亡人数		96	25										121
印度尼西亚	袭击次数												2	2
	伤亡人数												10	10
缅甸	袭击次数													
	伤亡人数													
全年，东南亚地区共遭受恐怖袭击 14 次，伤亡 309 人。														

第十二章／2020年中亚地区*反恐怖军事行动

第一节　中亚地区反恐怖军事行动综述

2020 年，随着中东极端分子向阿富汗和中亚转移，中亚地区的安全形势出现新变化，南部与阿富汗毗邻的边界地区、中部的费尔干纳、哈萨克斯坦西部等成为暴恐风险最高的地区，互联网和社交网站依然是中亚地区极端组织最主要的传播、招募和指挥手段。为打击极端势力，中亚地区国家相继出台反恐、反极端或宗教发展国家纲要，通过政治、经济、社会、安全、国际合作等综合措施遏制宗教极端和严打恐怖主义，各项措施总体上已发挥效果，但依然存在综合反恐力量不足、传统宗教薄弱、法律不完善、地缘政治干扰等难题。

一、中亚地区面临的主要恐怖威胁

中亚地区是多种文明文化相互交融碰撞的对冲区，也是重要货物集散地和人员交流中转地，更是中国倡导并推动建设“一带一路”经济带的重点地区，在中国安全格局中占有重要地位。依据目前中亚地区国家的控局能力，尽管局部地区可能出现暴恐事件，但总体上形势可控，地区稳定和发展是大趋势。总体上，2020 年中亚地区安全形势具有五大特点：一是各

* 中亚是指中亚细亚地区，包括土库曼斯坦、乌兹别克斯坦、吉尔吉斯斯坦、塔吉克斯坦和哈萨克斯坦 5 个国家。

国极端主义犯罪案件的数量总体下降，绝大部分能够在案发前破获，安全风险总体可控；二是中东地区极端分子自 2017 年下半年起大规模回流至阿富汗和中亚，使得阿富汗成为中亚安全的最大外部威胁，阿富汗境内的各派武装力量也成为地区势力争夺的“棋子”；三是中亚南部与阿富汗毗邻的边界、中部的费尔干纳、哈萨克斯坦西部依然是安全风险最高的地区；四是互联网和社交网站依然是中亚极端组织最主要的传播、招募和指挥手段；五是极端组织成员依然主要来自青年和海外劳动力移民。

（一）中亚极端恐怖组织数量规模有限

中亚极端恐怖组织的规模一般较小，大部分不足 10 人，活动资金主要来自境外资助，各组织彼此间缺乏联系。骨干分子主要集中在 20—35 岁，其中 30—35 岁较多，但赴中东和阿富汗作战的极端分子多是 25—29 岁的年轻人。在中亚地区最活跃的“圣战”分子通常由“基地”组织和“伊斯兰国”在阿富汗或中东的训练营培养。中亚地区国家并没有定期系统地发布本国禁止活动的恐怖和极端组织材料、案发数量和被抓捕极端分子数量，但综合中亚强力部门公开的材料，以及部分调查机构的研究报告，可对中亚地区的极端势力做出大概描述：一是据哈萨克斯坦国家安全委员会数据，哈萨克斯坦境内有 23 个恐怖和极端组织被禁止活动，共有骨干成员约 500 人，2015 年以来实施暴恐和极端活动的均是萨拉菲分子。境内有 2 万多名极端势力的支持者，大多集中在南部（南哈州和阿拉木图市）、西部（阿特劳和阿克托别）和中部（卡拉干达州和努尔苏丹市）[①]。二是据吉尔吉斯斯坦国家监狱管理局数据，截至 2019 年 5 月，吉尔吉斯斯坦监狱系统共羁押 1.0574 万名罪犯，其中有 520 名极端分子和恐怖分子（131 人因恐怖主义犯罪，389 人因极端主义犯罪）[②]。三是据塔吉克斯坦安全部门数据，截至 2019 年中，塔吉克斯坦各类矫正机构共羁押 1.3 万多囚犯，其中近 2000 名被判犯有恐怖主义和极端主义罪行，大部分是 2017 年被塔吉

---

① 参见《В Казахстанепроживает 20 тыс. сторонников экстремизма》, 09 ноября2020 [EB/OL]. https://yandex.com/turbo? text = https% 3A% 2F% 2Fkursiv. kz% 2Fnews% 2Fobschestvo% 2F2019 – 11% 2Fv – kazakhstane – prozhivaet – 20 – tys – storonnikov – ekstremizma.

② 参见《Количествоосужденных за экстремизм в Кыргызстане выросло за пять лет в три раза》, 02. 10. 2019 [EB/OL]. http://antiterrortoday. com/glavnoe – segodnya/novosti/17503 – kolichestvo – osuzhdennykh – za – ekstremizm – v – kyrgyzstane – vyroslo – za – pyat – let – v – tri – raza.

克斯坦法院判定为极端组织的“伊斯兰复兴党”成员①。四是据乌兹别克斯坦国家通讯社 2018 年 7 月消息，乌兹别克斯坦全国有 1.8 万公民列入该国暴恐和极端分子名单，其中 1.7 万人已改造后回归正常生活，0.95 万人仍在劳动改造。② 五是据土库曼斯坦网站 2016 年透露，土库曼斯坦监狱中关押的暴恐和极端分子 300 多人，另有约 360 人在叙利亚和伊拉克作战。③

（二）回流到中亚的中东恐怖分子不足千人

据统计，在中东作战的中亚籍公民有四五千人。鉴于中亚地区国家严格出入境管理，2017 年下半年开始返回祖国的难度加大，大部分选择去阿富汗。部分已回国的中亚“圣战”分子的回国途径是利用免签政策优惠，或尚未装备生物信息识别设备的漏洞，大部分使用假身份，或通过恢复原来的身份（在境外时使用的是假身份）回到中亚。回到中亚的极端分子与境外组织保持联系，继续从事组织、招募、传播等破坏活动。与此同时，在国际组织的支持下（红十字国际委员会、联合国儿童基金会等），部分中亚地区国家将其在叙利亚武装冲突区的公民用专机运回国内，主要是妇女和儿童（大部分是作战分子的家属）。各国承诺为他们提供医疗、心理、物质和道义帮助，创造一切条件使他们能够恢复正常生活并融入社会，获得教育、住房和工作。仅 2019 年 5 月，就有 156 名乌兹别克斯坦公民和 231 名哈萨克斯坦公民从中东战区返回国内，其中有 20 人因涉嫌参与恐怖活动而被逮捕④。

（三）阿富汗与土库曼斯坦边境地区时有袭击事件发生

袭击目标主要是土库曼斯坦的边防哨所，主要是塔利班或其支持的集团为争夺毒品通道控制权所为。这些活动表明，为建立一个安全可控的毒

---

① 参见《Глава МинюстаТаджикистана：тюрьмы не перевоспитывают террористов》，18.07.2019［EB/OL］. https：//knews.kg/2019/07/18/glava – minyusta – tadzhikistana – tyurmy – ne – perevospityvayut – terroristov/.

② 参见 В Узбекистане с экстремизмом будутбороться на законодательном уровне，2018.08.02［EB/OL］. http：//www.cis.minsk.by/news.php？ id = 9574.

③ 参见 Правительство Туркменистана неустанноследит заэкстремистами，2016.11.09［EB/OL］. http：//central.asia – news.com/ru/articles/cnmi_ ca/features/2016/11/09/feature – 01.

④ 参见《збекистанвернул из зоны боевых действий на Ближнем Востоке 156 женщин и детей》30.05.2019［EB/OL］. https：//www.fergana.agency/news/107844/。

品运输通道，保障犯罪组织的活动资金，独联体南部边界的贩毒方式正发生变化，由贿赂转为武装袭击。犯罪分子正在从传统的将毒品隐藏在合法物品中（农产品、车辆、行李等）、向官员行贿等做法，转为依靠恐怖组织和恐怖袭击威吓的方式，在抢夺武器弹药和清除路上障碍的同时，让边防力量害怕与走私者联系，或者缩减巡逻面积，给毒贩留出空间。袭扰中亚边防军的武装分子通常每次一二百人，使用狙击手、自动武器、迫击炮、火箭筒等。袭击目标通常是路障、边防基地、运输车队。袭击时间通常是夜间发起攻击。一般每年罂粟大量上市的春夏季节最容易发生袭击事件。

（四）阿富汗与乌兹别克斯坦边界地区总体稳定

除了塔利班以外，目前，在阿富汗北部的极端组织主要是乌兹别克人，“乌伊运”势力最大。因乌兹别克斯坦国内控制严格，边境部分地区布置地雷，口岸检查严格，兵力部署得当，极端分子未能在乌境内和阿乌边界地区制造事端。中亚地区国家与阿富汗的贸易主要通过乌南部口岸进行。乌兹别克斯坦也因此成为美在阿富汗活动的最主要北方供应线，是美从阿撤军后安排的最主要合作伙伴。

（五）阿富汗与塔吉克斯坦边界地区危险增加，但在可控范围内

2020 年，在阿塔边境地区阿富汗一侧的巴达赫尚、昆都士、塔霍尔三个省有 1.6 万武装分子，主要是塔利班（约 7000 人）、安拉使者（乌伊运分支）、突厥斯坦伊斯兰运动（乌伊运）、布哈里伊玛目营等。① 来自中东的“伊斯兰国”势力在阿富汗北部（主要是朱兹詹省）在 2018 年 7 月已基本被塔利班清除，仅在北部部分地区有少量支持者（主要是向其表示效忠的中亚民族成员构成的极端组织）。② 大部分塔吉克斯坦专家认为，这是

---

① 参见《Информация опереброске боевиков в граничащие с Таджикистаном афганские провинции，неподтверждается，– С. Мухриддин》，12 февраля2020［EB/OL］. http：//avesta. tj/2020/02/12/informatsiya – o – perebroske – boevikov – v – granichashhie – s – tadzhikistanom – afganskie – provintsii – ne – podtverzhdaetsya – s – muhriddin/。

② 参见 Восьмой доклад Генерального секретаряоб угрозе，создаваемой ИГИЛ（ДАИШ）для международного мира и безопасности，и оспектре усилий Организации Объединенных Наций по оказанию поддержкигосударствам – членам в борьбе с этой угрозой，S/2019/103，1 February2019［EB/OL］. https：//www. un. org/sc/ctc/wp – content/uploads/2019/02/N1901939_ RU. pdf

阿富汗国内各派势力争夺势力范围的结果，而不是准备向中亚进军。塔吉克斯坦边防军负责人认为，塔阿边界地区有足够的部队和设施，并且边防军身后还有大量国防军部署，局势在掌控之中。对塔吉克斯坦政府而言，当前最大威胁来自“伊斯兰复兴党”（2017 年前为塔吉克斯坦的合法政党）。其部分成员与阿富汗境内的极端组织合作，部分成员在伊朗的训练营接受过培训。

二、中亚国家的反恐怖军事对策

2020 年，中亚各国针对地区安全形势和恐怖威胁，持续加强本国反恐力量建设和打击力度，广泛开展地区间反恐合作，防止国际恐怖组织向中亚地区蔓延。特别是上合组织和集安组织成员国在反恐合作方面取得了丰硕成果，推动了中亚国家的地区安全合作发展。

（一）重视消除网络的极端化

如果说 2000—2010 年中亚地区的极端思想主要由从中东留学归来的宗教人士带入的话，随着通信技术发展以及中东变局后中亚国家收紧宗教出国留学政策，2020 年网络和手机成为最主要的传播途径。其中 Youtube、odnoklassniki、Instagram、Facebook、Twitter、Vkontaket 等社交网站是极端恐怖组织最喜欢的传播和联系平台，WhatApp、Facebook、Telegram 是最常用的接收信息的平台。另外，googleDrive 和 yandex. Dick 及其他虚拟图书馆、书店、资料存储软件等时常发现带有暴恐和极端内容的材料。极端势力利用互联网难以监控海量信息的弱点，通过下载 App（尤其是社交软件、境外各类云盘网站、P2P 等免安装的绿色软件）宣传极端思想、散发带有极端思想内容的视频和其他材料、招募人员和筹集资金、组织和指挥暴恐或极端活动等，作案方式更加隐蔽和不可控，打击难度极大。极端势力还在互联网上通过论坛和问卷两种方式影响目标群体。论坛用于讨论现实问题，可使用虚拟名字隐藏真实姓名，可与用户建立直接联系。问卷用于分析用户意见，改善网页界面，增加吸引力。据俄罗斯国家反恐委员会的数据，全球有 5000 多个网站为恐怖分子和极端分子服务。目前这一数字还在稳步上升。[①] 激进分子通过网络发布大量的文字、图片和音频信息，质疑官方信息和媒体解读，宣传极端暴恐分子的“护教英雄”形象，鼓励更多人参与极端恐怖主义活动。为加强网络反恐，中亚地区国家不断改进搜索技术，对大众媒体、互联网（包括社交网站）实施持续监测，并依法采取司法或行政措施，确保包含极端主义和恐怖主义思想内容的宣传材料无法传播扩散，还制定网络安全战略，整合各部门资源形成系统监管体系，比如，哈萨克斯坦 2017 年发布《网络安全构想》，吉尔吉斯斯坦 2019 年 8 月发布《2019—2023 年网络安全战略》及其实施行动计划。

（二）在全社会开展教育和宣传工作，增强民众的免疫力

思想问题通常需用思想的方式去解决，教育和宣传是提高民众免疫力的重要方式和手段。中亚地区国家采取的普遍与特殊相结合、正面宣传与反面警示相结合的原则，在对广大民众宣传恐怖主义和极端主义危害的同时，重点做好对青年和妇女的宣传教育，在宣传国家发展成就和传统文化习俗的同时，以实际案例警示世人远离极端恐怖活动。中亚地区的青年人社会经验少，对社会问题的理解尚不够深刻，加上失业等现实问题困扰，容易被外来的“新教义教法理论”迷惑。在中亚地区的家庭中，女性通常有听从丈夫、承担家务和养育孩子的传统。从调查看，很多参加极端恐怖活动的女性都是跟随男友或丈夫而加入。极端恐怖势力正是看中青年和女性的弱点，将其视作发展成员和传播思想的重点对象。在宣传教育过程中，中亚地区国家也总结出很多有益经验。一是怎么宣传？教育宣传的关键不是推广和完善理论，而要解决现实问题。极端势力就是利用民众不满而提出自己的伊斯兰解决方案，引导不明真相的人渐渐走入极端。反极端的教育宣传也只有从解决具体问题入手，才能取得最佳效果。起初，政府的反极端宣传常常使用民众不感兴趣的语言，比如，强调政治安全、维护世俗宪政体制、宗教极端危害等大道理，而对与民众生活息息相关的日常问题却大而化之，比如，亲属和邻里关系、财产保护和分配、物价、收

---

① 参见 Мурзагалеев Р. И.，СулеймановА. Р.，Чекрыжов А. В.，Мурзагалеев Б. Р.，Методические рекомендации попрофилактикеэкстремизма в России и странах Центральной Азии：выводы имненияэкспертов.，ООО Издательство Диалог，Уфа，12. 2018，С. 53.

入、就业、婚丧嫁娶、个人前途等。民众对官方说法不感兴趣，却认为很多宗教人士的说教与自己更贴心，这是带有极端思想内容的材料以及极端组织的宣教屡禁不绝的原因之一。实践证明，极端恐怖势力通常擅长描绘未来图景（画大饼），其主张实际上根本无助于解决现实问题，经不起推敲。这也是教育宣传最终能让民众觉醒的原因所在。二是谁来宣传？起初，中亚地区国家认为，只要发动媒体和教育机构，就可实现教育宣传的目的，但一段时间后，发现有些问题反而变得更加迷惑，甚至让人越辩越糊涂。这样的结果提醒中亚地区国家，必须重视对宣教人员本身的素质和能力的培训。宣传反恐反极端的媒体和社会组织从业人员，首先需要自身对恐怖和极端有正确认识，然后才能在众多信息中辨别是非，在报道中发挥正确的舆论引导作用。另外，鉴于“大 V”社会影响大，中亚地区国家开始关注发挥“大 V”的作用，共同营造良好的网络舆论氛围。

（三）注重技术反恐

中亚地区国家坚持预防和打击两手都要硬的原则。严厉打击主要依靠内务执法、情报、海关、边防、部队、检察和法院等强力部门，形成严密的监控、侦查、情报、缉私、扫毒和司法体系，但实践中仍暴露出若干弱点：一是人员、技术和设备等反恐力量不足，难以应对外部的经济诱惑、理论说辞、宣传渗透手段、政治压力等。各部门只能集中力量解决急迫和重大事件，很多锁定的目标（边境地区、首都等大城市、重点战略目标、危险品管控、媒体、公职人员、劳动力移民、民族聚居区、对社会有强烈不满心理的人等），即使明知有风险，也往往无力顾及。二是设施和装备落后，难以满足快速机动反应要求。比如，基础设施不足（边防哨所和检查站数量少）、技术设备不足（监控设备等）、空中侦察和支援力量不足（没有无人侦察机，无法对漫长的边境线实施有效管控）、机动能力不足（后方基地往往不能及时向前线事发地提供支援）。三是腐败。因待遇总体不高，部分强力部门人员会被极端势力收买或贿赂，导致部分政策在执行环节被放水，从而削弱打击力度，甚至纵容支持极端活动，比如，提供假护照和其他证件、放行毒品、售卖武器爆炸物、通风报信或提供保护伞等。中亚地区国家意识到，先进设备设施是提高反恐和反极端能力的关键因素，尤其是在人群密集地区和重点保护目标所在地，改善装备势在必行，包括增加摄像头、警犬、安检仪器、防爆设备、警情发布、采集生物和个人信息、数据库、大数据计算等。除了在清真寺安装摄像头以外，中亚很多地区推行“安全城市”项目，比如，哈萨克斯坦阿拉木图市从 2020 年起拨款 86 亿坚戈，在人群密集处安装 1000 个摄像头；吉尔吉斯斯坦 2020 年 10 月在首都比什凯克街头安装了 60 个（总计划 1000 个）摄像头。这些摄像头均具有面部识别功能，可结合后台的大数据，有效识别犯罪分子。① 吉尔吉斯斯坦从 2017 年起换发具有生物识别信息的身份证。为提高强力部门工作效率，中亚国家实施绩效管理，不断完善考核评估体系。比如，哈萨克斯坦在《2018—2022 年反极端国家纲要》中便规定四大类任务（提高社会防范意识、减少外部干扰、增强强力部门工作效率、完善安保体系），每项措施都对应一组量化的具体检验指标，以便评估措施实施效果，检查工作落实进度，总结经验教训。

第二节　中亚地区主要恐怖袭击事件

2020 年，没有关于中亚地区的恐怖袭击报道，但各国反恐遇到的难点问题却仍然存在。

一、宗教极端思想短期内难以根除

伊斯兰教是 7 世纪末 8 世纪初随着阿拉伯入侵而进入中亚的。8 世纪中叶，阿拉伯阿巴斯王朝战胜唐朝军队后成为中亚的新主人，开始大力传播伊斯兰教，但因居住相对分散且部落众多，传统民间宗教和波斯影响强大，经过近 400 年时间（游牧地区甚至 800—900 年），伊斯兰教才逐渐从河中地区（中亚最大的两条河流——锡尔河与阿姆河之间的地区）扩展到整个中亚，并成为垄断性宗教。

---

① 参见《На камеры? сраспознаванием? лиц в Алматы выделили 8，6 миллиарда тенге》，08 февраля 2020［EB/OL］. https：//tengrinews. kz/kazakhstan_ news/kameryi - raspoznavaniemlits - almatyi - vyidelili - 86 - milliarda - 362875/。

起初，由于中亚位于中国、印度、伊朗等诸文明的边缘地带，阿拉伯王朝中央对中亚的控制力也有限，客观上为各类教派的创建和发展提供了一个天然庇护所。由于逊尼哈乃斐学派强调“中庸”，从理论上很好地解释和解决了各地区世俗统治者和宗教神权的关系，强化了中央集权，萨曼王朝（874—999 年，首都布哈拉）便将该教法学派确定为官方法学理论，依该学派理论制定各种法规政策，聘请该派的法学家担任国师和法官。哈乃斐学派从此成为中亚各地的官方主流教派，产生了马图里迪、布哈里等享誉整个伊斯兰世界的大师。与此同时，苏菲派在民间（尤其是游牧地区）逐渐流行。

蒙古人入侵中亚并直捣巴格达后，杀死哈里发，摧毁了中亚地区的哈乃斐和苏菲两大教派组织体系。后因蒙古人缺乏对伊斯兰社会的管控经验，便对教派采取宽容政策，但包括哈乃斐在内的逊尼四大主流教派首先要缓解因哈里发死亡而导致的宗教理论危机，然后才能恢复其组织结构，因此恢复得非常缓慢，苏菲派则凭借其严密的金字塔式的隶属教坊制组织结构，获得快速恢复并逐渐发展为中亚地区影响力最大的教派。从此，中亚地区形成“官方主流宗教是逊尼哈乃斐，但苏菲在民间的影响则很大”的双雄并重局面。

苏联时期，因对宗教总体采取限制措施，苏菲派组织基本被打压消灭，哈乃斐派被官方保留但严格限制。伊斯兰教在中亚的衰退为外来宗教和教派进入提供了契机。苏联解体后，中东和土耳其宗教机构和宗教学校帮助中亚国家修建清真寺和宗教学校，还以提供免费学习为条件吸引上万名中亚公民前往学习，加上独立初期，各国无力顾及宗教理论发展，以及原有的官方伊斯兰教组织官僚化较严重，瓦哈比、萨拉菲等有别于中亚本土伊斯兰教的教派由此得以大举进入中亚，甚至“教育和启迪”了中亚独立后的一代人。中亚民众在学习这些带有原教旨主义色彩的外来教派思想的同时，其中一部分人会因理解错误而发展为激进或极端，甚至加入极端组织。

苏联解体和中亚地区国家独立后，伊斯兰宗教极端在中亚地区总体上呈现出 5 个特点，即精神层面重塑意识形态、行为层面引入暴力方式、传播层面逐步走向网格化、行为目的逐渐政治化、活动方式愈发国际化。① 可以说，宗教极端在中亚得以蔓延在一定程度上是因为中亚本土的哈乃斐教义教法衰落，未能与时俱进，被外来的理论学说钻了空子，但发展完善教义教法并非易事，需要时间和能人。在此之前，中亚本土宗教与宗教极端的斗争还将在一定时期内存在。

二、法律跟不上形势

因形势变化快，需要法律和政策及时跟进，否则就容易在法律未有明确规定或者各国规定不统一的地方形成力量真空，使得极端势力得以利用法律漏洞而获得生存发展空间。另外，反恐是全社会的责任，需要法律、教育、宣传、社会服务、金融经济、宗教管理等全社会整体协调行动，才能显现效果，否则会出现“木桶短板”现象，强力部门再努力收效也不明显。

为提高反极端效率，中亚地区国家始终努力更新法律和政策，比如，增加对“传统宗教”“非传统宗教”“破坏性组织”“破坏性活动”等术语的解释，取消在境外非法作战的极端分子的国籍等。近两年在中东作战过的极端分子回流到阿富汗和中亚后，改变了过去的很多打法，犯罪手段推陈出新，强力部门防不胜防，比如，“非违禁品、非爆炸物”恐袭（使用租赁来的汽车撞人等）；异地回流（暴恐分子借助独联体成员国间的免签证政策，利用当地人不了解其过去历史的便利，以劳动力移民的身份回流到其他独联体国家后落地发展）；“睡眠细胞”（潜伏在社会群体中，暂时不从事违法犯罪活动）；发展监狱同伴，制造监狱暴动；研发带有暴恐和极端内容的 App 软件等。

因国情不同，处理问题的能力和利益需求不同，尽管总体上各方都认为反极端工作很重要，但在一些具体问题上，中亚地区国家之间以及国内各部门之间仍有分歧。比如，对待“睡眠细胞”的立场（即使未实施犯罪行为是否也有必要抓捕）、达瓦宣讲团和塔利班的性质（如何区分其内部的温和派和激进派）、伊斯兰复兴党的性质（是极端组织还是政治反对

---

① 参见 Мурзагалеев Р. И. , СулеймановА. Р. , Чекрыжов А. В. , Мурзагалеев Б. Р, Профилактических мерах по борьбе сэкстремизмом в России и странах Центральной Азии: ЧАСТЬ I, 2018. –32 с .

派)、伊朗的什叶派激进势力(是打击"伊斯兰国"的力量还是本身也是极端势力)、取消境外作战的极端分子的国籍的施行效果评估(没有生物信息跟进的护照管理形同虚设)、是否原谅自首分子并允许其回国、清真寺伊玛目是否应领取政府发放的工资或津贴等。

三、地缘政治斗争加剧反极端难度

国际反极端实践证明,在复杂多变的国际环境中,特别是在不适合使用军事战争的地方,极端势力早已不是单纯的犯罪组织,而是作为一个地缘政治争夺的棋子,时而是被打击的对象,时而是纵容或合作的对象。一些大国为获取地缘政治利益,直接或间接通过支持极端势力发展壮大,或鼓动极端势力之间争斗,或谴责某执政当局的反极端政策,或故意夸大地区安全风险等方式,制造事端,影响地区稳定的信心,干扰对手发展。另外,中亚地区国家的很多传媒和非政府组织被俄罗斯和西方控制,信息来源和意见观点受其影响大,经常抱着双重标准,对中亚地区国家的反恐反极端措施施加舆论压力。实践证明,正是由于外部的支持(资金、舆论、通道等),一些极端势力才得以在中亚地区国家屡禁不绝。

据联合国资料,全世界约有 1500 个恐怖训练营,主要位于伊拉克、叙利亚、阿富汗和巴基斯坦。已发现阿富汗境内很多暴恐训练营里有中东国家和西方教官在执教培训。美国与中东部分极端组织间的暧昧关系在叙利亚已充分表现。被中亚地区国家判定为极端组织的"伊扎布特"("伊斯兰解放党")总部位于英国。该组织约 1/10 的资金来源于海外捐赠,主要是英国,并通过西联国际汇款公司(WesternUnion)办理汇兑。一部分"伊扎布特"分子经教育改造后宣布放弃其思想,但美国《宗教自由报告》却认为这是被当局酷刑逼迫的结果,谴责中亚地区国家违反人权。

2020 年 2 月初,美国国务卿蓬佩奥访问中亚,发布新版中亚战略,提出未来美国在中亚的六大目标:支持和加强中亚地区国家的主权和独立;减少中亚地区的恐怖主义威胁;维持对阿富汗稳定的支持;鼓励中亚同阿富汗之间的联系;促进中亚地区国家的法治改革和尊重人权,以及促进美国对中亚地区国家投资。蓬佩奥指出,新版中亚战略"着眼于促进中亚地区的独立与繁荣，同时平衡地区邻国对中亚各国的影响”。中亚和俄罗斯媒体认为，此战略名义上是与中亚合作，实质是与中俄争夺中亚，削弱两国在中亚的影响力，同时为美国从阿富汗撤军做铺垫。很多专家担心，如果美国从阿富汗撤军，阿富汗可能成为第二个叙利亚，并向周边外溢极端势力，从而干扰中亚地区国家以及中俄正常发展。①

中亚是中国的西部友邻，在互联互通的全球化时代，其安全形势必然对中国产生直接影响。多年实践表明，应该辩证且动态地对待中亚地区的安全形势：尽管极端主义给地区各国带来威胁，但也是增强中亚地区国家之间以及中国与中亚地区国家合作与互信的媒介之一；尽管美军在阿富汗有遏制中俄的作用，但也是牵扯美国精力和促进地区国家团结的杠杆之一。关键在于，应把握好“局”和“势”以及“危”和“机”的关系，将风险转化为机遇，推动事态朝着于我有利方向发展。

在反恐反极端领域，中国已与中亚地区国家建立了良好合作关系，仅在强力部门方面，无论是双边还是多边国际合作机制内，已形成了防务、执法、司法和安全战略磋商等四大体系合作，建立了联合反恐演习、联合安保、联合执法、情报交流、人员培训等成熟合作方式。这些合作机制与内容已多次经历实践检验，取得良好效果。比如，双方能够及时通报、侦缉、抓捕和引渡极端分子，极大打击和震慑着极端势力。

鉴于当前中亚安全形势，为保障中国在中亚的利益，未来还需在已有合作成就基础上，将与中亚地区国家的安全合作纳入更大地域范围的国际合作：一是从地域看，鉴于极端主义的跨国性，应从服务国家整体安全利益和外交大局出发，统筹考虑中亚、南亚、西亚地区的安全形势，发挥上合组织等多边机制的作用，协调各国立场，争取更大共识，收紧口子，防范极端势力流窜；二是从行业领域看，应从中国中亚政策总体目标和“一带一路”倡议内容出发，统筹考虑政治、经济、人文和安全等领域合作，防止各类风险因素叠加，避免陷入与其他国家的地缘竞争，警惕“可控混乱”。

---

① 参见 ИДВ РАН，Стратегия развития Шанхайскойорганизации сотрудничества до 2025года：исходные реалии и факторРоссийского－китайского партнерства，Москва，ИДВ РАН，2015，стр 75－90.

第三节　中亚国家主要反恐怖军事行动

一、乌兹别克斯坦抓捕 21 名涉嫌与恐怖组织有关联人员①

2 月 26 日，据乌兹别克斯坦塔什干内务总局通报，乌警方当天在首都塔什干市和塔什干州 24 个地点展开突击和搜查行动，抓捕了 21 名涉嫌与在叙利亚活动的国际恐怖组织有关联的人员。塔什干内务总局当天发表声明说，这些人组织非法集会，宣扬在叙利亚的国际恐怖组织的意识形态，煽动民众资助并加入这些恐怖组织。乌警方在行动中查获了相关物证，进一步调查仍在进行中。

二、乌兹别克斯坦和美国举行联合反恐演习②

2 月 24—3 月 2 日，乌兹别克斯坦国家近卫军与美国中央司令部在乌中部地区的吉扎克州福里什山地训练场展开“无敌守卫 2020”联合反恐演习。乌兹别克斯坦国家近卫军表示，这次联合军演的目的是加强两国在安全领域的合作，改善双边合作，以应对可能的危机局势。美国驻乌兹别克斯坦大使馆表示，部分美方人员在美国佛罗里达州的麦克迪尔空军基地远程参加了此次联合军演。开展军演将使两国武装部队在面对挑战时提高作战效率，并扩大相互合作。

三、中亚国家举行会议讨论阿富汗边境局势③

3 月 12 日，独联体国家边防机构代表在乌兹别克斯坦第二大城市撒马

① 参见《乌兹别克斯坦抓捕 21 名涉嫌与恐怖组织有关联人员》，新华网，2020 年 02 月 07 日，http：//www. xinhuanet. com/。

② 参见《乌兹别克斯坦和美国举行联合军演》，新华网，2020 年 03 月 05 日，http：//www. xinhuanet. com/。

③ 参见《独联体国家举行会议讨论阿富汗边境局势》，新华网，2020 年 03 月 13 日，http：//www. xinhuanet. com/。

尔罕举行会议，讨论阿富汗边境局势。来自俄罗斯、哈萨克斯坦、乌兹别克斯坦、吉尔吉斯斯坦和塔吉克斯坦边防机构以及独联体边防军司令理事会协调处的代表参加会议。参会代表就阿富汗北部边境地区局势交换意见，重点讨论在武装分子控制下当地毒品生产规模日益扩大、贩毒分子试图将毒品跨境运往独联体国家的问题。参会代表还就防止阿富汗境内参与国际恐怖主义和极端主义组织人员渗透至独联体国家这一问题制订了相关措施。

四、吉尔吉斯斯坦和塔吉克斯坦部署“枪炮卡车”对付恐怖分子①

2020 年 4 月，首批“枪炮卡车”已到达吉尔吉斯斯坦坎特空军基地和塔吉克斯坦第 201 军事基地。新配备的装甲卡车使用乌拉尔和卡马运输车底盘，以获得了对子弹和碎片的额外防护。军人可在车上放置大量武器——机枪、火箭筒甚至反坦克导弹。计划在 2022 年年底前彻底完成最新式汽车集群的部署。装甲卡车对付恐怖分子惯用的武装皮卡车尤其有效。驻叙利亚的俄军将这种汽车叫做“机枪车”和“圣战小车”。武装分子在这些越野车里装配大口径机枪、无后坐力炮甚至非制导火箭弹的发射装置。在中东，这种升级后的汽车对不太先进的军队构成严重问题。军事历史学家阿列克谢·赫洛波托夫指出，“最好是用更好更强大的机枪车对付机枪车。机动战是武装分子有代表性的作战，即快速移动：神出鬼没地射击。对付他们需要机动性毫不逊色、且防护性最好更佳的工具”。这位专家还说，在火力上，装甲卡车甚至优于轻型装甲车——车身可安装数架机枪、自动火箭筒、高射炮或反坦克导弹。俄罗斯地缘政治问题研究院副院长弗拉基米尔·阿诺欣指出，装甲卡车的防护虽不如装甲运输车和步兵战车，但在反恐领域具有一系列优势。装甲卡车在平坦地形上移动速度比后者快得多。在中亚的草原和沙漠上，带轮车一年多数时候都可行进。此外，这种车比装甲运输车和步兵战车的生产和驾驶成本低得多，续航能力几乎高一倍。

① 参见《俄部署“枪炮卡车”对付恐怖分子》，新华网，2020 年 03 月 19 日，http：//www.xinhuanet.com/。

第十三章 ╱ 2020年东亚地区*反恐怖军事行动

第一节　东亚地区反恐怖军事行动综述

“山川异域，风月同天”，国人被日本人古汉语修养震惊到的同时，也感受到了日本人“与子同裳”的温情援手。经此一疫，中日关系似乎瞬间升温，在日韩贸易战打响后，日本与中国重启战略对话，而韩朝关系缓和，美朝关系从势不两立，到暗生情愫，再到“三八线”上秀恩爱，大国角逐，小国扰动，2020 年，在中美贸易战和全球抗疫大背景下，东亚局势尽显大国博弈之局及小国生存之道。

一、东亚地区面临的恐怖威胁形势

2020 年，相比世界其他地区，东亚地区面临的恐怖威胁较少，发生的恐怖活动也不多，主要以极端主义暴力袭击事件为主，但在国际恐怖形势严峻的大背景下，偶发的恐怖袭击与威胁，还是给社会和民众造成了一定的恐慌。

（一）驻韩美军开展生化实验，引发韩国民众恐慌[①]

一段时间以来，美国在不少国家开展的生物军事化活动引发了国际社

---

* 东亚，亚洲东部的简称，包括中国、日本、韩国、朝鲜和蒙古国 5 个国家。

① 参见《美军境外生化活动遭质疑》，环球网，2020 年 08 月 11 日，http：//www. huanqiu. com/。

会广泛质疑和反对。美方许多活动与高危病原体密切相关，一旦发生安全事故，将对当事国及其邻国乃至全世界产生灾难性后果。国际社会强烈敦促美方正视各方关切，切实履行《禁止生物武器公约》义务。2020 年，受新冠肺炎疫情影响，韩国市民团体纷纷对驻韩美军运营的生化实验室提出质疑和不满，呼吁政府对相关事态展开调查、公开信息并关闭实验室。韩国政府也对美国在其境内的生物军事化活动高度关注，呼吁美国遵守相关国际公约，并提高透明度。韩国国防部通报称，美军在韩乌山基地的实验室为二级生物安全实验室，但韩国专家指出，研究炭疽杆菌需在三级以上生物安全实验室进行，美军实验室存在病毒泄漏的重大隐患，且美军乌山基地处于闹市，病毒一旦泄漏后果不堪设想，因此韩国民众对美军在韩秘密开展生化实验表示极大担忧。

（二）国家民族矛盾激化，诱发个人极端行为①

8 月 30 日晚，一辆韩国运动型多用途车（SUV）在韩国京畿道抱川市与一辆驻韩美军装甲车发生冲撞，造成 4 人死亡、1 人轻伤。韩国警方正在对事故原因展开调查，称目前不能排除是否为恐怖袭击的可能。

二、东亚国家的反恐怖军事对策

针对东亚地区面临的恐怖威胁，东亚各国积极在立法、科技、装备和国际合作等方面寻求防范和解决恐怖威胁的方法、对策，多措并举全面应对恐怖威胁。

（一）加强区域反恐协作，提升反恐遏恐能力

鉴于 2021 年日本将要举办奥运会，而东京奥运会是日本时隔 57 年后再次举办的全球体育盛会，必须确保安保万无一失。因此日本积极参与国际反恐，与联合国及其他国际组织合作，为奥运会顺利举办提供稳定的安全保障、营造一个安全的周边环境。为“御恐于国门之外”，日本将通过促进女性和年轻人的创业以及教育，力争根除滋生恐怖主义的贫困。日本

---

① 参见《韩国发生 SUV 追尾美军装甲车事故致 4 人死亡》，新华网，2020 年 09 月 01 日，http：//www. xinhuanet. com/。

将分别与管理反恐和有组织犯罪对策的联合国毒品和犯罪问题办公室（UNODC）、对女性和社会弱势群体进行支援的联合国开发计划署（UNDP）以及当地的非政府组织（NGO）合作开展实施，计划对伊斯兰极端组织服刑人员的辅导制度提供支持。同时以极端思想影响扩大的地区为中心，对女性和年轻人提供教育经费援助，促进创业；将在亚洲普及 G7 国家现有的反恐对策经验，并对各国出入境管理、海关和治安领域人员进行培训、实施共同训练加强边境管理，将为亚洲机场等口岸抓获恐怖袭击嫌疑人，提供日企拥有尖端技术的面部识别系统等。

（二）注重反恐装备研发，筑牢反恐安全防线①

日本政府为应对在太空、网络、电磁空间等防卫领域“新战场”出现的恐怖威胁，注重加强商界、学界和政府间的反恐技术研发合作，开发新型电子反恐装备，加强网络防御能力，以应对日益隐蔽多元的网络恐怖威胁。据日本《产经新闻》称，日本陆上自卫队着手从本年度末开始引入新型电子战装备——网络电子战系统。相关人员的培训工作将从 2020 年 7 月展开；有车载式网络电子战系统共包括指挥控制、电磁信号收集和干扰等 5 个种类的装备。与现有装备相比，其所能应对的电磁波频率范围更大，覆盖了各国现有军用设备使用的波段。

（三）调整反恐防卫计划，提升应对疫情能力②

2020 年，在新冠肺炎疫情长期蔓延的背景下，日本防卫省和东京警视厅被迫调整反恐防卫计划。日本防卫省以感染风险为由暂停大规模演习。与外国的联合演习、向海外派遣自卫队员以及防卫装备的开发与部署，相关反恐防卫计划都将受到影响。日本陆海空自卫队已有多名队员确诊感染新冠肺炎。日本防卫相河野太郎 4 月 17 日下达指示，要求在紧急事态期间暂停从多个驻地和基地集结部队进行的演习，以及驻地内半数以上队员参加的训练。陆上自卫队将于 6 月正式开展多个部队参加的演习，如果紧急

---

① 参见《日本加紧防范“电网一体”作战模式》，中国新闻网，2020 年 05 月 12 日，http://www.chinanews.com/。

② 参见《日本被迫调整防卫计划应对疫情》，中国新闻网，2020 年 05 月 06 日，http://www.chinanews.com/。

事态进一步延长，则部队运作熟练程度可能下降。统合幕僚长山崎幸二强调说："认真做好防控工作，为执行任务打好基础，这是非常重要的。"

第二节　东亚地区主要恐怖袭击事件

一、在韩美军秘密开展生化实验引发民众恐慌

2015 年，美国犹他州一军事研究机构通过一家美国快递公司，以普通包裹形式向韩国乌山空军基地寄送具有活性的炭疽杆菌样本。该事件被《韩民族日报》等媒体曝光后，发现美军自 2013 年 6 月起就在韩国秘密开展的生化武器研究计划，即"朱庇特"计划被公之于众。根据韩国防部 2015 年年底公布的资料，美军在 2009—2015 年期间曾数次将炭疽杆菌标本送到韩国，并进行过 16 次实验，2015 年还引进过一次鼠疫杆菌。《韩民族日报》报道称，韩国军事专家表示，美军早在 1998 年 9 月就已在驻韩美军基地建立炭疽杆菌实验室。项目涉及的样本除炭疽杆菌外，还有一种名为 A 型肉毒杆菌毒素的剧毒物质，其毒性是炭疽杆菌的 10 万倍。"朱庇特"计划曝光后，美军一直没有公开在驻韩美军基地进行生化武器实验的真实情况。美军至少在首尔、釜山、乌山、群山 4 处驻韩美军基地运营过生化武器实验室。2019 年 12 月，因被质疑运送生化武器和生化病菌，美军在釜山港第八码头召开说明会，并公开了"朱庇特"的后续计划，代号"半人马"。

2020 年 3 月，韩国 JTBC 电视台首次披露了运营"半人马"项目的美国研究机构公开招聘实验室人员的消息。据报道，该机构发布的工作地点包括首尔、釜山、大邱、东豆川、镇海、倭馆等地，表明美军在韩生化实验室的数量还在增加。尽管驻韩美军辩称，"半人马"项目仅在釜山港第八码头基地和平泽基地"汉弗莱营"两地运营，但未对公开招募实验室人员和新增工作地点做出解释。按美军计划，"半人马"项目将在 2020 年 9 月结束，然后转为新的"IEM—综合早期预警机制"，美军在韩国的生化项目仍将继续。韩国民众对美军在韩秘密开展生化实验表达出极大担忧。釜山驱逐美细菌部队市民对策委员会表示，2020 年 9 月

前将召集上千人，集体向韩国检察厅第二次举报驻韩美军司令罗伯特·艾布拉姆斯。韩国民众强烈敦促韩国国会讨论关闭驻韩美军生化武器实验室的问题。

英国伦敦国王学院高级研究员菲利帕·伦佐斯、美国乔治·梅森大学生物安全专家格雷戈里·科布伦茨指出，美国从事危险病原体研究的实验室在世界多地急剧增加，包括意外泄漏、人员感染、盗窃等风险加大。韩国知名国际法专家、韩国外国语大学名誉教授李章熙撰文称，美国作为《公约》的缔约国，其行为违反了条约规定，他呼吁美军立即停止“朱庇特”等相关计划，销毁所有驻韩美军基地的生化武器。韩国和平与民生问题研究所所长禹守根表示，美军在海外进行生化武器研究完全无视他国安全。美方应以负责任的态度消除公众疑虑，切实保障韩国民众的生命健康安全。

二、驻日美军冲绳基地发生火灾

6 月 22 日上午 8 时 50 分左右，驻日美军冲绳嘉手纳基地内负责处理危险物品的设施发生火灾。目前，未传出有人员伤亡的消息。日本冲绳县方面表示，有县府职员于上午 11 时从嘉手纳基地外确认看到白烟，疑似从南侧跑道和机库间的建筑物里窜出。驻日美军方面表示，建筑物内的人在火灾发生后都已疏散，目前没有人伤亡，目前还不能排除是否为恐怖袭击。冲绳县警方称，大约上午 9 时 30 分左右，美军方面通报“工程中的建筑发生火灾”，美军方面除了持续进行灭火，也将调查起火原因。嘉手纳基地有 2 条长约 3700 米的跑道，是远东最大的美国空军基地。

三、韩国非军事区哨所被枪弹击中①

据韩国军方联合参谋本部称，5 月 3 日上午位于韩朝非军事区的一处韩国军队哨所被朝鲜方面发射的数发枪弹击中，未造成人员伤亡或装备损失。韩军联合参谋本部说，当地时间上午 7 时 41 分许，朝鲜方面向位于非

---

① 参见《韩国称非军事区一哨所被朝鲜发射的枪弹击中》，新华网，2020 年 05 月 03 日，http：//www. xinhuanet. com/。

军事区中部的这处哨所开枪，哨所被数发枪弹击中，韩军指挥官随即下令两次开枪回击并播放警告广播。韩军联合参谋本部说，韩方正通过军方通信线路向朝方了解详细情况，并维持必要的警戒态势。据韩联社援引联合参谋本部的消息说，朝方有意进行挑衅性枪击的可能性较低。朝鲜战争停战协定规定，把北纬 38 度线附近的实际控制线作为韩朝军事分界线，东西长 240 千米，南北两侧各 2 千米以内为韩朝非军事区。

第三节　东亚国家主要反恐怖军事行动

一、日本扩充情报卫星数量以追踪“可疑船只”①

2 月 9 日，一颗作为事实上侦察卫星的日本情报收集卫星成功发射。日本政府考虑引入可以更高频度开展监视活动的小型卫星，加快扩充情报收集卫星体制。情报收集卫星包括在昼间晴天时进行拍摄的光学卫星，以及可在夜间或阴天时进行拍摄的雷达卫星。如果有 4 颗卫星，就能够以每天一次以上的频度对特定场所进行拍摄。通过此次发射，日本已有 8 颗情报收集卫星，日本政府希望每半天就可以进行一次以上的拍摄，但其中 3 颗卫星已经超过了设计寿命。日本政府为加强监视活动，打算建立由 10 颗情报收集卫星构成的系统，但最终实现计划可能是很久以后的事情。日本政府很重视利用小型卫星。情报收集卫星是平均每颗开发经费高达几百亿日元的大型卫星，日本很难批量装备这种卫星。如果是小型卫星，则可用几亿日元的较低成本开发出来。小型卫星对于地面物体的分辨能力不够强，但通过同时利用多颗卫星，能够以间隔较短时间的方式追踪可疑船只。还可把小型卫星用来分析偶尔经过上空的情报收集卫星搭载物的详细情况。日本政府已着手开发拟于 2021 年度发射的小型光学卫星，从开发到投入使用的预算总额为 30 亿日元（约合 2700 万美元）左右。

---

① 参见《日本拟扩充情报卫星数量　以追踪“可疑船只”》，新华网，2020 年 02 月 24 日，http：//www. xinhuanet. com/。

二、韩国引进“全球鹰”监视恐怖袭击

韩国从美国引进的 RQ－4“全球鹰”高空长航时无人侦察机，已顺利抵达庆尚南道泗川空军基地。这意味着长期以来制约韩国的大气层内高空侦察能力有望得到质的提升。依托这一先进装备，今后韩军或可独立完成东北亚地区的高分辨率影像收集工作，除了朝鲜全境，韩军监视范围将扩大至朝鲜半岛以外的部分地区。RQ－4“全球鹰”是美国诺斯罗普·格鲁曼公司研制的一款高空长航时无人侦察机。该机翼展 35.4 米，长 14.5 米，高 4.6 米，重量 1.16 吨，最大飞行速度 745 公里/小时，续航时间 38 小时－42 小时，巡航半径 3000 千米，监视范围超过整个朝鲜半岛。也就是说，RQ－4“全球鹰”执行一次任务飞行，既可进行大范围的雷达搜索，又可提供 7.4 万平方千米范围内的光电/红外图像，侦察设备所获得的目标图像通过卫星通信或微波接力通信，实时传输到地面站，为指挥官进行决策或战场毁伤评估提供情报。在引进 RQ－4“全球鹰”之前，韩国空军基本上不具备高空侦察能力，只有 8 架霍克 800 商务机改装的战术侦察机，其侦察范围、侦察高度、成像能力和续航能力均十分有限，无法覆盖半岛全境，高分辨率影像资料只能依靠美国空军的 RQ－4“全球鹰”获取。

第十四章 ╱ 2020年西非地区*反恐怖军事行动

第一节　西非地区反恐怖军事行动综述

2020 年新冠肺炎疫情在全球的暴发对西非地区的经济发展造成重创，并导致其政治和社会局势出现严重动荡，加之疫情下各地区、部落冲突与战火持续，形成了不确定、不稳定与暴力的恶性循环，更加剧恐怖主义的中长期威胁。恐怖主义在西非扎根较深，活跃在该地区的恐怖组织民意基础强大，且大部分恐怖分子都具有当地背景，有些是对当地政府有敌对情绪的组织，所以短时间内很难根除，同时，也增加了国家和军队打击的难度。

一、西非地区面临的恐怖威胁形势

2020 年新冠肺炎疫情下的西非全球范围国际合作与安全状态总体趋于下降，西非各地区之间矛盾交织。人道主义危机、各种组织犯罪和民间暴力事件等持续不断，导致恐怖主义活动层出不穷，在现实网络化信息时代的影响下，西非地区的人民依旧在艰难、恐惧的阴影下挣扎求生，苦不堪言。

---

* 西非地区包括的国家有：塞内加尔、西撒哈拉、毛里塔尼亚、加蓬、刚果、刚果（金）、扎伊尔、冈比亚、马里、布基纳法索、几内亚、几内亚比绍、佛得角、塞拉利昂、利比里亚、科特迪瓦、加纳、多哥、贝宁、尼日尔、尼日利亚。

（一）针对政府和军队的恐怖袭击频率增加，意图制造更多影响

恐怖组织袭击国家军政机关是扩大影响力的一项重要手段，且已成常态，疫情下的西非各国政府忙于疫情防控，而恐怖组织却没有降低袭击与破坏的力度。2020 年以来，政府和军队疲于奔波在抗击疫情和维护社会治安的双重压力下，对恐怖袭击的防范力度有所降低，导致恐怖组织连续策划数十起针对军队和政府机关的袭击破坏活动。尤其是马里，其国家军队连续遭受恐怖分子伏击、汽车炸弹和突袭等暴恐袭击事件，仅 2020 年上半年，就有 134 名马里军人在恐怖袭击事件中伤亡，对马里军队和政府造成非常严重的影响。塞内加尔、刚果（金）、布基纳法索、科特迪瓦、尼日尔和尼日利亚等国也出现袭击军政机关的事件，2020 年年初，一伙不明身份武装人员驾车闯入位于尼日尔与马里边界地区西纳戈达村的军营，与驻地士兵发生交火，最后造成至少 89 名尼日尔士兵死亡，武装分子方面有 77 人死亡，尼日尔自 13 日起将举行为期 3 天的全国哀悼。

（二）袭击迫害平民，制造影响持续扩张

新冠肺炎疫情发生后，运送粮食、饮用水、疫苗接种等援助项目被迫暂停，疟疾、艾滋病、埃博拉、肝炎等传染病的防控也受到影响，数万人生存受到了直接的威胁，而恐怖组织趁机大肆制造恐袭，既扩大影响吸纳“新人”，又掠夺资源扩充地盘。2020 年以来，刚果（金）、马里、布基纳法索、尼日尔、尼日利亚等国多次出现针对村庄和平民的恐怖袭击事件，其中以尼日利亚为主要受害国，仅第一季度就出现数起针对平民的暴力袭击事件，共计造成约 200 名平民伤亡。3 月 1 日，尼日利亚中北部卡杜纳州多个村庄遭袭击，约有 100 名持枪歹徒冲入这些村庄，他们肆意开枪射杀村民，烧毁房屋和洗劫财物，造成约 50 名村民死亡。

（三）仇视和排外情绪上升，不断袭击外籍人员

强制性的防疫措施和经济困难都将加剧这些国家的政治紧张局势，许多国家面临着防疫和恢复经济的两难选择，使得民众担忧、恐慌和排外情绪上升，恐怖组织则趁机实施对国际维和人员和外籍游客的袭击。联合国马里多层面综合稳定特派团（马里稳定团）从 2013 年以来一直致力于对马里的帮扶和维和，因此成为恐怖组织重点袭击的对象。2020 年以来，总

共发生近 10 次有预谋的袭击事件，造成数十名维和人员伤亡。2020 年 5 月，一队维和士兵在马里东北部基达尔地区阿盖洛克镇附近巡逻时遭爆炸袭击，袭击造成 3 人死亡、4 人重伤。9 月初，2 名法国士兵在马里东北部泰萨利特地区执行任务，他们所乘装甲车遭遇爆炸装置袭击，爆炸造成 2 名士兵死亡、1 名士兵受伤，自法国 2013 年在马里开展反恐行动以来，已有 47 名法国士兵在马里身亡。

（四）疫情下的地区武装冲突加剧，袭击绑架增多

西非一些国家和地区在抗击新冠肺炎疫情的封城、隔离和限制社交等严格措施与经济下滑困境的叠加下，当地武装土匪猖獗、农牧民间争夺资源的暴力冲突突出，对当地人民的影响甚至超过了恐怖组织。12 月初，尼日利亚西北部卡齐纳州一所寄宿中学遭不明身份武装分子袭击，一部分人遭武装分子绑架，一部分人逃跑后不知去向，目前为止仍然有 333 名学生失踪。

二、西非国家的反恐怖军事对策

西非萨赫勒地区是世界上最贫穷的地区之一，国家内乱严重，经济落后，民族宗教矛盾交织，持续动荡的原因十分复杂，猖獗的恐怖主义只是地区动荡的一种表现而非根源，需要采取更多的综合性治理手段。依据其自身力量几乎很难斩断恐怖主义在本国的根基，因此，联合多国、多元力量是西非国家有效反恐的重要手段。2017 年 2 月，由布基纳法索、乍得、马里、毛里塔尼亚和尼日尔组成的萨赫勒五国集团组建了一支 5000 人的联合部队，虽然联合打击恐怖主义成效明显，但由于各国在兵力组成、武器配备、作战支持、情报搜集以及如何与萨赫勒五国联合部队、联合国维和部队协调等方面存在较多分歧，因此，在根治清除恐怖组织效果上，还存在较大难度。2020 年 2 月，法国向非洲萨赫勒地区增派 600 名士兵，前往马里、布基纳法索、尼日尔三国交界地带，加大力度打击极端势力，法国部署在该地区的士兵达到 5100 人。

（一）持续健全本国反恐机制，强化自身打击恐怖组织能力

疫情下的西非各国在抗疫之时，依旧遭受恐怖主义的威胁，在面对严

峻的威胁形势下，西非一些地区国家不断加大打击极端势力的行动。2020 年以来“博科圣地”“圣训捍卫者”等极端组织在西非地区加紧活动，趁机扩大势力范围，导致恐袭事件频繁发生。西非各国纷纷制定和完善疫情下的反恐怖打击策略，持续做好自身专项反恐工作。尤其是西非国家尼日尼亚，仅 2020 年上半年，就成功粉碎多个“博科圣地”极端组织的恐怖袭击活动，击毙击伤极端武装分子 570 多名，捣毁大量武装车辆和武器，成为西非各国打击反恐势力的典范。

（二）扩大多国联合反恐体系，持续形成区域打击合力

由布基纳法索、乍得、马里、毛里塔尼亚和尼日尔组成的萨赫勒五国集团组建的联合部队已经联合运行了 4 年，在非洲联盟授权下完成多次打击恐怖主义和毒品走私等重大任务。但是，由于地区安全形势过于复杂，传统安全威胁与非传统安全威胁紧密交织，萨赫勒五国集团打击恐怖主义的成效并没有完全发挥，需要建立更加完善的联合反恐体系。2020 年年初，法国应马里和尼日尔要求，包括法国在内的欧洲 11 国与两国共同成立“巴尔坎反恐军事行动框架内欧洲特种部队联盟”（简称“塔库巴”联军），以共同打击萨赫勒地区的恐怖主义势力。5 月中旬，尼日尔与尼日利亚联军以及多国联军在尼日尔东南部迪法省的两次行动中击毙至少 75 名极端组织“博科圣地”武装分子，摧毁了恐怖分子的据点并缴获大量武器和车辆。

（三）国际支援与战略合作，强化打击力度

西非萨赫勒地区位于撒哈拉沙漠和中部苏丹草原之间，包括塞内加尔、毛里塔尼亚、马里、布基纳法索、尼日尔等国，近几年，“基地”组织和极端组织“伊斯兰国”频频在萨赫勒地区发动袭击，西非萨赫勒地区是现阶段非洲恐怖主义活动最猖獗的地区。2020 年，法国又向非洲萨赫勒地区增派 600 名士兵，主要协助联合军队打击极端势力，到目前为止，法国部署在那里的士兵已达 5100 人。11 月，在马里执行反恐任务的法国部队击毙了极端组织“支持伊斯兰教和穆斯林”的高级指挥官阿格·穆萨，被称为“反恐斗争中的一次重大胜利”。中国 413 名赴马里维和部队，协助马里政府完成了警戒执勤、超营外围巡逻、工程保障、施工抢修、伤员救治、医疗保障等任务，得到了马里稳定团总部、马里稳定团东战区的肯定。

第二节　西非地区主要恐怖袭击事件

2020 年，疫情下的西非地区恐怖活动并没有停止，马里、尼日尔、尼日利亚等非洲国家连遭恐怖袭击，造成大量人员伤亡。

一、尼日尔西部军营遇袭，尼军死亡人数升至 89 人[①]

1 月 9 日，一伙武装人员驾车闯入位于尼日尔与马里边界地区西纳戈达村的军营，与驻地士兵发生交火，至少 89 名尼日尔士兵死亡。武装分子方面有 77 人死亡。

（一）事件背景

近年来，与“伊斯兰国”有关联的极端组织、恐怖组织频繁在尼日尔西部与马里、布基纳法索交界地区实施袭击，导致大量人员伤亡。2019 年 12 月 10 日，尼日尔西部伊纳特斯镇一军营遭不明身份武装分子袭击，造成至少 70 名士兵死亡、10 多人失踪。

（二）事件经过

9 日下午，一伙武装人员驾车闯入位于尼日尔与马里边界地区西纳戈达村的军营，与驻地士兵发生交火。尼军士兵在尼日尔和多国空军部队的支持下击退了袭击者。

（三）事件影响

尼日尔政府发言人扎卡里亚在尼军后续清剿行动完成后发表声明说，袭击造成至少 89 名尼日尔士兵死亡，武装分子方面有 77 人死亡。尼日尔自 1 月 13 日起举行为期 3 天的全国哀悼。

---

① 参见《尼日尔西部军营遇袭事件　尼军死亡人数升至 89 人》，新华网，2020 年 01 月 10 日，http：//www. xinhuanet. com/。

二、布基纳法索北部两起袭击事件致 36 人死亡[①]

1 月 20 日，布基纳法索北部桑马滕加省发生 2 起袭击事件，造成至少 36 人死亡。

（一）事件背景

自 2015 年以来，布基纳法索袭击事件频发，安全形势严峻。2018 年 3 月 2 日，位于首都瓦加杜古的布军队总部和法国驻布基纳法索大使馆遭到不明身份武装人员袭击，造成 8 名士兵身亡。2019 年 12 月 24 日，布北部苏姆省发生一起袭击事件，造成至少 7 名军人和 35 名平民丧生，安全部队在交火中打死 80 名武装人员。

（二）事件经过

一伙不明身份武装分子 1 月 20 日早晨闯入该省一个村庄的市场，开枪打死 32 人并纵火焚毁了市场。随后，这伙武装分子撤退时又在该省另一个村庄打死 4 人。两起袭击还造成 3 人受伤。

（三）事件影响

布基纳法索总统卡博雷 21 日晚发表声明说，将为两起袭击事件中的遇难者举行 48 小时的全国哀悼活动。目前尚无任何组织或个人宣称制造了这两起袭击事件。

三、尼日尔西南部发生袭击事件造成 6 名法国游客死亡[②]

8 月 9 日，尼日尔西南部蒂拉贝里省库雷地区遭不明身份武装分子袭击，造成 8 人死亡，其中有 6 名是法国游客。

---

① 参见《布基纳法索北部两起袭击事件致 36 人死亡》，新华网，2020 年 01 月 22 日，http：//www. xinhuanet. com/。

② 参见《尼日尔西南部发生袭击事件造成 8 人死亡》，新华网，2020 年 8 月 10 日，http：//www. xinhuanet. com/。

（一）事件背景

蒂拉贝里省位于尼日尔西部与马里、布基纳法索交界地带。近年来，与极端组织“伊斯兰国”有关联的极端组织、恐怖组织频繁在这一地区发动袭击，造成大量人员伤亡。

（二）事件经过

9 日当天中午，一伙不明身份武装分子在库雷地区袭击了一辆汽车。该汽车属于一法国非政府组织，车上的 6 名法国游客、1 名尼日尔导游和 1 名尼日尔司机均已确认死亡，汽车被烧毁。

（三）事件影响

法国总统府 9 日晚向媒体确认，数名法国公民当天在尼日尔遇袭身亡。法国总统马克龙当天与尼日尔总统伊素福就此事件通电话。尼日尔内政部说，将在该地区展开清剿行动，搜捕武装分子。

四、尼日利亚一中学遭武装分子袭击 300 多名学生失踪[①]

12 月 13 日，尼日利亚西北部卡齐纳州一所寄宿中学遭不明身份武装分子袭击，遇袭中 333 名学生失踪。

（一）事件背景

“博科圣地”自 2002 年成立以来，持续对多国安全构成威胁。除日前发生在尼日利亚的校园袭击事件外，该极端组织 12 月 14 日还对非洲中西部国家尼日尔一村庄展开袭击，造成至少 28 名平民死亡。

（二）事件经过

袭击事件发生在 12 月 11 日晚，遇袭中学共有 839 名学生。袭击发生后，部分逃跑的学生返回学校。目前失踪的学生中，一部分人遭武装分子

---

① 参见《尼日利亚一中学遭袭 300 多名学生失踪》，新华网，2020 年 12 月 14 日，http：//www. xinhuanet. com/。

绑架，一部分人逃跑后不知去向。

（三）事件影响

安全人员正在搜寻失踪学生或设法与学生家长取得联系，被绑架学生的具体人数正在核实中。据法新社 12 月 15 日报道，尼日利亚极端组织“博科圣地”发表声明称，早前袭击了该所寄宿中学并绑架了数百名学生。联合国秘书长古特雷斯 12 月 13 日通过发言人发表声明，呼吁“立即无条件”释放疑遭武装人员绑架的学生。古特雷斯同时在声明中对袭击事件表示强烈谴责，呼吁尽快让学生安全返回。他重申“针对学校和其他教育机构的袭击构成对人权的严重侵犯”，并敦促尼日利亚政府“将肇事者绳之以法”。

五、其他恐怖袭击事件

1 月 2 日，大批武装分子驾乘摩托车闯入尼日利亚中部科吉州塔瓦里村袭击村民，造成至少 19 人死亡。他们还纵火焚烧房屋，其中包括酋长的住所和一些祷告场所。

1 月 4 日，布基纳法索北部苏姆省当天发生一起汽车遭路边炸弹爆炸袭击事件，造成至少 14 名学生死亡，另有 4 人受伤。

1 月 6 日，马里武装部队在中部塞古地区执行护送任务时，遭遇爆炸袭击，造成 5 名士兵死亡、4 人受伤，另有 4 辆汽车被毁。

1 月 9 日，尼日利亚中部高原州一个村庄当天凌晨遭不明身份武装分子袭击，造成 12 人死亡、1 人受伤。

1 月 17 日，布基纳法索安全部队一辆军车当天早间在北部苏姆省遭遇路边炸弹爆炸袭击，造成至少 6 名士兵死亡、1 名士兵受伤。

1 月 26 日，位于马里中部塞古区索科洛镇的一处军方营地遭不明身份武装人员袭击，已造成 19 人死亡、5 人受伤，另有大量物资被抢走。

1 月 30 日，尼日利亚东北部博尔诺州发生自杀式袭击，造成 4 人死亡，另有 5 人受伤。

2 月 14 日，马里军队在北部加奥区一城镇遭遇伏击，造成 8 名士兵死亡、4 人受伤。同日，马里军队在中部莫普提区的蒙多罗镇遇袭，造成 1 名士兵死亡、3 人受伤。

2 月 23 日，马里北部通布图地区的一个军事哨遭到恐怖分子袭击，造成 3 名士兵死亡、另有 5 人受伤。

3 月 1 日，马里军队在马里中部莫普提区蒙多罗镇附近遭遇恐怖分子袭击，6 名士兵死亡、10 人受伤，另有物资损失。

3 月 1 日，尼日利亚中北部卡杜纳州多个村庄遭持枪歹徒袭击，袭击造成约 50 名村民死亡。当天约有 100 名持枪歹徒冲入这些村庄，他们肆意开枪射杀村民，烧毁房屋和洗劫财物。遇难者中还包括婴儿。

3 月 7 日，"博科圣地" 武装分子自尼日利亚东北边境进入尼日尔，与该营地士兵发生交火，造成至少 8 人死亡，其中包括一名军营指挥官，另有多名士兵受伤。武装分子还抢走了部分尼军车辆和武器装备。

3 月 12 日，一伙不明身份的武装分子驾车闯入与马里接壤的尼日尔蒂拉贝里省境内一个军营，与驻地尼军发生交火。袭击造成至少 9 名尼军士兵死亡，武装分子还抢走部分尼军车辆。

3 月 19 日，马里军队在该国北部加奥区一个城镇附近遇袭，29 名马里士兵死亡。

4 月 6 日，一伙不明身份的武装分子当天早上袭击了马里军方位于该国北部加奥地区的一处营地，造成 25 名士兵死亡、6 人受伤。军方在交火中打死 10 多名武装分子。

4 月 19 日，一伙武装分子在尼日利亚西北部卡齐纳州几个村庄发动袭击，造成 47 人死亡。

4 月 21 日，一极端组织在刚果（金）西南部地区发动武装袭击，造成 14 人死亡、8 人受伤。

5 月 9 日，一伙不明身份的武装分子驾乘摩托车闯入尼日尔西部蒂拉贝里省的 3 处村庄，袭击造成了 20 名平民死亡、5 名平民受伤。武装分子还抢劫了当地一家商店。

5 月 10 日，联合国马里多层面综合稳定特派团（马里稳定团）一队维和士兵在马里东北部基达尔地区阿盖洛克镇附近巡逻时遭遇爆炸装置袭击，袭击造成 3 人死亡、4 人重伤，伤者已被送往医院救治。

5 月 18 日，尼日尔东南部迪法省一座军营遭极端组织"博科圣地"袭击，造成至少 12 名尼军士兵死亡，另有 10 名士兵受伤。击毙 7 名"博科圣地" 武装分子。

5 月 27 日，刚果（金）东北部地区本周以来发生一系列武装袭击事件，共导致 50 多人死亡。

5 月 30 日，布基纳法索一支商队在该国北部罗卢姆省遭一伙不明身份武装分子袭击，造成至少 15 人死亡。

6 月 7 日，塞内加尔一名士兵因触发一枚反步兵地雷身亡。

6 月 11 日，科特迪瓦东北部萨瓦纳区一座军营当天遭不明身份的武装分子袭击，造成至少 10 名士兵死亡，6 名士兵受伤。另有 1 名武装分子被打死。

6 月 13 日，塞内加尔军方一辆军车在同一地区触雷，造成 8 名士兵轻伤。

6 月 13 日，一队联合国马里多层面综合稳定特派团（马里稳定团）维和士兵在马里北部加奥地区执行任务时，遭到一伙不明身份的武装人员袭击，2 名维和士兵死亡。维和部队随即进行反击，击退了武装分子。

6 月 14 日，一支马里部队在塞古地区贾巴利镇遭到不明身份的武装人员伏击，造成多名士兵失踪。军方随后向事发地派出增援部队，目前证实至少有 24 名士兵死亡、8 名士兵获救。

6 月 15 日，塞内加尔部队当天在该国南部卡萨芒斯地区遭遇地雷爆炸，爆炸造成 2 名士兵死亡、2 名士兵受伤。

6 月 25 日，在非洲萨赫勒地区活动的一个非政府组织在尼日尔西部遭不明身份武装分子袭击，该组织至少 10 名工作人员遭绑架，武装分子还抢走 2 辆汽车。

7 月 1 日，马里中部莫普提区邦卡斯省，一伙不明身份的武装分子袭击了几处村庄，造成至少 32 名村民死亡。

7 月 2 日，一伙不明身份的武装人员乘坐汽车和摩托车，在马里中部莫普提区邦卡斯一处村庄入口处向马里部队发起袭击，造成 7 名士兵死亡，另有 2 人受伤、3 人失踪。据马里稳定团数据，2020 年 1 月 1 日—6 月 21 日，马里稳定团在莫普提区记录了 83 起部族冲突引起的暴力事件，造成至少 292 人死亡。

7 月 4 日，刚果（金）东北部伊图里省发生袭击事件，一支当地民兵武装在伊图里省马泰特地区袭击了 2 辆来自该省首府布尼亚的汽车，导致 11 人死亡，其中包括地方官员、警察、士兵和平民。伊图里省位于刚果（金）东北部，近年来该地区部族冲突激化。当地民兵武装为争夺土地和矿产不时对平民发动袭击，2020 年有超过 300 名平民在冲突中丧生。

8 月 2 日，一队马里武装部队士兵在塞古地区戈马库拉镇和贾巴利镇之间遭遇伏击，与此同时，一伙武装分子用重型武器袭击了马里军方在戈马库拉镇的军营。这两起袭击造成至少 5 名士兵死亡、5 人受伤，另有军车被摧毁。

8 月 22 日，一队马里国家宪兵乘坐的汽车在莫普提区邦贾加拉镇附近触发一枚爆炸装置，造成 4 人死亡、1 人重伤。

8 月 23 日，乌干达反政府武装“民主同盟军”对刚果（金）其他地区发起类似袭击，导致 13 人死亡。

8 月 26 日，乌干达反政府武装“民主同盟军”对刚果（金）东部 3 座村庄发动袭击，导致至少 20 人死亡。

8 月 27 日，一队马里士兵在该国中部莫普提区遭遇伏击，造成 4 人死亡、12 人受伤，另有大量物资损失。

9 月 5 日，法国士兵在马里东北部泰萨利特地区执行任务，他们所乘装甲车遭遇爆炸装置袭击，爆炸造成 2 名士兵死亡、1 名士兵受伤。

9 月 23 日，一队执行巡逻任务的马里士兵当天在该国中部莫普提地区遭遇袭击，3 名士兵死亡，4 人受伤，15 名恐怖分子被马里士兵打死。

9 月 25 日，极端组织“博科圣地”武装分子在尼日利亚东北部博尔诺州袭击尼地方政府车队，造成 11 人死亡，另有 13 人不同程度受伤。

10 月 12 日，位于马里中部莫普提地区索库拉镇的一座军营晚间遭到袭击，造成 9 名士兵死亡、多人受伤。13 日早晨，一队前来支援遇袭军营的马里士兵在事发地点附近也遭到袭击，造成 3 名士兵死亡、10 人受伤，另有多人失踪。

10 月 15 日，一辆载有马里稳定团维和士兵的车辆当天在距基达尔省首府基达尔市 50 千米处遭遇爆炸装置袭击，袭击造成 1 人死亡、1 人重伤。

10 月 21 日，几内亚首都科纳克里，反对派支持者在市郊主路竖起路障、焚烧轮胎和桌椅，并与警方发生冲突，造成包括 1 名警察在内的至少 4 人死亡；在基西杜古等地区，反对派支持者与警方的冲突造成包括 1 名警察在内的至少 3 人死亡。

11 月 28 日，尼日利亚东北部博尔诺州一村庄遭极端组织“博科圣地”武装分子袭击，40 多名村民遇害，多人失踪。

12 月 14 日，“博科圣地”武装分子袭击了位于尼日尔东南部迪法省的一座村庄，焚烧多间房屋。袭击造成至少 28 名平民死亡，其中 10 人遭枪击身亡，14 人被烧死。

12 月 28 日，一支法国军队在马里中部洪博里地区执行军事任务时，其乘坐的装甲车遭到爆炸装置袭击，造成 3 名士兵死亡。

第三节　西非地区主要反恐怖军事行动

2020 年，西非国家仅仅单纯通过军事手段反恐，并不能完全保障该地区的安全与稳定，需要同心协力。

一、多国部队打死 50 名“博科圣地”武装分子①

3 月 10 日，由尼日利亚、喀麦隆、尼日尔、乍得等国组建的多国部队在过去几天的联合行动中共打死 50 名极端组织“博科圣地”武装分子。

（一）行动背景

“博科圣地”成立于 2004 年，其武装分子频繁出没于尼日利亚东北部，并对接壤的尼日尔南部地区造成安全威胁。2016 年 7 月，尼日利亚、喀麦隆、尼日尔、乍得等国组建的多国部队开始对“博科圣地”进行打击，在一定程度上限制了其活动能力和范围。

（二）行动概况

从 2020 年 3 月 8 日开始，由尼日利亚、喀麦隆、尼日尔、乍得等国组建的多国部队在乍得湖盆地区域与“博科圣地”极端组织发生多次交火，共打死 50 名武装分子，缴获和摧毁了大量武器装备。此外，多国部队在过去 10 天还对“博科圣地”位于尼日尔的多个据点实施了打击，摧毁了许多目标。

（三）行动评析

多国部队将继续加强对“博科圣地”的打击，逐步清除该组织在乍得

---

① 参见《多国部队打死 50 名“博科圣地”武装分子》，新华网，2019 年 03 月 11 日，http：//www. xinhuanet. com/。

湖盆地区域的据点。

二、尼日尔与法国军队联合行动打死 18 名恐怖分子①

6 月 20 日尼日尔与法国军队在尼西部蒂拉贝里省展开联合行动，打死 18 名恐怖分子。

（一）行动背景

法国 2014 年 8 月启动“新月形沙丘”行动。在这一行动框架下，法国向非洲萨赫勒地区派遣约 4000 名军人，与地区内的多国军队协同作战，共同打击恐怖主义。

（二）行动概况

尼日尔军队与法国“新月形沙丘”行动（又称“巴尔汉行动”）部队 6 月 8—18 日在蒂拉贝里省通戈通戈地区展开代号为“乌头”的联合行动，打死 18 名恐怖分子，逮捕 5 名恐怖分子，并缴获大量武器。两国军队在行动中无人员伤亡。

（三）行动评析

通戈地区位于尼日尔西部与马里东南部交界地带。近年来恐怖组织在尼日尔西部与马里、布基纳法索边境地区发动多起袭击，造成大量人员伤亡。此次行动也得到了美国的支持。

三、布基纳法索安全部队与武装人员激烈交火②

12 月 24 日，一伙不明身份的武装人员在布北部苏姆省对安全部队和平民发动袭击，安全部队在反击中打死 80 人。

---

① 参见《尼日尔与法国军队联合行动打死 18 名恐怖分子》，新华网，2019 年 06 月 21 日，http：//www. xinhuanet. com/。

② 参见《布基纳法索安全部队与武装人员激烈交火，逾百人死亡》，新华网，2019 年 12 月 25 日，http：//www. xinhuanet. com/。

（一）行动背景

2015 年以来，布基纳法索境内暴力袭击频发，安全形势严峻。过去 5 年，与“基地”组织、“伊斯兰国”等极端组织有关的武装人员在非洲萨赫勒地区（撒哈拉沙漠以南横贯非洲大陆的一片狭长地带）异常活跃。他们通过暴力袭击、煽动种族冲突等方式拓展势力范围。马里、布基纳法索等国受其影响严重。

（二）行动概况

24 日清晨一伙不明身份武装人员在苏姆省阿里宾达市袭击安全部队和民众，造成至少 7 名军人和 35 名平民丧生。安全部队在反击中打死 80 人，缴获 100 多辆摩托车和一些武器弹药。安全部队有 7 人丧生。

（三）行动评析

事发后，布基纳法索总统卡博雷在其社交媒体发文说，此次“野蛮袭击”导致 35 名平民丧生，多数遇害者为女性。卡博雷表扬安全部队行动“英勇果敢”。他还宣布为此次袭击的遇害者举行 48 小时全国哀悼活动。

四、其他反恐怖军事行动

1 月 3 日，尼日尔陆军在与尼日利亚边界接壤的东南边境地区，经过连日的地面进攻与空中袭击，击毙至少 280 名极端组织“博科圣地”的武装分子。攻击行动在 2019 年 12 月 28 日展开，空袭炸死了 200 多人，另有 87 人被尼日尔政府军打死。

1 月 17 日，法军与尼日尔军队在马里与尼日尔交界地区进行联合反恐行动，这是法军“新月形沙丘”行动的一部分。法军与尼日尔军队近日在马里与尼日尔交界的通戈地区进行联合反恐行动，击毙 15 名恐怖分子。

3 月 12 日，尼日尔为清除“博科圣地”极端组织在迪法省的残余势力，军方自 9 日起在当地开展清剿行动，并于 12 日击毙 33 名“博科圣地”武装分子，缴获大量武器。此次清剿行动中，军方无人员伤亡。

5 月 7 日，尼日利亚空军当天凌晨在尼西北部扎姆法拉州发起一次空袭行动，摧毁一个武装组织的据点，并打死 20 名武装分子。

5 月 13 日，法国驻布基纳法索特种部队在夜间突袭了恐怖分子营地，击毙了 4 名敌人后解救出 4 名人质，但 2 名法国突击队员也在此次行动中牺牲。获救的人质包括 2 名法国公民，他们于 5 月 1 日在西非小国贝宁的狩猎之旅中失踪。在法国突击队的这次突袭中，军方还发现了另外 2 名人质，包括 1 名美国人和 1 名韩国人，均为女性。

5 月 18 日，包括 25 名女性在内的 298 名柬埔寨维和官兵，从金边启程飞往马里参加联合国维和行动。13 年来，柬埔寨已陆续派出数千名维和官兵参与联合国维和行动。柬埔寨政府坚持参加联合国维和行动的决心不动摇，旨在为人道主义救援，维护世界和平作出贡献。

5 月 23 日，科特迪瓦总统瓦塔拉表示，科方愿积极参与“一带一路”建设，并在此框架内同中方进一步加强各领域合作。科中合作富有成果，中方在科实施的水电站、供水等项目给科特迪瓦人民带来了实实在在的好处。中方将全面落实好两国元首达成的共识和中非合作论坛北京峰会成果，推动双边各领域交流与合作，更好造福两国人民。

6 月 2 日，尼日尔与尼日利亚军队在乍得湖地区展开联合行动，击毙 53 名极端组织“博科圣地”武装分子，摧毁 4 辆汽车，并缴获大量武器，尼日尔军队方面有 3 人受伤。

6 月 13 日，埃及和多哥特种部队当天在埃及北部亚历山大穆罕默德·纳吉布军事基地开始了为期一周的反恐演习。此次演习旨在加强参演部队应对恐怖分子威胁的能力，维护非洲国家的安全和稳定，反映出埃及在担任非盟轮值主席国期间加强与非洲国家军事交流的愿望。

6 月 15 日，由于近期马里接连发生不明武装分子屠杀平民、大规模人员当街聚众滋事等事件，造成马里安全形势日益严峻。正在联马团加奥超营执行维和任务的中国第七批维和警卫分队，全面升级安全防卫系统，加强应急战备演练，确保营区安全。

7 月 29 日，由尼日利亚、喀麦隆、尼日尔、乍得等国组建的多国部队当天在尼日利亚东北部博尔诺州与极端组织“博科圣地”武装分子发生交火，打死 10 名武装分子。多国部队方面有 1 人死亡、5 人受伤。

11 月 5 日，尼日利亚军队在该国东北部博尔诺州击退极端组织“博科圣地”的一次伏击，击毙 10 名武装分子，俘获 2 人，另有多名武装分子受伤逃走。

11 月 15 日，布基纳法索安全部队一支巡逻车队在罗鲁姆省遭一伙恐怖分子伏击，双方交火达数小时，安全部队打死 24 名恐怖分子，解救数名被绑架的妇女；16 日，安全部队对巴姆省布尔藏加市附近的恐怖分子据点实施打击，打死 8 名恐怖分子，缴获大量武器弹药。

12 月 3 日，西非经济货币联盟特别峰会在塞内加尔的贾姆尼亚贾闭幕，峰会决定向同为该联盟和萨赫勒五国集团成员国的马里、尼日尔和布基纳法索提供 1 亿美元资金支持，用于打击萨赫勒地区恐怖主义。

12 月 3 日，布基纳法索安全部队当天凌晨分别在该国北部罗鲁姆省及苏鲁省遭遇袭击，至少 20 名武装分子被军方打死。3 名士兵在交火中丧生，另有 7 名士兵受伤。安全部队还缴获了武装分子使用的摩托车、武器弹药以及其他物资。

12 月 11 日，布基纳法索安全部队在帕马地区摧毁了一处恐怖分子据点，打死至少 15 名恐怖分子，缴获大量武器弹药及其他物资。

12 月 24 日，布基纳法索一伙不明身份武装分子当天清晨向驻扎在苏姆省阿里宾达市的安全部队和当地民众发起袭击。安全部队随即展开反击，共打死 80 名武装分子，并缴获武装分子使用的 100 多辆摩托车和武器弹药等。

12 月 26 日，美国官员披露，美国国防部正考虑调整全球军事部署，拟从西非地区大幅撤军。在西非反恐形势恶化之际，这一动向在美国政府内部以及西方盟友间引起非议。

2020 年西非地区遭受恐怖袭击次数及伤亡人数

时间	尼日利亚		尼日尔		布基纳法索		马里	
	袭击次数	伤亡人数	袭击次数	伤亡人数	袭击次数	伤亡人数	袭击次数	伤亡人数
1 月	3	41	1	166	4	64	2	33
2 月	2	30					3	24
3 月	5	50	2	24			2	45
4 月	1	47					1	47
5 月			2	54	1	15	1	7
6 月			1	10			2	26

续表

时间	尼日利亚		尼日尔		布基纳法索		马里	
	袭击次数	伤亡人数	袭击次数	伤亡人数	袭击次数	伤亡人数	袭击次数	伤亡人数
7 月							2	44
8 月			1	8			4	31
9 月	1	24					1	3
10 月							3	32
11 月	1	40						
12 月	1	333	1	28			1	3
合计	14	565	8	290	5	79	22	293

另外，刚果（金）2020 年遭受恐怖袭击 5 次，伤亡 166 人；塞内加尔 2020 年遭受恐怖袭击 3 次，伤亡 13 人；科特迪瓦 2020 年遭受恐怖袭击 1 次，伤亡 17 人；几内亚 2020 年遭受恐怖袭击 2 次，伤亡 7 人。

全年，西非地区遭受恐怖袭击约 61 次，伤亡约 1430 人。

据马里稳定团数据，2020 年 1 月 1 日至 6 月 21 日，马里稳定团在莫普提区记录了 83 起部族冲突引起的暴力事件，造成至少 292 人死亡。

第十五章 ╱ 2020年东非地区*反恐怖军事行动

第一节　东非地区反恐怖军事行动综述

2020 年，新冠肺炎疫情在全球的暴发对东非地区的经济发展形成重创，加上东非地区连续爆发蝗虫灾害，致使近 500 万人面临粮食危机，导致东非国家政治和社会局势出现严重动荡。埃塞俄比亚、乌干达、肯尼亚和赞比亚出现了针对被视为病毒传播者的外国公民的暴力行为，安全形势恶化。疫情期间，索马里“青年党”、“伊斯兰国”等极端组织加紧活动，趁机扩大势力范围。东非多国调用军队等武装力量实施封锁及出行限制等防控措施，重新部署安全力量，让极端组织和反叛武装分子得以喘息并趁机作乱，伊斯兰激进组织也借机扩张，增加了非洲国家安全动荡的隐患。

一、东非地区面临的恐怖威胁形势

由于东非一些国家政局动荡、经济落后、部族矛盾交织以及新冠肺炎疫情等因素的影响，2020 年的东非地区恐袭事件频发，部分地区安全形势依旧不乐观。东非地区贫困人口较多，走私等犯罪活动猖獗，为滋生极端主义提供了温床，加之，欧美一些国家准备撤出东非援助力量，致使极端恐怖势力乘虚而入，对东非地区的安全和发展构成持续的挑战。

---

* 东非地区包括的国家有：埃塞俄比亚、厄立特里亚、吉布提、索马里、肯尼亚、乌干达、卢旺达、布隆迪、坦桑尼亚和塞舌尔。

（一）索马里“青年党”在索马里制造袭击事件激增

索马里“青年党”是一支奉行伊斯兰极端主义的反政府武装，2006 年由“伊斯兰教法联盟”分裂而出现。它试图推翻索马里联邦过渡政府，建立一个囊括全部索马里在内的“大索马里伊斯兰国”，在东非索马里“青年党”一直是地区主要安全隐患。由于索马里政府机构各种腐败问题的凸显，其安全部门的职能作用“不忍直视”，内部“一片混乱”，要想建立一个正常运转的国家安全机构应对“青年党”的威胁十分困难。2020 上半年由于疫情原因，恐怖袭击事件较 2019 年有所减少，但是进入下半年以后，索马里“青年党”就展开了对索马里政府的持续袭击，造成重大的影响。5 月底，首都摩加迪沙郊区发生一起路边炸弹袭击事件，造成至少 7 人死亡、多人受伤。8 月 16 日，索马里首都一酒店突发爆炸，造成至少 10 人死亡，28 人重伤。11 月索马里中部穆杜格州加勒卡尤市发生一起影响恶劣的自杀式袭击，5 名死者中，4 人为索政府军高级军官，1 人为加勒卡尤市前市长。

（二）武装冲突持续不断，各类针对性暴恐袭击事件多发

东非地区的武装冲突袭击事件，大多是在政治暴力和安全冲突下滋生，暴力活动的兴起和传播大多是由当地的民兵和帮派等一些团体推动的。2020 年以来，乌干达“民主同盟军”为了报复刚果（金）政府，多次袭击了该国地区的村庄，造成近百名平民在袭击中死亡。6 月份，约 100 名不明身份的武装人员袭击了位于卢旺达和布隆迪边境附近的卢边防部队阵地。2020 年 11 月，埃塞俄比亚北部提格雷地区的紧张局势爆发为公开的军事冲突，国家安全局势失控，导致大量人员伤亡和破坏，以及境内外大规模流离失所，整个地区陷入地缘政治的噩梦。12 月 23 日，在埃塞俄比亚西北部的本尚古勒－古马兹州梅特克尔地区发生的枪手袭击事件，造成至少 207 名平民身亡，包括 35 名成年女性和 17 名儿童，年纪最小的遇害者为 1 名仅 6 个月大的婴儿。

二、东非国家的反恐怖军事对策

在疫情、灾情的双重压力下，在严峻的恐怖主义威胁下，东非国家始

终不忘加大打击极端势力的行动力度。同时，由于经济落后、安全部队力量薄弱、部族分离主义倾向等问题突出，靠自身能力打击恐怖极端势力依然比较困难，国际社会支援就成为支撑国家安全局势的重要手段之一，联合国的 13 个维和特派团中有 7 个位于非洲大陆，非盟驻索马里特派团一直在协助索马里政府打击恐怖主义，并协助培训索马里警察。

（一）加大自身打击力度，持续清剿恐怖组织

2019 年 12 月，索马里“青年党”在摩加迪沙制造了 10 年来最严重的炸弹袭击事件后，对索马里政府造成了恶劣的影响，使当局不得不调整打击力度，强化对索马里“青年党”的打击策略。2020 年以来，索马里政府军针对索马里“青年党”极端组织展开了多次清剿行动，击毙数百名武装分子。1 月份，政府军就出动多次，击毙、击伤 66 名武装分子。下半年，索马里政府在新冠肺炎疫情影响下并未减少打击力度，8 月份，又连续出击，击毙近百名“青年党”武装分子。11 月，索马里政府军在两次清剿行动中，击毙了 4 名“青年党”头目，对索马里“青年党”造成了严重打击。

（二）持续强化与外军和国际组织反恐合作

加强国际及区域合作与协调，形成合力打击恐怖主义和有组织犯罪，是东非现阶段联合反恐的重要趋势。2020 年由于受新冠肺炎疫情影响，国际社会在东非地区并没有组织较大规模的联合反恐行动，大多是以资金援助、情报共享、无人机支援、远程辅助等手段，协助东非国家本土安全部队打击恐怖主义。美国非洲司令部上半年持续为索马里政府提供帮助，精确空袭打击数十名“青年党”武装分子。在 11 月，美国计划将削减在索马里执行反恐和训练任务的几乎所有军队，且美国非洲司令部对索马里的空袭行动已经大幅放缓，此举很可能会给索马里军队带来更多压力，迫使他们在打击“青年党”方面独立行动。

第二节 东非地区主要恐怖袭击事件

2020 年，新冠肺炎疫情下的东非地区依旧恐袭不断，索马里“青年

党”将索马里作为重点袭击目标。

一、索马里“青年党”袭击了摩加迪沙的高档酒店[①]

8月16日，索马里“青年党”袭击了首都摩加迪沙海边的“精英酒店”，造成至少11人遇难，40余人受伤。

（一）事件背景

索马里“青年党”与“基地”组织有关联，控制索马里南部和中部部分地区，谋求推翻索马里政府，近年来频繁在索马里及其邻国肯尼亚发动袭击。袭击对象不仅包括军事目标，还有酒店、商场、公交枢纽等平民聚集点，“青年党”2019年共发动63起袭击事件。“青年党”武装人员15日晚袭击该国南部盖多州一处政府军基地，被政府军击退。中部穆杜格地区一座村庄12日遭“青年党”武装人员袭击，政府军发动反击，击毙16人。

（二）事件经过

16日晚上，5名“青年党”武装人员将一辆载有爆炸物的汽车开到了酒店入口处引爆，随后闯入酒店，劫持人质，与索马里安全部队激烈交火。

（三）事件影响

经过4个小时的战斗，安全部队控制了酒店，酒店内205人获救，包括多名部长和议员。袭击造成10名平民和1名安全部队士兵死亡，5名武装人员1人在自杀爆炸中死亡，4人被击毙。此次事件，给当地居民造成了恶劣的恐怖阴影。

二、3名美国人在肯尼亚军事基地遭袭事件中丧生[②]

1月5日，索马里“青年党”袭击了位于肯尼亚拉穆郡的一座肯尼亚

---

① 参见《索马里“青年党”为何接连发动恐怖袭击?》，新华网，2020年07月27日，http：//www. xinhuanet. com/。

② 参见《3名美国人在肯尼亚军事基地遭袭事件中丧生》，新华网，2020年01月06日，http：//www. xinhuanet. com/。

和美国军队共用的军事基地，打死 1 名美国军人和 2 名美国防务承包商。

（一）事件背景

索马里“青年党”是与“基地”组织有关联的极端组织，近年来在索马里及其邻国多次发动恐怖袭击。

（二）事件经过

当天上午 5 时 30 分左右，武装人员引燃汽油，试图破坏军事基地的机场跑道。随后，肯尼亚军方与武装人员展开交火。按肯尼亚军方说法，已在现场发现 4 名被打死的武装人员的遗体。

（三）事件影响

索马里“青年党”宣称制造了这次袭击。但“青年党”发布的声明称，他们的战斗人员已经部分控制了肯尼亚和美国军队共用的基地，摧毁了军用飞机和车辆，造成肯尼亚和美国军人严重伤亡。

三、埃塞俄比亚发生袭击平民事件，至少 100 人死亡

12 月 23 日，在埃塞西北部的本尚古勒 - 古马兹州梅特克尔地区发生了一起枪手袭击事件，造成至少 207 名平民身亡。

（一）事件背景

梅特克尔地区位于本尚古勒 - 古马兹州东北部，与阿姆哈拉州相邻，一直以来该州一些民族之间因土地、资源分配等存在矛盾。此前，9—10 月间，该地区已发生多起针对平民的袭击事件，导致至少 200 人死亡，1000 多人流离失所；11 月中旬，该地区又发生枪手袭击大巴车事件，导致至少 34 人死亡。

（二）事件经过

当天 4 时许，在埃塞西北部的本尚古勒 - 古马兹州梅特克尔地区发生了袭击事件，多达 500 名枪手袭击了平民，袭击持续了数小时。

（三）事件影响

幸存者称，袭击造成 207 人遇害，包括 35 名成年女性和 17 名儿童，年龄最小的遇害者为 1 名仅 6 个月大的婴儿。袭击发生前一天，即 12 月 22 日，埃塞俄比亚总理阿比·艾哈迈德曾赴梅特克尔与当地社区进行讨论，并称联邦政府正在与地方安全部队合作，以寻求持久的方法来解决该地区的安全危机。

四、其他恐怖袭击事件

1 月 8 日，索马里首都摩加迪沙总统府的一个安全检查站遭遇自杀式汽车炸弹袭击。袭击共造成 5 人死亡，11 人受伤。

5 月 24 日，索马里西南部巴伊州拜多阿市发生路边炸弹爆炸事件，造成 5 人死亡、15 人受伤。

5 月 31 日，索马里首都摩加迪沙郊区发生一起路边炸弹袭击事件，造成至少 7 人死亡、多人受伤。

6 月 27 日，卢旺达军方发表声明说，约 100 名不明身份的武装人员当天凌晨袭击了位于卢旺达和布隆迪边境附近的卢边防部队阵地。卢旺达军队击退袭击者，击毙其中 4 人，抓获 3 人。有 3 名卢旺达士兵受轻伤。

7 月 4 日，索马里首都摩加迪沙发生一起汽车炸弹袭击事件，造成 1 人死亡、7 人受伤。

7 月 17 日，索马里“青年党”在摩加迪沙南部袭击了乘车出巡的索马里国会议员阿卜杜拉西，当场将其打死。

8 月 3 日，索马里首都摩加迪沙当天发生一起自杀式袭击事件，造成 2 人死亡、1 人受伤。

8 月 8 日，索马里首都摩加迪沙一处政府军基地当天遭袭，造成至少 8 人死亡、14 人受伤。

8 月 12 日，索马里中部穆杜格地区一座村庄遭“青年党”武装人员袭击，政府军发动反击，击毙 16 人。按照当地居民的说法，“青年党”武装人员想在这个村庄建立基地，遭当地居民拒绝，于是袭击村庄。

8 月 17 日，“青年党”武装人员袭击索马里南部城市拜多阿附近一处军事基地，袭击造成 5 名士兵死亡，其中 3 人在基地入口处被炸死，另外

2 人在基地内被武装人员放置的炸弹炸死。“青年党”发言人阿卜迪－阿齐兹·阿布·穆萨卜则声称袭击造成 8 名军人死亡，包括基地指挥官。

9 月 7 日，索马里南部港口城市基斯马尤附近城镇发生一起汽车炸弹袭击事件，造成 2 人死亡、3 人受伤。

10 月 15 日，索马里政府军在首都摩加迪沙郊外遭极端组织索马里“青年党”伏击后与其展开激烈交火，索军方打死 61 名索马里“青年党”武装分子，政府军方面也有 18 名士兵被打死。

11 月 1 日，埃塞俄比亚中南部奥罗米亚州发生袭击事件，造成至少 32 人死亡。超过 60 名袭击者将阿姆哈拉族人从家中带走并杀害，遇难者中包括妇女和儿童。

11 月 3 日，埃塞俄比亚中南部奥罗米亚州发生一起武装袭击事件，造成 4 人死亡、3 人受伤。

11 月 13 日，埃塞俄比亚的阿姆哈拉州两座城市遭到“提格雷人民解放阵线”（简称“提人阵”）火箭弹袭击。埃塞俄比亚政府未透露袭击是否造成人员伤亡。

11 月 14 日，埃塞俄比亚发生了一起袭击事件，一辆大巴车遭到枪击，目前至少有 34 人在此次袭击中遇难。

11 月 17 日，索马里首都摩加迪沙一家餐馆遭遇自杀式炸弹袭击，包括袭击者在内，事件造成至少 6 人死亡，8 人受伤。

11 月 18 日，索马里中部穆杜格州加勒卡尤市当天发生一起自杀式袭击，造成至少 5 人死亡、13 人受伤。5 名死者中，4 人为索马里政府军高级军官，1 人为加勒卡尤市前市长。

11 月 20 日，埃塞俄比亚首都亚的斯亚贝巴市区发生爆炸，3 名街头流浪儿童接触到一枚遭遗弃的炸弹时，炸弹发生爆炸，3 名儿童当场死亡，另有 5 人受伤。

11 月 27 日，索马里首都摩加迪沙的一个冰激凌商店，发生一起自杀式爆炸袭击，爆炸袭击造成至少 7 人死亡。索马里“青年党”宣称对此次袭击事件负责。

12 月 18 日，索马里首都摩加迪沙加尔卡约体育场外发生一起自杀式爆炸袭击，造成至少 17 人死亡。

第三节　东非地区主要反恐怖军事行动

2020 年在新冠肺炎疫情的严峻形势下，东非各国的反恐行动主要依靠本国的安全部队实施打击。

一、美国非洲司令部空袭索马里“青年党”，高级领导人丧生

4 月 2 日，美国非洲司令部（AFRICOM）在索马里进行一次精确空袭，索马里“青年党”高级领导人优素福·吉斯（Yusuf Jiis）被击毙。

（一）行动背景

近年来，美军非洲司令部一直帮助索马里政府为打击“青年党”提供帮助，尤其是为索马里政府提供各种作战人员培训以及无人机空袭等任务。

（二）行动概况

4 月 2 日，美国非洲司令部根据情报，对长期活动在索马里地区的“青年党”组织的高层领导者展开了空袭行动，至少击杀了 3 名恐怖分子，其中 1 名为索马里“青年党”的高级领导人。

（三）行动评析

美国非洲司令部声称有 5 名恐怖分子在这次行动中被杀，没有平民受伤或丧生。4 月早些时候，美国非洲司令部透露将发布有关其行动中平民伤亡的季度报告，以“证明美军一贯致力于将追求军事行动的附带损害降至最低”。

二、其他反恐怖军事行动

1 月 1 日，索马里政府军在该国南部的下谢贝利州打死 20 名极端组织

“青年党”武装分子。

1 月 3 日，索马里政府军在该国南部下谢贝利州打死 30 名“青年党”武装分子。

1 月 17 日，索马里政府军在索南部中谢贝利州打死 16 名“青年党”武装分子，打伤 20 人。

3 月 10 日，索马里政府军当天在索南部地区打死 6 名极端组织“青年党”武装分子，政府军有 2 人在交火中丧生，1 人受伤。

3 月 20 日，索马里政府军在索南部地区打死 27 名“青年党”武装分子。

4 月 11 日，美军与索马里政府军联合打击索马里武装分子，对索马里武装分子进行了集体自卫打击，空袭杀死 10 名武装分子，击毙一名武装分子头目。

6 月 6 日，索马里在该国南部地区打死包括一名头目在内的 37 名武装分子。

7 月 11 日，索马里政府军在该国南部地区打死 7 名“青年党”武装分子，打伤 5 人。

8 月 6 日，索马里政府军日前在该国南部地区打死 17 名“青年党”武装分子，打伤 23 人。同时，政府军方面有 4 人在此次冲突中丧生，其中包括 1 名军官。

8 月 12 日，索马里政府军在该国中部地区打死 16 名“青年党”武装分子，打伤 20 人。

8 月 15 日，索马里政府军在索马里南部盖多州打死“青年党”4 名武装分子。

8 月 25 日，索马里政府军当天在索马里南部地区打死 9 名“青年党”武装分子，其中包括 2 名头目。政府军正在对逃跑的武装分子展开追捕。

8 月 31 日，肯尼亚夸勒郡警方在 Tiribe 地区展开反恐行动，击毙 1 名“伊斯兰国”恐怖分子，另有 1 人逃离。

10 月 10 日，索马里政府军当天在索马里南部地区打死 5 名“青年党”武装分子。

10 月 12 日，索马里政府军在该国南部下谢贝利州打死至少 11 名“青年党”武装分子，其中包括一名高级头目，并释放了被囚禁的居民。

10 月 14 日，索马里国家情报和安全局缉获近 80 吨硫酸，当局说该化学物品本来计划偷运给索马里“青年党”武装分子。索马里情报部门并没有提供其他更多细节。

10 月 14 日，索马里政府军在首都摩加迪沙郊外遭“青年党”伏击后与其展开激烈交火，双方均有人员伤亡。索军方打死 61 名“青年党”武装分子，政府军方面也有 18 名士兵被打死。

11 月 3 日，索马里政府军当天在该国南部的一次行动中打死 11 名“青年党”武装分子，其中包括一名高级头目。

11 月 4 日，埃塞俄比亚总理办公室发布总理阿比的声明，宣布已对“提格雷人民解放阵线”袭击埃塞俄比亚北部军事基地采取军事行动。

11 月 5 日，索马里政府军当天在该国中部一次行动中打死 17 名“青年党”武装分子，其中包括 3 名头目。

11 月 6 日，索马里政府军在该国中部打死 14 名“青年党”武装分子，打伤 15 人，并收缴一批武器弹药。

11 月 10 日，埃塞俄比亚政府军在该国北部提格雷州的军事行动中已打死 550 名“提格雷人民解放阵线”（“提人阵”）武装人员，并于 10 日逮捕 29 人。政府军还缴获“提人阵”大量军事装备，并占领提格雷州包括机场在内的一些重要据点。

12 月 1 日，索马里政府军日前在该国南部地区打死 51 名“青年党”武装分子、抓获 6 人。此外，袭击造成包括政府军士兵在内的 15 人丧生。“青年党”方面称，在袭击中打死 53 名政府军士兵，并抢走 6 辆军用汽车等。

2020 年东非地区遭受恐怖袭击次数及伤亡人数

时间	索马里		肯尼亚		埃塞俄比亚	
	袭击次数	伤亡人数	袭击次数	伤亡人数	袭击次数	伤亡人数
1 月	1	16	1	7		
2 月						
3 月						
4 月						
5 月	2	35				
6 月						

续表

时间	索马里		肯尼亚		埃塞俄比亚	
	袭击次数	伤亡人数	袭击次数	伤亡人数	袭击次数	伤亡人数
7 月	2	9				
8 月	5	108				
9 月	1	5				
10 月	1	79				
11 月	3	39			6	141
12 月	1	17			1	207
合计	16	308	1	7	7	348

6 月 27 日，卢旺达军方发表声明说，约 100 名不明身份的武装人员当天凌晨袭击了位于卢旺达和布隆迪边境附近的卢边防部队阵地。卢旺达军队击退袭击者，击毙其中 4 人，抓获 3 人，有 3 名卢旺达士兵受轻伤。

全年，东非地区遭受恐怖袭击约 24 次，伤亡 663 人。

第十六章 ╱ 2020年中非及南非*地区反恐怖军事行动

第一节　中非及南非地区反恐怖军事行动综述

受新冠肺炎疫情在全球暴发的影响，中非及南非地区恐怖活动数量明显减少，规模持续降低，危害逐渐减弱，与以往相比，2020 年地区安全形势相对平和。同时，个别地区发生的零星恐怖事件表明，受限环境下的恐怖活动呈现多样化、本土化、碎片化趋势，经济相对落后、安全基础薄弱的中非及南非地区依然笼罩在恐怖阴影之下。

一、中非及南非地区面临的恐怖威胁形势

2020 年，世界格局在新冠肺炎疫情肆虐的环境中深度调整，看似是国际舞台配角的非洲，地区局势波澜不惊。这种“平静”表面背后，实则是地区局势暗流涌动，但总体保持稳中向好趋势。

（一）“博科圣地”极端组织依然是中非及南非地区最主要的恐怖危险源

在非传统安全领域，中非及南非地区仍面临诸多挑战，地区安全状况

---

* 中非通常包括的国家有：乍得、中非、喀麦隆、赤道几内亚、加蓬、刚果（布）、刚果（金）、圣多美和普林西比。

南非通常包括的国家有：赞比亚、安哥拉、津巴布韦、马拉维共和国、莫桑比克、博茨瓦纳、纳米比亚、南非共和国、斯威士兰、莱索托、马达加斯加、科摩罗、毛里求斯、留尼汪岛、圣赫勒拿岛。

未得到明显改善。特别是极端组织“博科圣地”在该地区活动相对频繁，2020 年中非及南非地区 70% 的恐怖活动与该组织相关。根据联合国难民署的报道，仅 1—8 月，喀麦隆政府在北部边境地区就记录了 87 起由武装团体“博科圣地”所发起的袭击事件。3 月 23 日，极端组织“博科圣地”对乍得西部边境地区的湖省发动袭击，打死 92 名乍得军人，另有 47 人受伤。7 月 8 日，极端组织“博科圣地”在乍得西部边境地区的湖省埋设地雷袭击军车，造成至少 8 名乍得士兵死亡，另有十几名士兵受伤。7 月 31 日，极端组织“博科圣地”袭击乍得西部边境地区的湖省一村庄，导致至少 10 名平民死亡。8 月 2 日，一伙疑似极端组织“博科圣地”武装人员，在喀麦隆极北大区莫佐戈地区向一处安置流离失所者的营地投掷手榴弹，袭击致使至少 18 名平民丧生、11 人受伤。10 月 15 日，极端组织“博科圣地”袭击了喀麦隆极北大区靠近尼日利亚边境的一个村庄并洗劫了村民财产，绑架 5 人、平民死亡 3 人。

（二）外部势力的干扰仍是激发地区不稳定的主要诱因

早在 2018 年年底，美国就出台了新的非洲战略，矛头直指俄罗斯等大国。2019 年，美国一边启动“繁荣非洲”倡议，一边不遗余力地抹黑中国。仅 2020 年美国在非洲的投入就约达 24.8 亿美元，用于向非洲国家提供武器装备、人员培训、资金援助等，并通过升级改造在非洲的空军基地等措施，以加强美国在非洲的军事存在。俄罗斯在 2019 年首届与非洲国家峰会上，就释放出了“重返非洲”的强烈信号，2020 年俄“重返非洲”的脚步迈得更大，不断寻找更多的“盟友”和贸易伙伴，足以展示出其全新的对非战略。“博科圣地”在尼日利亚北方豪萨语中的意思是“西方教育是罪恶的”，该组织以反对西方文化和教育为宗旨，宣扬西方教育是亵渎伊斯兰教的罪恶之物，“博科圣地”的反美和反西方特征非常明显。而“博科圣地”等针对美国等西方国家在非洲人员和机构的不断侵扰是美国等西方国家在非洲打击恐怖主义的重要动因。同时，有分析认为，美国等西方国家在非洲打击恐怖主义不可谓不努力，但为什么收效甚微、越反越恐？“动机不纯”是重要原因。美国政府悬赏 700 万美元，用来奖励提供情报以逮捕“博科圣地”领导人阿布巴卡尔·谢考，直至目前仍无进展。

（三）贫困、武装冲突和自然灾害将成为加剧地区混乱的助推器

非洲是一个“年轻”的大陆，近60%的人口年龄在25岁以下，多个国家青年失业率超过35%。缺少经济来源和政治机会给青年人带来挫败、愤怒和失望，极易引发各种社会问题，滋生恐怖主义和极端主义。位于南非的“非洲建设性解决争端中心”认为，非洲恐怖主义呈现两大新的特征：一个是流离失所者很容易成为恐怖组织的招募对象。仅在索马里，就有超过260万人由于自然灾害和食物短缺流离失所。很多青年人受贫困、失业等因素影响成为极端分子。另一个特征是对信息技术和互联网的使用。恐怖组织将互联网用作通信和协调工具，筹集运营资金，同时利用社交网络招募年轻人。特别是受新冠肺炎疫情影响，全球经济停滞，各项社交、经济活动被迫停止，致使中非及南非地区各类资源陷入多重困难叠加的紧张状态，给本就脆弱的中非、南非社会生活带来了沉痛打击，这无形中也压缩了地区内恐怖组织活动空间、增加了其生存成本。在乍得湖盆地，牧民由于新冠肺炎疫情无法跨境放牧，大批牲畜因干旱缺粮死亡，当地居民生存受到威胁，暴力事件频发。4月21日，莫桑比克最北部省份德尔加杜角省穆伊敦贝地区的西塔西村，52名年轻人在拒绝招募加入极端组织后，被极端武装分子杀害。有信息表明，该极端武装势力与极端组织“伊斯兰国”有关。

二、中非及南非国家的反恐怖军事对策

在安全领域，非洲大陆联合自强的趋势和效果明显，非洲事务由非洲人解决的愿望强烈，地区组织在协调处理地区安全事务中的作用提升，非盟持续加强改革，并促进与联合国、欧盟和主要大国的合作，统筹协调非洲次地区组织，共同推动非洲地区的和平与可持续发展，使得总体保持稳中向好趋势。中非及南非国家积极参与相关事务，并从中发挥自身作用，为维护地区和平与稳定贡献智慧与力量。

（一）联合国力求通过国际社会共同努力，加强相关协议履行维护区域稳定

联合国秘书长古特雷斯表示，疫情可能阻挠非洲各国实现可持续发展

目标以及《非盟 2063 年议程》的努力。非盟已成立专门工作组，制定非洲大陆的整体抗疫策略，并任命特使以动员国际社会支持。非盟和平与安全委员会已采取措施，应对新冠肺炎疫情对和平协议落实与和解进程开展所带来的不利影响。在“非洲日”发表致辞时发出疫情期间停火的呼吁，以共同战胜新冠肺炎疫情。包括喀麦隆在内的各国武装团体已经响应号召宣布单方面停火，其他武装团体以及非洲各国政府也应采取同样行动。古特雷斯在安理会“武装冲突中保护平民”视频公开会上表示，2019 年仅在中非共和国、阿富汗、伊拉克、利比亚、尼日利亚、索马里、南苏丹、叙利亚、乌克兰和也门的 10 场冲突中，就有 2 万多名平民丧生或受伤，数百万人因武装冲突而流离失所，并呼吁国际社会在保护平民和遵守国际法方面共同加强努力。同时，古特雷斯还强调，除反对肆意使用武装无人机和致命性自主武器系统外，必须解决恶意使用数字技术对医疗、学校等关键民生基础设施进行网络攻击的问题，以加强武装冲突中对平民的保护。

（二）最大限度减少域外国家在中非及南非地区的军事力量存在

2020 年，美国在非洲各地部署了大约 6000 名军事人员，其中包括在索马里的 500 名特种部队和在西非大约 800 名军事人员。对非洲安全部门援助是美国支持其伙伴军事行动的重要内容，包括军事物资的转移、战术战斗训练、联合演习、对外国军官的培训、对外国国防机构建设以及其他类型的安全合作。兰德公司的最新研究表明，后冷战时期，美国对非洲安全部门的援助对于减少非洲暴恐事件未起到任何作用。法国在西非驻扎 4500 名军人，主导西方国家在西非地区的反恐行动。法国总统马克龙 2020 年年初宣布，将向非洲萨赫勒地区增派 220 名军事人员充实“新月形沙丘”行动，加大力度打击极端势力。但从各国协助非洲打击恐怖主义效果看，收效甚微，甚至越反越恐。12 月 12 日，在埃及南部城市阿斯旺举行的阿斯旺可持续和平与发展论坛上，非洲多国领导人呼吁消除干预非洲内部事务的外部势力，全力打击恐怖主义以促进非洲可持续发展。在讨论冲突后重建与消灭枪支泛滥问题时，尼日利亚总统布哈里、乍得总统代比表示，外部势力的干预已经给非洲的反恐事业带来负面影响，部分外部势力应立即停止干预行为，让这些非洲国家加快重建进程。

（三）加强多边国际合作排除外界干扰促进地区经济快速发展

整体来看，非洲国家面临的挑战已从传统安全问题转向恐怖主义、毒品走私、武器泛滥等非传统安全问题，加强国际多边合作是非洲实现和平稳定的必由之路。联合国日前发表声明指出，国际社会应采取全面综合方式予以打击恐怖势力，帮助非洲国家加强能力建设、消除贫困、实现经济社会发展，“恐怖主义没有国界，防范和打击恐怖主义需要强有力的多边合作”。真正有效的多边主义合作措施如下：一是必须坚持非洲的主导地位，坚持“非洲人以非洲方式解决非洲问题”，在充分尊重非洲意愿的前提下，本着平等协商的原则开展对非合作。二是必须坚持标本兼治。非洲暴恐活动猖獗的原因根本上是发展问题，是发展权无法充分实现的问题。非洲长期处于资本主义世界体系的边缘，依靠初级产品生产参与国际分工，发展受阻。再加上某些大国以一己之私试图控制非洲，导致非洲发展机会受限。因此，发展导向的国际对非合作是解决暴恐问题的根本思路。三是必须坚持人类命运共同体的理念开展对非合作，摒弃冷战思维、零和游戏的旧思维，真正“繁荣非洲”。面对严峻的恐怖主义威胁，自 2014 年布基纳法索、乍得、马里、毛里塔尼亚和尼日尔成立萨赫勒五国集团后，还于 2017 年正式启动了一支 5000 人的联合部队，以促进该地区反恐合作。

第二节　中非及南非地区主要恐怖袭击事件

1 月 25 日，中非共和国“中非复兴人民阵线”和“中非解放者正义运动”两个敌对武装组织，在该国中东部城市布里亚发生暴力冲突，截至 27 日，冲突造成约 50 人死亡。当地政府和联合国中非共和国多层面综合稳定团，已于 27 日召集冲突双方谈判，以期稳定局势。

3 月 7 日夜间至 8 日凌晨，一个约 20 人且身份不明的武装团伙，乘摩托车袭击了喀麦隆西部大区城镇加利姆的一个警察站，造成包括 2 名警察、2 名宪兵和 1 名在押人员死亡，另有 4 名警察受伤。武装分子撤离前还抢走了警察和宪兵的部分武器弹药。

3 月 23 日，极端组织“博科圣地”在位于乍得西部边境地区的湖省发动袭击，打死 92 名乍得军人，另有 47 人受伤，军队与“博科圣地”袭击者的交火持续约 8 小时。

4 月 21 日，莫桑比克最北部省份德尔加杜角省穆伊敦贝地区的西塔西村，52 名年轻人在拒绝招募加入极端组织后，被极端武装分子杀害。有信息表明，该极端武装势力与极端组织“伊斯兰国”有关。

4 月 29 日，中非共和国东北部城市恩代莱发生针对平民的暴力事件，造成包括 21 名平民在内的 25 人死亡，另有 51 人受伤。

7 月 8 日，乍得西部边境地区的湖省一辆军车在湖省卡拉姆地区行驶途中触发地雷，造成至少 8 名乍得士兵死亡，另有十几名士兵受伤。地雷据信是极端组织“博科圣地”埋设。

7 月 13 日，联合国维和部队人员在中非共和国西北部纳纳·曼贝雷省执行任务时，遭到非法武装分子伏击，造成 1 名卢旺达军人死亡，另有 2 名军人受伤。

7 月 31 日，乍得西部边境地区的湖省一村庄遭极端组织“博科圣地”袭击，导致至少 10 名平民死亡，死者包括 2 名妇女。恐怖分子还洗劫了遇袭村庄，劫走 7 名平民。

8 月 2 日，一伙疑似极端组织“博科圣地”武装人员，在喀麦隆极北大区莫佐戈地区向一处安置流离失所者的营地投掷手榴弹，袭击造成至少 18 名平民丧生、11 人受伤。

10 月 15 日夜间至 16 日凌晨，极端组织“博科圣地”成员袭击了喀麦隆极北大区靠近尼日利亚边境的一个村庄，造成至少 3 名平民死亡，另有 5 人遭绑架，村民财产被洗劫一空。

10 月 24 日，喀麦隆英语区的分离主义武装分子，闯进省会昆巴一所学校，向教室里的学生开枪，造成 6 名学生死亡，另有数名学生重伤。

12 月 3 日，中非共和国宪法法院做出裁定，取消前总统博齐泽的总统候选人资格。博齐泽因对此不满，拉拢部分武装团体与政府对抗。12 月 15 日起，中非武装团体与政府军在 YALOKE 地区发生武装对峙，混乱中 4 家中国私营矿企的 8 辆汽车及其他财物被抢，所幸未造成人员伤亡，事后开始有中国公民撤离当地。

第三节 中非及南非地区主要反恐怖军事行动

1 月 13 日，法国总统马克龙在法国西南城市波城举行萨赫勒五国集团首脑会议上宣布，将向非洲萨赫勒地区增派 200 名法国士兵，加强“新月形沙丘”反恐行动，同时呼吁美国不要减少在非洲的军事存在。布基纳法索、马里、毛里塔尼亚、尼日尔和乍得五国政府首脑应邀参加了当天举行的会议。马克龙在会上表示，在萨赫勒地区的恐怖袭击不断增多，需要加强法国和萨赫勒五国的反恐合作，增派的法国士兵将加入“新月形沙丘”行动，并表示萨赫勒五国政府希望美国继续“给予关键支持”。

1 月 19 日，利比亚问题柏林峰会在德国总理府召开。与会各方同意遵守对利比亚武器禁运，并共同促使冲突各方将停火转化为长久和平。联合国秘书长古特雷斯在峰会上释放了一个强烈信号，即与会各方致力于和平解决利比亚危机，并敦促所有参与方不要破坏这一通往和平之路。峰会通过一份包含 55 点成果的文件，重申对利比亚主权、独立、领土完整和民族团结的承诺。与会各方承诺，避免干涉利比亚内政或武装冲突，利比亚问题没有军事解决方案；呼吁有关各方全面持久停止所有敌对行动，不要进行任何加剧冲突或与联合国安理会武器禁运、停火不符的活动；设立由参会各方参与的国际跟踪委员会，以便在联合国主持下保持各方会后协调，并负责查验峰会成果是否得到落实。来自阿尔及利亚、中国、埃及、法国、德国、意大利、俄罗斯、土耳其、刚果共和国、阿拉伯联合酋长国、英国和美国的国家元首、政府首脑或高级代表出席本次峰会。联合国、欧盟、非盟和阿盟领导人也出席了会议。

4 月 9 日，乍得军方宣布，乍得军队的清剿行动于 8 日结束，已清除在乍得境内活动的极端组织“博科圣地”势力，行动中损失 52 名军人，打死约 1000 名“博科圣地”成员。

10 月 29 日，莫桑比克国防与安全部队在该国北部德尔加杜角省的多个地区开展反恐行动，对恐怖分子的部分基地和营地实施精确打击，恐怖分子遭受重大人员伤亡，包括一些头目在内的 108 名恐怖分子被打死，并缴获大量物资。莫总理多罗萨里奥近日在议会发表讲话说，该国北部地区的恐怖主义活动已导致40多万民众流离失所，政府将安置这些民众，帮助他们恢复正常生活，同时政府将提高国家的反恐行动能力，并加强国际反恐合作。

12 月 12 日，在埃及南部城市阿斯旺举行的阿斯旺可持续和平与发展论坛上，非洲多国领导人呼吁消除干预非洲内部事务的外部势力，全力打击恐怖主义以促进非洲可持续发展。在讨论冲突后重建与消灭枪支泛滥问题时，尼日利亚总统布哈里、乍得总统代比表示，外部势力的干预已经给非洲的反恐事业带来负面影响，部分外部势力应立即停止干预行为，让这些非洲国家加快重建进程。

2020 年中非及南非地区遭受恐怖袭击次数及伤亡人数

时间	喀麦隆		莫桑比克		中非共和国		乍得	
	袭击次数	伤亡人数	袭击次数	伤亡人数	袭击次数	伤亡人数	袭击次数	伤亡人数
1 月					1	6		
2 月								
3 月	1	9					1	139
4 月			1	52	1	76		
5 月								
6 月								
7 月					1	3	2	30
8 月	1	29						
9 月								
10 月	2	18						
11 月								
12 月					1	0		
合计	4	56	1	52	4	85	3	169
全年，中非、南非地区遭受恐怖袭击 12 次，伤亡 362 人。								

第十七章 ／2020年北美洲*地区反恐怖军事行动

第一节 北美洲地区反恐怖军事行动综述

2020 年，北美洲地区恐怖形势依然严峻。受国家与国际政治、经济、地理、历史等因素影响，各种形式的武装袭击、帮派争斗、枪击报复、监狱暴乱等事件不断上演，针对政府要人、警员、记者、学生、平民等实施的恐怖袭击事件时有发生，严重威胁地区的安全稳定。对此，北美洲各国主动加强双边或多边合作，加大执法、反恐力度，积极协调各方关系，采取相关措施，完善各种机制，努力营造安全稳定的社会环境。

一、北美洲地区面临的恐怖形势

受新冠肺炎疫情影响，全球恐怖袭击事件明显减少，但北美洲地区的反恐形势仍不乐观。武装分子袭击军警人员、贩毒集团的利益争斗、涉黑

---

* 北美洲位于西半球的北部，东濒大西洋，西临太平洋，北濒北冰洋，南以巴拿马运河为界，同南美洲分开；北美洲包括北美、中美洲和加勒比海地区，位于北美的国家有：加拿大、美国、墨西哥、格陵兰（丹）；位于中美洲的国家有：危地马拉、伯利兹、萨尔瓦多、洪都拉斯、尼加拉瓜、哥斯达黎加、巴拿马；位于加勒比海地区的国家和岛屿有：巴哈马、古巴、牙买加、海地、多米尼加共和国、安提瓜和巴布达、圣基茨和尼维斯、多米尼克、圣卢西亚、圣文森特和格林纳丁斯、格林纳达、巴巴多斯、特立尼达和多巴哥、波多黎各（美）、英属维尔京群岛、美属维尔京群岛、安圭拉（英）、蒙特塞拉特（英）、瓜德罗普（法）、马提尼克（法）、荷属安的列斯、阿鲁巴（荷）、特克斯和凯科斯群岛（英）、开曼群岛（英）、百慕大（英）。美国反恐怖形势已在第二章作了具体分析，所以本章内容不包括美国部分。

帮派的街头火拼，极端主义个人的报复行为等，不同形式的涉恐、涉枪、涉暴力活动使该地区的安全风险指数只升不减。

（一）枪击事件多发频发，涉恐阴云实难消散

新华社墨西哥城 1 月 10 日报道，墨西哥北部科阿韦拉州托雷翁市一所学校发生枪击事件，一名十多岁的小学生携带两支枪进入其就读的塞万提斯学校，开枪向老师和学生射击，造成 1 名老师当场死亡，多名师生受伤，持枪学生随后开枪自杀。据路透社当地时间 4 月 19 日报道，加拿大发生了 30 年来最严重的持枪乱射事件。一名男子驾车行驶过程中，对路人实施无差别开枪射击，造成包括 1 名警察在内的至少 19 人死亡。据美国《纽约时报》报道，当地时间 7 月 1 日，墨西哥中部瓜纳华托州伊拉普阿托市发生一起武装分子袭击戒毒所事件，一群武装分子持枪冲入该市一处戒毒所，向里面人员开枪射击，袭击造成至少 28 人死亡，3 人受伤。瓜纳华托州是墨西哥著名的旅游胜地，近年来武装袭击、绑架等安全问题频发。2019 年，该州发生了 3000 多起凶杀案件。据 9 月 14 日南美侨报网报道，当地时间 13 日，危地马拉首都危地马拉城第 5 区发生枪击事件，4 人死亡，同时首都历史城区也有 1 名女子遭到枪击死亡。

（二）军警、记者屡屡遭袭，恐怖气息依然不减

政府要员、军警、记者等一直是北美地区恐怖袭击的重点对象。新华社墨西哥城 1 月 10 日报告，墨西哥北部科阿韦拉州安全部门 9 日发布公告，当地警方与一群武装分子发生交火，8 名武装分子被击毙。新华社墨西哥城 1 月 16 日报道，墨西哥军方 16 日向媒体证实，墨东北部塔毛利帕斯州当天发生军方与武装分子交火事件，11 名武装分子被击毙。据当地媒体报道，自 2019 年 11 月起，当地犯罪集团针对警方和军方发动多起袭击，造成多名人员伤亡。6 月 26 日早间，墨西哥首都墨西哥城警察系统负责人奥马尔加西亚遭到武装袭击身受重伤，另有 3 人在袭击事件中死亡，5 人受伤。这也是继 2019 年墨西哥新任市长遭暗杀身亡后又一起针对政府要人、警员的严重恐怖袭击事件。据美国《纽约时报》12 月 22 日报道，根据保护记者委员会数据统计，武装冲突和帮派暴力使墨西哥成为西半球记者死亡最多的国家，仅 2020 年就有 4 名记者被暗杀，第 5 名记者在报道犯罪现场时被枪杀。墨西哥官方发布数据显示，自 2000 年以来，墨西哥已有

75 名记者被贩毒集团杀害，而相关暴行在近 5 年中更是愈演愈烈，平均每年有 10 名记者在与有组织犯罪关联的案件中丧生。敌对贩毒集团之间的冲突导致墨西哥社会几乎每个部门都发生了暴力事件，记者经常被卷入其中因揭露真相而成为受害者。

（三）极端事件不时上演，安全形势不容乐观

据新华社报道，当地时间 4 月 30 日一名男子向古巴驻美国大使馆开枪，遭警方逮捕，未造成古巴大使馆人员伤亡。中国新闻网报道，一名加拿大武装部队人员当地时间 7 月 2 日携带武器驾车闯入位于渥太华的加拿大总督府，随后被皇家骑警拘捕。皇家骑警确认，被捕男子为加拿大军队人员，事件原因警方正与军方合作调查。据统计，2020 年 1—11 月墨西哥共发生 32759 起谋杀案件，比 2019 年同期增加 122 起，比 2018 年多出 1096 起。这 11 个月中，墨西哥境内平均每天发生谋杀案 98 起，每小时就有 4 人死于谋杀。9 月 27 日凌晨，墨西哥瓜纳华托州哈拉尔德尔普罗雷索市一家酒吧发生屠杀事件，造成 11 人死亡、1 人受伤。

二、北美洲地区的反恐怖军事对策

为了应对不容乐观的安全形势，北美洲地区国家不断加强国际合作，积极从政治、经济、安全、立法等领域综合施策，打击犯罪、消除隐患。

（一）出台立法，加大枪支管控力度

枪支管控一直是北美地区非常棘手的问题，尽管此前各国根据自身实际出台了一系列政策，但是并没能杜绝枪击暴力事件的发生。据悉，加拿大民间持有 1500—2000 万支枪支，民间枪支持有率位于世界前列。根据加拿大统计局公布的数据，2013—2017 年间，加拿大枪支暴力事件总体上升了 40% 以上；2017 年共发生 266 起与枪支有关的凶杀案，枪支导致的死亡人数为 25 年最高。2019 年多伦多市 760 人遭到枪击，其中 44 人死亡。在“4 · 19”严重持枪乱射事件后，加拿大总理表示政府将认真倾听加拿大民众关于枪击管制的声音，并适时推进相关立法。加拿大承诺，将在 2021 年内出台立法，在全国范围内禁令军用突击步枪，并制订计划从民众手中回收枪支。相信相关法律的进一步完善与出台，将会使枪支的管理与使用更

加规范，现有的紧张与恐怖局面也会得到较大改善。

（二）多方协作，主动出击反恐制暴

防范与打击恐怖主义，从根源上消除恐怖隐患，需要政府、社会多方力量共同努力，需要不断强化军、警、民等多方联合行动。面对各式各样的恐怖活动，北美洲地区各国一方面主动寻求国际交流，积极争取双边与多边合作，通过反恐装备博览会、反恐联合演习等方式营造国际反恐大环境；另一方面，注重联合本国军界、警界以及社会相关力量，实施联防、防控、联打。如由陆军、海军与警察组成的墨西哥“国家警卫队”虽然饱受争议，但依然在打击、遏制国内的暴力犯罪行为中发挥的作用不容忽视。2020年1月，墨西哥重要黑帮头目及其组织成功被击毙与抓捕，便是当地军警共同执法与联合打击的成果。

（三）加强巡控，打防结合全面发力

军警联合行动，加强一线巡控，是有效震慑、防范与打击恐怖主义和暴力犯罪的重要举措。如1月10日墨西哥北部萨卡斯州警方遭袭事件、1月16日墨东北部塔毛利帕斯州军方与武装分子交火事件等，均是发生在巡逻执法一线，且取得了较好的战绩。事实证明，积极主动的一线巡控，比恐怖、暴力事件爆发后的行动更加有力和有效。同时，鉴于极端分子冲闯、袭击政府机关和军政要员事件屡屡发生，各国也加强了相应防范措施。如加拿大在武装部队人员携带武器驾车冲闯总督府事件后，立即完善预防措施，向现场部署了专门应对化学、生物、放射物、核与爆炸物案件的反应小组，出动防爆机器人对可疑区域与物品实施排查，努力构建人防与技防相结合的安全防范体系。

第二节　北美洲地区主要恐怖袭击事件

除美国外的北美洲地区，安全形势最为严峻当属墨西哥、加拿大等国家。特别是墨西哥受美国的边境政策以及难民问题、内政问题、经济问题、毒品问题等多方面的影响，枪击事件频频发生，贩毒黑帮当街火拼不

断，军警人员屡屡遭袭，非法挖掘输油管道等事件层出不穷。加拿大虽然暴恐事件发生不多，但也饱受枪支管控问题侵扰，严重枪击事件时有发生，社会安全环境面临重大威胁。

一、加拿大“4·19”严重枪击事件

当地时间 4 月 19 日，加拿大发生严重持枪乱射事件，造成 1 名警察在内的至少 19 人死亡。[①]

（一）事件背景

自 1989 年“12·6”严重枪击事件后，加拿大改革了枪支管制法，禁止拥有未经注册的手枪和任何类型的速射武器。这一法律对枪支使用的约束以及涉枪事件的发生起到一定作用，但每年的枪击事件依然时有发生。近年来，加拿大主要大城市贫富差距不断扩大，中低收入阶层的焦虑感和不平衡感加剧，贩毒行为和帮派文化愈演愈烈，导致整体社会治安状况下降，枪支管理体系的漏洞加剧了枪击泛滥问题。

（二）事件经过

在加拿大新斯科舍省波塔皮克，一名男子从 18 日夜间开始，在驾车行驶过程中，对路人实施无差别开枪射击。据称，该男子身着警服，所驾驶车辆与警车相似，从乡村城市波塔皮克开始实施犯罪。枪击事件持续了 12 个小时以上。警方随即锁定犯罪嫌疑人 1 名，该男子名叫加布里·沃茨曼，51 岁，白人，是一名牙科医疗技师。经过 12 小时的追捕，警方在离最初事发地约 57 英里外的一处加油站将其击毙。在调查中发现，此次连环枪击案的袭击现场多达 16 处，沿途至少 5 处住宅被烧毁。新斯科舍省加拿大皇家骑警武警分队指挥克里斯·莱瑟表示，枪手在行凶时一度穿着警服，并把自己的车伪装成警车，说明他不是一时兴起的随机作案。

---

① 参见《加拿大发生 30 年来最严重的枪击事件》，华语留学，2020 年 4 月 21 日，http：//baijiahao. baidu. com/。

（三）事件影响

在枪支管控较为严格的加拿大，恶性枪击事件相对较少。此次事件造成的死亡人数已超过了 1989 年蒙特利尔枪击案，成为该国 30 年来最为严重的一起枪击案件。事后，新斯科舍省省长麦克内尔称，这是该省有史以来“最令人发指的暴行”。当前，新冠肺炎疫情在加拿大持续扩散，经济陷入停滞，民众担忧情绪蔓延，这一突如其来的严重暴力事件又给社会增添了新的不安因素与创伤。美国杨百翰大学心理学教授伦斯塔德说，在社会上与他人联系被广泛认为是人类的一种基本需求。在疫情的冲击下，不管孤独感是在增加还是保持稳定，都有大量证据表明，很大一部分人受到了影响。在加拿大卫生部门出台保持社交距离、避免人群聚集和禁止举办大型聚会等一系列措施后，作为牙医的沃特曼同样执行着严格的“居家令”，诊所被迫停业，其作案动机或许与此有关。

二、墨西哥戒毒所遭袭事件

当地时间 7 月 1 日下午，墨西哥中部瓜纳华托州伊拉普阿托市一家戒毒康复中心遭到武装分子袭击，造成至少 28 人死亡，3 人受伤。[①]

（一）事件背景

瓜纳华托州是墨西哥刑事犯罪的聚焦点，当地的帮派和强大的卡特尔集团经常发生冲突，当地民众饱受帮派斗争的摧残。仅 2020 年 5 月，该州就记录了 1405 起凶杀案，远远高于墨西哥其他州。

（二）事件经过

7 月 1 日 17 时 45 分左右，在墨西哥中部瓜纳华托州伊拉普阿托市，一伙不明身份的武装分子冲入市内一家戒毒中心，强迫所有人匍匐在地，然后进行一一射杀，袭击者事后乘坐一辆卡车逃离现场。

---

① 参见《7 · 1 墨西哥戒毒所遭袭事件》，百度百科，2020 年 7 月 1 日，http：//baike.baidu. com/。

（三）事件影响

据瓜纳华托州警方报道，此次事件是 6 月以来伊拉普拉发生的第二起黑帮暴力事件，上一起枪手袭击造成至少 7 人死伤。这也是自墨西哥总统奥夫拉多上台 19 个月以来发生的最惨重的大型凶杀事件。事件的发生，是对政府止暴制暴的承诺明目张胆的挑战，使民众对政府的公信力和制暴能力产生怀疑，陷入持续的恐怖氛围之中。

三、其他恐怖袭击事件

1 月 10 日，墨西哥北部科阿韦拉州托雷翁市一所学校发生枪击事件，造成包括枪手在内的 2 人死亡、多人受伤。托雷翁市市长豪尔赫·塞尔梅尼奥告诉当地媒体，当天上午，一名十多岁的小学生携带两支枪进入其就读的塞万提斯学校，开枪向老师和学生射击，造成 1 名老师当场死亡，多名师生受伤。持枪学生随后开枪自杀。

3 月 26 日，一名叫做希尔达的 29 岁年轻女子在墨西哥城圣尼克拉斯第四街被一伙武装分子拦住，并遭到疯狂射击。警方到达现场时，发现希尔达已经当场死亡，其头部和胸部被子弹击中，身上共有 8 个弹孔，死状惨不忍睹。

7 月 12 日，墨西哥州伊多梅克斯市，阿贝·冈萨雷斯·哈罗斯在和家人一起旅游时，被一群武装分子当街枪杀，其 2 个年纪尚小的儿子也没有逃过毒手。据悉，阿贝尔在墨西哥州总检察长办公室工作。

第三节　北美洲国家主要反恐怖军事行动

为有效防范和打击各类暴力恐怖活动，北美洲地区国家勇于担当、积极作为，广泛开展军警联合行动，对重点地区的巡逻和检查力度，坚决阻击武装分子的袭击挑衅行动；周密计划，主动出击，有力打击贩毒集团等黑恶势力的嚣张气焰和犯罪活动，努力为地区民众的生产、生活创造安全、稳定的社会环境。

一、墨西哥警方打击地方武装分子

1 月 10 日，墨西哥北部萨卡斯州警方遭到不明身份的武装分子袭击，警方随即进行反击，交火中 8 名武装分子被击毙，有 3 名警方人员在此次行动中受伤。1 月 16 日，墨东北部塔毛利帕斯州当天发生军方与武装分子交火事件，11 名武装分子被击毙。①

（一）行动背景

官方数据显示，目前墨西哥全国有 19 个有“较强影响力”的贩毒集团和犯罪组织。近年来贩毒集团在萨卡特卡斯州争夺地盘，造成当地安全形势恶化。墨西哥警方对贩毒集团进行了强硬打击，取得了一定的成效，但也引来了贩毒集团的屡屡报复，不少警员在执行勤务中遭袭身亡。

（二）行动概况

当地时间 1 月 10 日，一群武装分子在墨西哥北部科阿韦拉州格雷罗市一个名为“圣特雷莎”的农场袭击警方人员。警方随即发动反击，打死 8 名武装分子，并收缴一些武器和弹药。军队随后赶到现场增援。警方从一些武器上辨识出当地犯罪组织“东北集团”的标志。“东北集团”是墨西哥大型犯罪组织之一，主要在墨东北部塔毛利帕斯州和新莱昂州盘踞，不断寻求扩大势力范围。

当地时间 1 月 16 日，军方人员在该州米格尔·阿莱曼城一处公路例行巡逻时，遭到埋伏在路边草丛中的武装分子袭击。巡逻部队随即反击，当场击毙 11 名武装分子，收缴十多件武器和一件爆炸装置。军方的伤亡情况尚不清楚。当地媒体报道，自 2019 年 11 月起，当地犯罪集团针对警方和军方发动多起袭击，造成人员伤亡。

（三）行动评析

在高压严打之下，当地武装分子依然毫不收敛，公然对军方人员发动

---

① 参见《墨西哥军方击毙 11 名武装分子》，新华网，2020 年 1 月 16 日，http：//baijiahao.baidu. com/。

武装袭击，其嚣张程度可见一斑。面对武装分子的直接挑衅，墨西哥政府以及军警联队毫不手软、坚决迎击，不仅打击了武装分子，震慑了犯罪集团，维护了地区的安全稳定；同时，也彰显了军警联合反恐治暴的威力，维护了政府担当有为的良好形象，给当地民众带来了对美好生活的希望。

二、墨西哥军警联合突袭贩毒集团

1 月 10 日，墨西哥军警组织力量，联合突袭了麦科肯的某一个小镇，与该镇一个非常猖獗的贩毒黑帮发生了激烈枪战，当场击毙了黑帮组织头目，抓获 6 名贩毒人员，缴获大量的武器弹药和毒品。①

（一）行动背景

由于毒品犯罪的猖獗，墨西哥黑帮的嚣张程度已经到了肆无忌惮的地步，在街头经常发生黑帮之间的火拼，而与警察对峙枪战更是司空见惯。这些黑帮信奉“挡我道者死”的唯一信条，心狠手辣，无视法纪，对待警察毫不手软，警匪枪战时有发生。

（二）行动概况

此次袭击是墨西哥军队、警察和国民警卫队联合开展的打击犯罪行动，行动前经过了周密部署，并对该黑帮集团进行了秘密包围。然而，他们却低估了黑帮集团的力量。在激战中，黑帮人员武器精良，凶狠善战，且占据了有利地势，联合打击力量久攻不下，只能出动武装直升机进行空中支援。在空对地的打击中，黑帮集团最终难以抵抗，大部分被当场击毙，6 人被迫投降。枪战中，黑帮头目埃斯奎维尔被一颗流弹击中颈部，挣扎一番后因失血过多死亡。

（三）行动评析

2006 年墨西哥政府向毒品正式宣战，十几年过后这场“毒品战争”被认为是世界上最血腥的冲突之一。至 2018 年年末，这场战争已造成数十万人伤

---

① 参见《墨西哥 21 岁大毒枭被军警击毙》，中原新闻网，2020 年 1 月 14 日，http：//baijiahao. baidu. com/。

亡，且数字依然在不断增加。资料显示，每年非法毒品销售额在 500 亿美元左右，因此墨西哥的扫毒行动遭到毒贩们的强烈抵制。虽然这是一场不对称的低强度战争，但暴利让墨西哥军队出动坦克装甲和飞机也无法消灭毒贩组织。墨西哥政府唯有保持持久的心态和强硬的态度，联合军、警、民等多方力量，采取有力有效的措施，拔根除源，才能真正赢得这一场艰难的“扫毒战”。

三、其他反恐怖军事行动

7 月 2 日，一名加拿大武装部队人员携带武器闯入位于渥太华的加拿大总督府。当天清晨，该涉案男子驾车从行人入口闯入总督府。车辆撞损后，其徒步前往总督府温室方向，被巡逻的皇家骑警警员迅速控制。在现场警员对其询问的同时，皇家骑警应急响应组派员赶抵现场，该男子随后被拘捕。皇家骑警确认，被捕男子为加拿大军队人员，针对此次事件警方与军方已经展开联合调查。

2020 年北美洲地区遭受恐怖袭击次数及伤亡人数

时间		1 月	2 月	3 月	4 月	5 月	6 月	7 月	8 月	9 月	10 月	11 月	12 月	合计
墨西哥	袭击次数	3		1			1	2				1		8
	伤亡人数	22		1			8	33				12		76
加拿大	袭击次数				1			1						2
	伤亡人数				19									19
危地马拉	袭击次数									2				2
	伤亡人数									5				5
全年，北美洲地区共遭受恐怖袭击 12 次，伤亡 100 人。														

第十八章 ╱ 2020年南美洲*地区反恐怖军事行动

第一节 南美洲地区反恐怖军事行动综述

2020年，南美洲地区恐怖袭击事件明显减少，但各国民众的生活依然不够“太平”。在新冠肺炎疫情阴云的笼罩下，地区经济发展陷入困境，外交、内政问题不断涌现，多种不安全因素滋生与交织，不同目的的示威游行此起彼伏，暴力犯罪事件屡屡上演。同时，枪击、爆炸、网络袭击、海盗抢劫、现任政府与反政府之间的政治争端、武装冲突、外敌“入侵”等时有发生，不断威胁着地区的安全环境。因此，南美洲各国政府与军警部门依然十分忙碌，不断应对突如其来的恐怖威胁和各种挑战，努力维持地区的安全稳定。

一、南美洲地区面临的恐怖形势

受新冠肺炎疫情影响，纯粹意义上的恐怖主义与恐怖事件已不多见，但由一般性突发事件演变成的暴乱活动，非法组织以经济目的实施的枪击、爆炸活动，以颠覆现政府为目的的武装入侵、袭击等活动时有发生，

---

* 南美洲是南亚美利加洲的简称，位于西半球南部，东面是大西洋，西为太平洋。陆地以巴拿马运河为界与北美洲相分，南面隔海与南极洲相望。位于南美北部的国家有：哥伦比亚、委内瑞拉、圭亚那、法属圭亚那、苏里南；位于南美中西部的国家有：厄瓜多尔、秘鲁、玻利维亚；位于南美东部的国家有：巴西；位于南美南部的国家有：智利、阿根廷、乌拉圭、巴拉圭。其中，智利、巴西、阿根廷是南美洲的三大国。

社会持续动荡、恐怖阴云一时难以消散。

（一）游行示威频繁，暴力事件不断

2020 年，以反对居家隔离、反对司法改革、反对现任政府、举办周年纪念日等为由，各地示威游行与抗议活动不断。4 月 21 日，巴西多地爆发反对居家隔离的示威游行活动，总统博索纳罗也加入到了示威游行之中。8 月 17 日，阿根廷首都及多地举行大规模游行，反对隔离政策与司法改革，游行活动中出现示威者袭击记者事件。9 月 11 日，在 1973 年军事政变 47 周年纪念日，智利首都以及外省均发生了游行示威活动，夜间部分地区演变为暴乱事件，共造成至少 16 名警员受伤，19 辆警车被攻击破坏，5 辆小车被烧毁。10 月 18 日，智利大暴乱一周年纪念日，全国各地发生游行示威活动，到晚上时间又一次演变为打砸抢烧事件。其间，一些暴乱分子实施纵火烧毁了首都市中心的两座教堂，一些暴乱分子趁乱抢劫超市、药店、加油站等，场面一度失控。11 月 14 日，秘鲁全国爆发大规模抗议示威活动，数以万计的民众走上街头表达对国会罢免总统比斯卡的不满，并要求现任总统梅里诺辞职。在暴力抗议活动中，警方与示威者发生大规模冲突，至少 2 人死亡，94 人受伤，其中 63 人被送医。示威游行特别是由之引发的暴力冲突相比纯粹性的恐怖活动，参与人员更多、涉及背景更复杂、内部矛盾更突出，带来的影响与危害更大，因此应对与处置起来更加困难。

（二）枪击案件多发，恐怖阴云弥漫

由于南美洲地区的枪支管控不严以及多国政府的粗犷管理，造成涉枪涉恐案件多发频发，社会秩序较为混乱。4 月 11 日，南美足坛传来悲剧，一名年仅 20 岁的厄瓜多尔球员埃斯皮诺萨在社区家门口遭到枪杀。这是厄瓜多尔国内近年来第二起青年球员遇袭事件，曾在 2019 年 5 月一位名为奎罗内兹的小球员遭枪击身亡，引起厄瓜多尔国内关注。9 月 14 日凌晨，厄瓜多尔埃斯梅拉达斯省埃斯梅拉达斯市教区发生枪击案，造成 1 人死亡。12 月 15 日晚，阿根廷首都发生枪击案，1 名中国籍男子在布市卡瓦利托区遭人枪杀。据南美侨报网报道，2020 年巴西普通民众新注册的枪支数量近 18 万支，与上一年相比增加了 90%，达到了联邦警察局有该项记录以来的最高值，日常犯罪、街头暴力、恐怖袭击大多数武器均来自于合法交易市场。据《宇宙报》报道，厄瓜多尔正在经历过去 7 年来最大的暴力死亡浪潮，团伙犯罪、持械杀人、枪击事件等在 10—11 月达到高峰。2020 年 1—11 月之间，政府部门在全国范围内记录了 1200 起暴力死亡事件，尤其是毒药杀人案件急剧增加，达到了 71 例。暴力死亡的人数从 2019 年的 244 人增加到 2020 年的 309 人，增长了 27%。在国家一级报告的犯罪中有 60% 是枪支犯罪，25% 的案件使用的是刀具。

（三）突发事件时起，安全风险难控

据 ICC 国际海事局（IMB）的最新海盗报告，自 2020 年 1 月以来，全球共有 77 名海员被绑架或扣为人质勒索赎金，仅上半年就发生了 98 起海盗和武装抢劫事件。自 2007 年以来，厄瓜多尔附近海域的船只每年都有海盗袭击事件发生，仅第二季度至少有 3 艘集装箱船遭到袭击。4 月 7 日，委内瑞拉第二大城市马拉开波变电站发生剧烈爆炸，同日，南部玻利瓦尔州一处驻军军营外发生袭击事件，陆军一名营长和士兵在袭击中中弹身亡。委内瑞拉政府向外界公布，该国安全部队于本月初相继挫败两起“雇佣兵海上入侵行动”，共击毙至少 8 名“恐怖分子”，另有 10 余人遭逮捕，其中包括 2 名美籍雇佣兵。6 月 21 日，在巴西圣保罗市的 1 名 15 岁非裔少年，被 2 名正处于休假但没有穿制服的警察当众开枪射杀，少年头部中枪当场死亡。这一事件的发生点燃了巴西民众的怒火，22 日圣保罗市南部贫民窟地区的数千名群众走上街头，抗议警方的粗暴执法，同时对巴西内部的种族歧视现象表达强烈的不满和愤怒。抗议中民众与警察发生数次肢体冲突，最终演变成了抗议群众与警察厮打的局面，7 辆公交车被烧毁。可见突发事件中，企图颠覆现政府的恐怖袭击手段花样翻新，雇佣兵与反对派内外配合，破坏重要电力设施、攻击国家电网、袭击军事人员等成为新常态；同时，由“小事件”引起的“大骚动”现象，给各国政府敲响的警钟，必须高度重视，防微杜渐。

二、南美洲地区反恐怖军事对策

为防范与打击恐怖主义及暴力活动，南美洲地区各国积极寻求对策，采取不断加强政治对话、开展国际调停，调整枪支管制、主动打击犯罪活动等措施，努力维护地区的安全稳定。

（一）加强政治对话，缓解矛盾冲突

加强政治对话与国际调停，是解决国内重要矛盾冲突的有效手段。20世纪60年代以来，“哥伦比亚革命武装力量”与哥政府军的武装冲突造成逾22万人死亡，数百万人流离失所。2012年双方开始和谈，并于2016年8月达成最终全面和平协议，结束了长达半个多世纪的武装冲突。联合国安理会2017年7月通过决议，批准成立联合国哥伦比亚核查团，负责对和平协议第二阶段执行情况进行核查。哥伦比亚和平协议签署三年来，在哥伦比亚政府和其他各方共同努力下，前武装人员重返社会，机构建设、各领域改革、司法机制得以加强，和平与和解进程继续向前推进。2019年10月，哥伦比亚自签署和平协议以来首次举行地方和省级选举，标志着哥伦比亚政治进程继续向前迈进。在国际调停与政治对话下，双方的矛盾冲突逐渐缓和。2020年3月30日，哥伦比亚反政府武装组织“哥伦比亚民族解放军”宣布，考虑到新冠肺炎疫情蔓延，将暂时解除武装1个月，同时向政府喊话，提议恢复和谈以实现“双方暂时达成停火”。

（二）积极防范应对，力除恐怖根源

为消除恐怖主义、暴力犯罪及各种安全隐患，南美洲地区各国不断加强管治力度，强化军、警联合执法行动，积极防范、果断处置各类突发事件，取得效果明显。9月11日，在军事政变纪念日游行示威活动中，警方依法逮捕拘留108名暴乱者，尔后智利皮涅拉总统被迫决定延期国家紧急状态，继续实施宵禁和封闭边境。11月14日，秘鲁全国爆发大规模暴力抗议示威活动，政府积极开展舆论宣传加强正面引导，警方果断采取强硬措施，依法使用武力与催泪瓦斯等手段，迅速平息暴乱事态。委内瑞拉国家安全部队开展特别行动，主动打击国内恐怖主义与暴力犯罪活动，自1月以来共击毙与抓捕犯罪分子2000余人。为应对来自于国际与国内的军事挑衅和各种袭击破坏，委内瑞拉政府不断加大边界、沿海和重点地区等的武装巡控力度，加强情报信息搜集与研判，成功挫败了美雇佣兵海上入侵的军事企图；同时，积极组织专业力量，加固安防系统，有效应对了美国针对国家电力等网络设施进行的多次攻击威胁。

第二节　南美洲地区主要恐怖袭击事件

受新冠肺炎疫情影响，2020 年南美洲各国的恐怖袭击事件明显减少，但受国际争端、政治矛盾、走私贩毒、帮派冲突等问题的影响，地区的安全形势仍不容乐观。由国内反对派主导、国外敌对势力为推手的电站爆炸、电网攻击、军人营区外遇袭、雇佣兵海上入侵，以及针对不同对象的枪击、爆炸事件不断发生，对地区的国家安全、社会稳定与政府治理、军警处置能力提出严峻挑战。

一、委内瑞拉电站、电网遭受攻击事件

4—5 月，委内瑞拉国家重要电力设施与电网遭到多次袭击，造成国内多个城市停电。同时，反对派向军队人员发起袭击，不断制造恐怖氛围。

（一）事件背景

近来，美国对委内瑞拉实施了新一轮打压和制裁，月初美国宣布将向加勒比海派军舰进行海上扫毒，还开出了巨额悬赏要求抓捕委内瑞拉总统，美国和委内瑞拉的关系在 2020 年 4 月再次变得紧张起来。而与此同时，委内瑞拉国内也并不太平，各种“意外”接连发生，有点里应外合的意思。

（二）事件经过

4 月 7 日，委内瑞拉第二大城市马拉开波变电站发生剧烈爆炸，整座城市再次陷入一片漆黑之中。除了破坏电力等重要基础设施外，委内瑞拉国内反对派还将黑手伸向了军队。同日，委内瑞拉南部玻利瓦尔州的一处驻军军营外发生枪击事件，其陆军 1 名营长与 1 名士兵在枪击中身亡。反对派发动的此次袭击事件，目的是对委内瑞拉国民军进行恐吓。5 月 5 日，委内瑞拉国家电网再次遭到攻击，除首都加拉加斯外，全国 11 个州均发生停电。

（三）事件影响

近年来电力系统遭到破坏在委内瑞拉常常发生。一年前，委内瑞拉便发生了全国范围的大停电，生产生活秩序几近崩溃，幸得俄罗斯及其专家的帮助才得以恢复供电。随着“工业4.0”时代的到来，能源行业进入了互联网时代，针对国家能源网络的攻击与破坏活动不断上演。委内瑞拉电站、电网遭受攻击，对社会经济、民生产生重大影响，给本就不够稳定的国家政局又蒙上了一层厚厚的阴影。然而系列事件的发生并非国内反对派一方所为，而是由美国在幕后推动，双方为颠覆马杜罗政府而合力行动。面对内忧外患的双重压力，委内瑞拉总统马杜罗下令所有炮兵部队做好准备，为保卫国家而战。如若处置不当，随着各类矛盾的不断激化，局势很有可能向战争演变。

二、阿根廷首都华人超市枪击事件

根据阿根廷媒体报道，当地时间12月15日晚，在首都布宜诺斯艾利斯市卡瓦里托区里瓦达维大街5500号附近，1名华人男子在车中被人开枪打死。①

（一）事件背景

多年来，华人非法组织已成为阿根廷首都布宜诺斯艾利斯市地区针对华商犯罪最多的犯罪组织之一，至少有5个非法组织控制了该地区数千家华人超市，非法收入数以百万计。

（二）事件经过

12月15日晚上，1名男子在超市门前的汽车中被人枪杀，经警方确认遇害者身份为超市店主。枪杀案发生在深夜，案发超市位于瓦达维亚大街5500号附近。据目击者称，3名男子驾驶一辆灰色汽车停靠在一家华人超市门前，开枪打死了1名25岁左右的华人男子。案发时，刚好一辆公车途

---

① 参见《阿根廷首都华人超市发生枪击案》，网易新闻，2020年12月17日，http：//3g. 163. com/。

经事发地，随即跟随施暴车辆并报警。警方迅速出动数辆警车抵达现场，抓捕了 3 名嫌疑人员，并称该案与华人非法组织有关

（三）事件影响

该市警察凶杀小组对案发现场进行勘查并调取了该地区安全摄像。通过找到的 23 个口径为 9 毫米的子弹壳以及对案发过程进行分析，猜测此次事件具有非法组织犯罪性质。类似案件在布市多有发生。如 2010 年 9 月 23 日的华人超市枪击事件，超市老板年仅 18 岁的儿子遇袭身亡，而前一天同样是在华人超市，1 名男子被歹徒连续射击 18 枪后不治身亡。此类枪击事件带有明显的目的性与组织性，属于非法组织的报复与恐吓行为，恐怖色彩凝重，对当地居民正常的商业活动与日常生活带来极大负面影响。

三、其他恐怖袭击事件

4 月 11 日，一名年仅 20 岁的厄瓜多尔球员埃斯皮诺萨在社区家门口遭到枪杀。

6 月 21 日，巴西圣保罗市的 1 名 15 岁非裔少年被 2 名警察当众开枪射杀，少年头部中枪当场死亡。随后民众示威游行并与警察发生多次肢体冲突，最终演变成暴乱事件。

9 月 11 日，智利庆祝 1973 年军事政变 47 周年游行示威，演变为暴乱事件，造成 16 名警员受伤。

9 月 14 日，厄瓜多尔埃斯梅拉达斯省埃斯梅拉达斯市教区发生枪击案，造成 1 人死亡。

10 月 18 日，智利大暴乱一周年纪念日，全国各地发起游行示威活动，到晚上又一次演变为打砸抢烧事件。

11 月 14 日，秘鲁全国爆发大规模抗议示威活动，警方与示威者发生大规模冲突，造成至少 2 人死亡，94 人受伤。

第三节　南美洲国家主要反恐怖军事行动

受新冠肺炎疫情等因素影响，2020 年南美洲地区各国主要把精力放在

控制疫情发展、维护政权安全与稳定社会秩序上，以打击恐怖主义为目的的军事行动相对减少。各国政府立足本国国情、社情，积极采取措施，加强安全防范，有效制止了由示威游行引发的暴乱行为，成功挫败了国内外敌对势力的武装颠覆企图，各种突发性恐怖袭击与暴力犯罪事件有所减少。

一、委内瑞拉挫败美雇佣兵海上入侵

委内瑞拉政府近日向外界公布，该国安全部队于 5 月初相继挫败两起“雇佣兵海上入侵行动”，共击毙至少 8 名“恐怖分子”，另有 10 余人遭逮捕，其中包括 2 名美籍雇佣兵。[①]

（一）行动背景

2019 年下半年以来，委内瑞拉政府采取一系列经济改革、政治和解与打击犯罪的措施，国内形势总体逐渐趋稳。瓜伊多也遭温和反对派人士排挤，日益被边缘化。在新冠肺炎疫情蔓延之际，美国政府仍在不断对委内瑞拉施压，包括以涉嫌“毒品恐怖主义”为由起诉马杜罗等委方高官，以“禁毒”为名对委内瑞拉实施事实上的海上封锁和军事威胁，抛出用取消制裁换取委内瑞拉政府更迭的方案等。但美国仍在对委内瑞拉步步紧逼。自 2019 年以来，特朗普政府在经济、外交和军事上不断对委内瑞拉极限施压，企图逼迫马杜罗政府下台。即便在新冠肺炎疫情肆虐全球之时，美国政府依然不断对委内瑞拉采取打压行动。

（二）行动概况

3 日凌晨，十多名雇佣兵乘坐快艇在委内瑞拉北部海岸登陆，企图制造混乱、发动政变。但这一消息早已被委内瑞拉政府侦获，雇佣兵刚从快艇上下来，便被委安全部队发现，随即爆发激烈的战斗。结果，雇佣兵几乎全军覆没，8 人被当场击毙，2 名被逮捕，大量武器被缴获。1 名被俘人员承认自己是“美国毒品管制局特工”。4 日下午，委内瑞拉政府宣布当天

---

① 参见《雇佣兵入侵事件加剧委美紧张关系》，新华社新媒体，2020 年 5 月 6 日，http：//baijiahao. baidu. com/。

又挫败一起雇佣兵海上入侵行动，当地渔民抓获 8 名乘船登陆的恐怖分子，其中包括 2 名美国公民和曾参与 2019 年委内瑞拉未遂军事政变的 1 名原委内瑞拉军官。马杜罗 4 日晚发表全国电视讲话，展示了当天被捕的 2 名美国公民持有的美国护照，并称这 2 人为美国安全团队工作。雇佣兵入侵的主要目的是刺杀他本人、破坏委内瑞拉和平与稳定。委内瑞拉政府认为美国应对连续发生的雇佣兵入侵事件负责，且有证据表明受美国支持的委内瑞拉反对派领导人瓜伊多曾与美国雇佣兵公司签署合同，企图用武力推翻委内瑞拉政府。

（三）行动评析

鉴于近期美国持续对委内瑞拉展开极限施压举措，入侵事件不但将使本已趋稳向好的委国内政局再起波澜，更将进一步激化美委矛盾，整个加勒比地区安全局势也将受到一定程度冲击。委内瑞拉卡拉沃沃大学社会科学院教授德尔加罗指出，美国不断对委极限施压，不惜一切代价要推翻马杜罗政府。因此，美国难与近日发生的雇佣兵入侵行动撇清关系。德尔加罗认为，美国近来对委采取一系列举动，一方面是企图在美国国内疫情严重、特朗普政府抗疫不力的情况下转移美国公众的注意力；另一方面，2020 年是美国大选年，特朗普政府试图对委内瑞拉展现强硬姿态，以争取部分美国选民的支持。

二、委内瑞拉逮捕多名叛乱军人

5 月 14 日证实，委内瑞拉政府军在与哥伦比亚交界处逮捕了 39 名企图入境的叛军。据称此次军人叛乱可能与日前的“雇佣兵入侵委内瑞拉”事件有关。[①]

（一）行动背景

5 月初，以“抓捕委内瑞拉总统”、颠覆委内瑞拉政府为目的，由美国策划、资助与推动，境内反对派接应的雇佣兵入侵事件频发不断。委内瑞

① 参见《委内瑞拉逮捕 29 名叛乱军人，或与雇佣兵入侵事件有关》，《北京日报》，2020 年 5 月 16 日，http：//bajiahao. baidu. com/。

拉政府加强安全防范，连续挫败两起雇佣兵海上入侵行动，逮捕十余名“恐怖分子”，包括 2 名美籍雇佣兵，击毙 8 人。此次叛军边境入侵事件，应是上述系统动作中的重要一环，旨在以响应与支援海上入侵行动。

（二）行动经过

当日，39 名叛军计划从哥伦比亚进入委内瑞拉境内，在入境时遭遇委内瑞拉国家安全部队，双方展开激战，最终大部叛军被捕。据称，这伙叛军企图从陆路闯入委内瑞拉，执行重要军事任务，是此前雇佣兵从海上入侵事件的后续。委内瑞拉政府 13 日发表声明称，目前共有 91 名相关人员被捕，希望联合国安理会及国际刑事法院就雇佣兵入侵事件对美国展开调查。

（三）行动评析

事发后，雇佣兵入侵行动策划人、美国退役军人古德罗公开承认载有雇佣兵和武器装备的快艇从哥伦比亚境内出发，并称委内瑞拉前议会主席、反对派领导人瓜伊多曾与他的雇佣兵公司签署过有关合同。虽然委方当事人瓜伊多与美国方面均否认与雇佣兵事件有任何联系，但鉴于当前美、委两国的紧张关系，以及美国敌对国的一贯伎俩，通过雇佣兵海上入侵与叛军陆上入侵之间联系分析，不难看出其中端倪。因此，委方坚称雇佣兵入侵事件是外国政府精心策划和资助的军事行动，目的是通过暴力推翻委内瑞拉政府，理由充分且客观。国内矛盾冲突属于国家内政问题，应由当事国自己来解决，任何国家都无权插手与干涉。应对美军与国内反对派的联合挑衅，委方准备充分、动作迅速、手段强硬，始终占据主动权。美国依然奉行霸权主义政策，扮演世界警察之角色，干扰他国内政，必将走向世界的对立面，必定吃下失败的苦果。

2020 年南美洲地区遭受恐怖袭击次数及伤亡人数

时间		1 月	2 月	3 月	4 月	5 月	6 月	7 月	8 月	9 月	10 月	11 月	12 月	合计
阿根廷	袭击次数								1	1			1	3
	伤亡人数								1	16			1	18

续表

时间		1 月	2 月	3 月	4 月	5 月	6 月	7 月	8 月	9 月	10 月	11 月	12 月	合计
委内瑞拉	袭击次数				2	1								3
	伤亡人数				2	18								20
厄瓜多尔	袭击次数				1	3				1				5
	伤亡人数				1					1				2
秘鲁	袭击次数											1		1
	伤亡人数											96		96
全年，南美洲地区共遭受恐怖袭击 12 次，伤亡 136 人。														

第十九章 ／ 2020年大洋洲*地区反恐怖军事行动

第一节　大洋洲地区反恐怖军事行动综述

2020 年，受新冠肺炎疫情等多方面因素影响，大洋洲地区发生的恐怖袭击案件明显减少，恐怖形势相对缓和，安全局势总体稳定。但恐怖主义的思想根基与施恐苗头依然存在，本土性的涉恐活动、严重枪击事件、校园暴力事件、暴力抢劫事件、大规模越狱事件时有发生。因此，大洋洲地区国家持续完善反恐制度机制，不断完善防范措施，果断打击涉恐、涉枪、涉暴行为，依法严厉追责与惩治涉案人员，努力争取反恐舆论与行动的主动性，确保地区安全稳定。

一、大洋洲地区面临的恐怖形势

受新冠肺炎疫情影响，大洋洲地区的恐怖形势和反恐压力与前年相比减少许多，但国际恐怖主义思想仍在少数地区渗透，涉恐、涉枪、涉暴等活动不断，国家与社会安全稳定受到不同程度的威胁。特别是澳大利亚因

---

* 大洋洲位于太平洋西南部和南部的赤道南北广大海域中，在亚洲和南极洲之间，西临印度洋，东临太平洋，并与南北美洲遥遥相对。大洋洲有 14 个独立国家，其余十几个地区尚在美、英、法等国的管辖之下；在地理上划分为澳大利亚、新西兰、新几内亚、美拉尼西亚、密克罗尼西亚和波利尼西亚 6 区。14 个独立国家为：澳大利亚联邦、巴布亚新几内亚独立国、斐济群岛共和国、基里巴斯共和国、马绍尔群岛共和国、密克罗尼西亚联邦、瑙鲁共和国、帕劳共和国、萨摩亚独立国、所罗门群岛、汤加王国、图瓦卢、瓦努阿图共和国、新西兰。

本国军队在阿富汗屠杀战俘与平民事件，使政府与军队陷入了空前的舆论危机。

（一）枪击事件多发危害最为严重

由于大洋洲地区对枪支的管控并不是十分严格，因此，恐怖、暴力或极端分子利用枪击实施谋划或滥杀的案件时有发生，基于恐怖目的的枪击事件一直是令各国政府非常头痛的问题。根据新西兰枪支管理机构 GunPolicy 的最新数据，新西兰人口 500 万，私人持枪数量大约为 120—150 万支。特别是在 2019 年新西兰严重枪击以及美国黑人 Floyd 事件发生后，各种极端性、效仿性特别是针对警察的枪击事件不断。根据维基百科的记录，自 1890 年以来，新西兰共有 29 名警察被犯罪分子故意杀害，其中被枪杀的警察就有 22 位。据中新网 6 月 19 日报道，在新西兰奥克兰西部发生一起枪击事件，致 1 名警察身亡，1 名警察重伤。据天维网 11 月 3 日报道，新西兰奥克兰西区梅西同一地点接连发生一两起枪击事件，所幸无人员伤亡。其他地区也不太平，1 月 6 日《每日邮报》报道，2020 年第一天，墨尔本 1 名女子 Linita Musai 及其丈夫被无端枪杀。

（二）暴力袭击不断风险隐患难除

据相关媒体报道，2 月 10 日凌晨，巴布亚新几内亚马努斯岛机场一个项目现场发生了针对 2 名中国公民的抢劫袭击事件。4 名蒙面男子持刀、枪、铁棍闯入受害者住所并实施袭击，抢走现金和贵重物品后逃逸。海外网 8 月 17 日报道，当地时间 14 日，巴布亚新几内亚莱城的布莫监狱发生大规范越狱事件，警察共击毙了 11 名犯人，1 人被捕，仍有超过 30 人在逃。11 月 23 日，澳洲悉尼西部发生了一起惨烈的校园袭击事件，一名 14 岁的学生在手球场附近被捅十余刀。警方声称这是一次有针对性的暴力袭击事件。据悉，此次越狱事件发生与疫情下狱警接受隔离检查造成人员短缺有关。蒙面抢劫、校园暴力、大规模越狱等事件虽然多属于刑事案件范畴，但其性质与一般恐怖活动同等恶劣，给社会带来的恐怖效应与造成的负面影响更为严重。

（三）虐杀风波骤起　社会舆论难平

澳大利亚军方 19 日公布该国驻阿富汗部队调查报告，证实澳军在阿富汗存在非法杀戮战俘和平民等涉嫌战争罪的行为。报告称，调查人员对2005—2016 年在阿富汗执行任务的澳军人是否涉嫌战争罪进行了历时 4 年的调查。其间，调查人员询问了超过 400 名证人，翻阅了超过 2 万份资料及 2.5 万余张图片。调查发现，在驻扎阿富汗期间，有 25 名澳军人涉嫌参与 23 起杀害囚犯和平民事件，在这些事件中共有 39 人被杀害，另有 2 人被虐待。2001 年“9·11”事件后，美国带领盟国发动阿富汗战争推翻塔利班政权，澳大利亚也参与其中。尽管澳大利亚不是北约成员国，并不参与北约驻阿国际安全援助部队，但作为美国盟友，澳大利亚自 2002 年以来一直在阿富汗维持军事存在，直至目前仍有 1500 余名澳军人驻扎在阿富汗。媒体此前曾陆续报道了一系列澳军在阿富汗的暴行，包括在一所住宅中射杀正在睡觉的一名 35 岁父亲及其 6 岁儿子，以及因直升机乘坐空间不足而射杀俘虏。澳洲军队在阿富汗的暴虐行径引起了国际社会的广泛批评与谴责，如不果断处置、及时追责不仅将对本国政府、军队形象造成极大负面影响，也将会使世界反恐大势陷入极大被动。

二、大洋洲地区的反恐军事对策

为有效打击恐怖主义，防范恐怖事件发生，大洋洲国家加强对重点地区的执法巡逻，加大政府对枪支的管控力度，严厉惩处与打击涉恐、涉枪、涉暴犯罪人员，地区社会安全形势得到不断改善。

（一）完善反恐措施

新西兰政府 12 月 8 日发布声明，全面接受皇家独立调查委员会在调查该国克赖斯特彻奇市枪击案后提出的全部 44 项建议，采取一系列强化反恐新措施，加强对少数族裔保护，尽可能杜绝类似惨案再次发生。根据声明，新西兰政府将强化反恐法案，涉及武器管制、监控可疑资金和管理等多个方面。同时政府还将成立民族事务部，设立警察专属部门，以期减少枪支管理和政府情报部门存在的工作漏洞，加强少数族裔沟通，预防基于种族仇恨的恐怖主义行为，确保社会安全稳定。

（二）加强枪支管控

严格枪支管控，是降低枪击暴恐事件发生概率的有效举措。自 2019 年

"3·15"恐怖袭击发生后，新西兰警方单独成立了一支武装应对小组，在南奥克兰的曼奴考、怀卡托和坎特伯雷三个枪支犯罪率较高的地区试行武装巡逻。然而，这一举措并没得到广大民众的认可，于是在 2020 年 6 月 9 日这一行动小组便被取消。根据 1983 年出台的新西兰枪支管理法，持枪人只要有持枪证即可，可不需要对所持武器进行登记。在基督城恐怖袭击案发生后，新西兰全面修订了枪支法，对获得、持有许可证的人和武器类型进行了严格的限制：禁止购买和持有军用半自动武器和杀伤性极强的来复枪。同时，内阁也制定了回购计划，持枪人也可通过警察局直接上缴被禁枪支。截至 2020 年 2 月，新西兰回购的枪支数量为 5.7 万，回购的枪支部件超过 20 万。

（三）严惩恐怖暴行

据澳大利亚新闻网 8 月 27 日报道，澳大利亚"白人至上"主义者布伦特·塔伦特在新西兰获当地第一重刑，将在新西兰安防等级最高的监狱度过余生，并且没有假释可能。现年 29 岁的"白人至上"主义者布伦特·塔伦特 2019 年 3 月 15 日在新西兰携带重型武器袭击了克赖斯特彻奇市的一处清真寺，杀害了 51 人，伤 41 人，成为新西兰历史上最严重的枪击事件。8 月 27 日克赖斯特彻奇市高等法院判处布伦特·塔伦特终身监禁，并且终身无法取得保释资格。判决出来后，澳大利亚总理发表声明称，正义终于得到伸张，让犯下滔天罪行的懦夫在克赖斯特彻接受最严厉的惩罚。依法严惩恐怖分子的暴力行为，既能够有效打击恐怖主义的嚣张气焰，遏制恐怖思想的不断蔓延，也能够彰显了本国政府以人为本同恐怖主义作斗争的坚强决心和意志。

第二节　大洋洲地区主要恐怖袭击事件

大洋洲国家相对较少，加之受新冠肺炎疫情影响，在 2020 年发生的恐怖事件并不多。其中最为典型且具有较大影响的主要有新西兰奥克兰枪击事件与针对中国留学生的系列暴力袭击事件。

一、新西兰奥克兰枪击事件

6 月 19 日，在新西兰奥克兰西部发生一起枪击事件，事件造成 1 名警察身亡，1 名警察重伤。①

（一）事件背景

新西兰是一个平民可以合法购买与持有枪支的国家。警察协会主席 Chris Chahill 曾经担忧："枪支不受严格管制，它们终将为罪犯所用。" 的确在枪支管制问题上新西兰政府出现了重大分歧，以至于屡屡造成严重的社会后果。此次枪击事件一方面是由于新西兰政府对私有枪支的管控不利造成；另一方面也是受美国黑人 Floyd 事件的影响，对警察暴力执法的一种"积极"示威与反抗，同时，也是对 2019 年基督城严重枪击事件的追随与效仿。

（二）事件经过

当地时间 19 日上午 10 时 30 分，一警察小组正在进行例行交通检查。突然有人向警察开枪，2 名警察随即中枪。随后，犯罪者开车逃离现场，途中有市民被撞伤。据报道，10 时 30 分听到了案发现场 3 次枪响，10 时 40 分 ST John 接到紧急电话，11 时 15 分，警方出动了多辆警车、救护车和直升机抵达现场。下午 1 时 50 分，警察署长召开新闻发布会，称在一次常规的交通检查中，有人用枪对警察进行了射击，1 位警察受伤后不幸殉职。嫌疑人使用的是长枪管枪支，2 名警察均未持枪。下午 2 时 30 分，新西兰武装警察突袭了奥克兰西区 West Harbour 地区的一处民宅，抓捕了 2 名犯罪嫌疑人。

（三）事件影响

据悉，这是 11 年来新西兰首次出现警察在执勤中殉职事件。枪击事件发生后，新西兰全国一片哗然。新西兰警察部长称："这毫无疑问，是一

---

① 参见《新西兰奥克兰发生枪击事件致一名警察身亡》，中国新闻网，2020 年 6 月 19 日，http：//baijiahao. baidu. com/。

场悲剧。”同时，Henderson 警局降半旗，并将其社交媒体改为黑色正方形，以表达对逝者的哀悼。尔后，新西兰总理公开发表谴责与哀悼。这一事件中，警察殉职的一个重要原因是由于日常出警没有佩带枪支造成的，因此，对于警察应不应该持枪的问题在互联网上引起了激烈争论。一部分人认为“不持枪，只会有更多的警察被杀，警察必须持枪，请马上恢复武装应急队”；另一部分人认为“警察佩枪常规化非常不‘新西兰’”。至今，这一问题也未能形成统一的认识。

二、系列暴力袭击留学生事件

（一）事件背景

自 2019 年新冠肺炎疫情暴发后，中国在澳大利亚的留学生遭遇种族歧视的情况时有发生，2020 年 1 月以来，更是接连发生多起针对中国留学生的遇袭事件。澳大利亚的留学环境正在恶化，中国留学生选择澳大利亚高校面临更多的风险因素。

（二）事件经过

1 月 12 日，居住在悉尼的一名中国女性留学生在当地火车站遭到 6 名青年突然辱骂，其中一人上前袭击了她的头部，幸好随后多人上前救助，但袭击者趁机逃跑。①

1 月 13 日，在位于墨尔本的蒙纳士大学就读的吴某在回家路上过马路时，被一名白人男子无故殴打，眼镜碎裂，鼻腔内软骨被击碎，血流不止。事后，袭击者被警方抓捕。

1 月 14 日，澳大利亚国立大学一名男性中国留学生在堪培拉一公交站台乘车时，遭到一名非裔青年伸手挑弄头发和种族歧视性语言挑衅并暴力袭击，造成下颚、右脸颊严重损伤。

（三）事件影响

近年澳大利亚与中国关系持续紧张，加之受新冠肺炎疫情影响与该国

---

① 参见《接连发生多起暴力袭击事件，澳大利亚对中国留学生有多不友好》，光明网，2020 年 2 月 6 日，http：//baijiahao. baidu. com/。

一些政客和媒体煽动，澳大利亚国内针对华人和亚裔的歧视与仇化言论及行为不断增加。一些澳大利亚政客和媒体热衷于炒作“中国渗透澳国高校”等言论，政府在大学设立“反外国干涉工作组”，对大学开展国际交流处处设限。中国留学生遭到的种族歧视不仅在日常生活中可能面临辱骂与暴力袭击，在校园也会遇到不公平待遇。面对接连发生的暴力袭击事件，中国教育部再次发布留学预警，提醒广大留学人员充分做好安全风险评估，谨慎选择赴澳或返澳学习。

第三节　大洋洲国家主要反恐怖军事行动

虽然 2020 年恐怖活动大幅减少，但大洋洲地区国家对恐怖主义的防范依然没有松懈。各国不断出台法律、加大投入、完善措施、主动作为，全面防范、高效打击各类恐怖主义行为，努力做好地区的安全稳定工作。

一、巴布亚新几内亚警方打击暴狱分子

当地时间 8 月 14 日，巴布亚新几内亚莱城发生了大规范暴力越狱事件，警方击毙犯人 11 人，抓捕 1 人。①

（一）行动背景

由于受新冠肺炎疫情影响，布莫监狱一名狱警新冠病毒检测呈阳性，50 名狱警离开岗位进行为期 14 天的隔离，监狱工作人员十分短缺。因对审理持续延期感到不满，45 名犯人借机越狱。犯人使用数把刀具制服并威胁守卫，意图杀死守卫逃脱。

（二）行动概况

警报响起后，莱城警方快速出动。一部分警力迅速赶赴监狱加强围

① 参见《巴布亚新几内亚发生大规模越狱　11 人被击毙 30 人在逃》，海外网，2020 年 8 月 17 日，http：//m. haiwainet. cn/。

控、参与越狱活动制止与处置；另一部分警力立即对逃犯进行全面搜寻。行动过程中，警方对顽抗的逃犯实施了武力抓捕，11 名逃犯被击毙，1 人被抓捕，但仍然有 30 人成功逃脱。

（三）行动评析

布莫监狱是巴布亚新几内亚第二大监狱，设计容量为 436 人，但目前关押了超过 1000 人。自 2015 年起，该监狱已经发生 6 起越狱事件，6 年来共有 32 名犯人在越狱行动中被击毙，另有 138 人在逃。显然，巴警方应对越狱事件具有一定的经验，准备工作相对充分，接到警报后能够立即出动、快速搜捕、果断处置，迅速平息事态，将危害降至最低程度。然而越狱事件多次发生，并未引起政府与相关部门的足够重视，基础设施没有得到及时的补充与完善，风险隐患依旧存在，如若当前情况无法得到改善，此类事件的发生依然具有较大的可能性。

二、澳大利亚政府主动防恐遏恐

2020 年 11 月 29 日，澳洲联邦政府正式下令，剥夺一名叫 Abdul Nacer Benbrika 的 60 岁男子的澳洲公民身份。此时，这名男子依然被关押在澳洲一处最高安全等级的监狱里，并且已经入狱 15 年。①

（一）行动背景

Benbrika 出生于非洲的阿尔及利亚，1989 年来到澳洲成为一名黑民，后来与当地一名女子结婚取得澳洲身份。Benbrika 居住在墨尔本北部的穆斯林社区，从 2000 年起开始散布与恐怖主义相关的极端思想。尔后，澳洲安全情报部门对其开展秘密调查，并于 2005 年 6 月在一场规模浩大的反恐行动中将其逮捕。后经深入调查发现，包括 Benbrika 在内有 17 人都是澳洲境内的一个秘密组织的成员，而 Benbrika 正是这个组织的精神领袖。这个组织正在策划多起针对澳洲的大规模恐怖袭击。其计划袭击目标包括 2005 年在墨尔本 MCG 举办的 AFL 决赛、墨尔本皇家赌场、2006 年墨尔本 F1 大

① 参见《澳洲首次剥夺公民身份，还将其驱逐出境》，《澳洲微报》，2020 年 11 月 30 日，http：//xw. qq. com/cmsid/。

奖赛，甚至还有位于悉尼的澳洲原子能协会高流量核反应堆。最终，Benbrika 被以谋划恐怖袭击的罪名判处 15 年有期徒刑，在监狱中其仍然在继续散布恐怖主义思想。

（二）行动概况

为消除这一巨大潜在威胁，在即将刑满释放之际，澳洲政府决定：一方面，积极与维州最高法院展开协商，以期可以把 Benbrika 的刑期再延长 3 年；另一方面，联邦政府紧急修改《公民身份终止法案》，宣布剥夺 Benbrika 的澳洲国籍，并在取消国籍后直接驱逐出境。

（三）行动评析

对恐怖分子的防范与打击有多种手段，澳洲对恐怖分子施以此种待遇实属罕见，彰显了政府对恐怖活动的极度担忧以及打击恐怖主义的坚定决心。然而，通过国家或政府采取非常措施防范恐怖风险无可厚非，但超出法律限制而任意延长刑期的做法也破坏了依法制恐的严肃性。同时，剥夺恐怖分子的国籍并将其直接驱逐出境，这种做法未免有回避危险并将祸乱推向他国的嫌疑，没有彰显出本国应有责任和担当，并不值得效仿。

2020 年大洋洲地区遭受恐怖袭击次数及伤亡人数

时间		1 月	2 月	3 月	4 月	5 月	6 月	7 月	8 月	9 月	10 月	11 月	12 月	合计
澳大利亚	袭击次数	5				1		1				2		9
	伤亡人数	6				6		3				5		20
新西兰	袭击次数						1					2		3
	伤亡人数						2							2

续表

时间		1 月	2 月	3 月	4 月	5 月	6 月	7 月	8 月	9 月	10 月	11 月	12 月	合计
巴布亚新几内亚	袭击次数		1						1					2
	伤亡人数		2						11					13
全年，大洋洲地区共遭受恐怖袭击 14 次，伤亡 35 人。														

后 记

《世界反恐怖军事行动年鉴2020》（简称《年鉴》），是特警人心系反恐战线、投身反恐实践的一个成果展现。《年鉴》承载着创作团队的集体智慧，凝结着一班人的辛勤汗水，展现着各位同仁履职尽责的奋斗精神。《年鉴》是新时代中国军人勇挑重担、勇敢向前，敢于向恐怖主义亮剑的重要标志。

为保持《年鉴》写作的连续性，创作团队保留了核心的研究人员，根据需要适当吸纳新成员以增强创作力量，通过分工合作共同完成创作任务。王晓东继续跟踪指导《年鉴》的撰写工作，负责完成书稿的审批手续，协调落实出版、印刷、分发等有关工作和事宜；王兴东负责收集整理国际国内每天发生的恐怖袭击事件，记录不同国家与地区的主要反恐军事行动，分析研究世界全局的反恐怖军事行动，撰写第一章内容，并完成后期的统稿、送审工作；张远水分析研究美国的反恐怖军事行动，撰写第二章内容；宿庆武分析研究俄罗斯的反恐怖军事行动，撰写第三章内容；赵铁佳分析研究中东地区的反恐怖军事行动，撰写第四章内容；邱琳、王海东、郑超分析研究欧洲地区的反恐怖军事行动，撰写第五章至第九章内容；吴忠超、庄洁、唐少泉分析研究亚洲地区的反恐怖军事行动，撰写第十章至第十三章内容；刘猛、周红涛分析研究非洲地区的反恐怖军事行动，撰写第十四章至第十六章内容；李景钢分析研究北美洲、南美洲和大洋洲地区的反恐怖军事行动，撰写第十七章至十九章内容；王兴东、庄洁撰写序和后记，完成书稿的编排、校对和修改、完善等工作。

在这里，创作团队感谢学院首长机关的有力指导、各系部同仁的大力支持；感谢国防大学、军事科学院、公安大学、中国现代国际关系研究院、武警研究院有关专家的关心与厚爱；感谢时事出版社苏绣芳编审及责编马燕冰老师一直以来的鼎力支持与无私帮助；并对书中所引用的数据、资料的原作者表示衷心的感谢！

作　者

2021 年 5 月

图书在版编目（CIP）数据

世界反恐怖军事行动年鉴 . 2020/武警反恐怖研究中心编著 . —北京：时事出版社，2021. 10
ISBN 978-7-5195-0444-1

Ⅰ. ①世…　Ⅱ. ①武…　Ⅲ. ①反恐怖活动—世界—2020—年鉴
Ⅳ. ①D815. 5 – 54

中国版本图书馆 CIP 数据核字（2021）第 166501 号

出版发行：时事出版社
地　　址：北京市海淀区彰化路 138 号西荣阁 B 座 G2 层
邮　　编：100097
发行热线：（010）88869831　88869832
传　　真：（010）88869875
电子邮箱：shishichubanshe@ sina. com
网　　址：www. shishishe. com
印　　刷：北京良义印刷科技有限公司

开本：787 × 1092　1/16　印张：20　字数：320 千字
2021 年 10 月第 1 版　2021 年 10 月第 1 次印刷
定价：120. 00 元